그월급에
잠이 와?

2000만 월급쟁이들을 위한 재테크 노하우!

그 월급에 잠이 와?

김광주 · 양성민 지음

상식전쟁

정신 차려야 한다. 정말이지 정신줄 놓지 말아야 한다.

최근 1년 남짓, 정부는 금융개혁이란 이름으로 오랫동안 만지작 거려오던 여러 가지 제도와 정책, 관련 상품들을 쏟아냈다. 아마 앞으로 한동안 이보다 더 좋은 상품은 나오지 않을 것이다. 물론 좋은 일이다. 덕분에 금융소비자들은 지금까지보다 훨씬 다양한 상품을 저렴한 비용으로 선택할 수 있게 되었다. 그런데도 왜 정신 차려야 한다고 할까?

역설적이게도 그 이유는 더없이 좋은 제도와 정책, 관련 상품들 이 한꺼번에 쏟아졌기 때문이다. 좀 더 구체적으로 설명하면, 이는 세계 최고의 속도로 치닫는 고령화 국가이자 평균수명 100세를 바 라보는 장수국가 한국, 반면 세계에서 꼴찌를 기록하고 있는 출산 율과 은퇴에 내몰린 65세 노인들의 절반이 상대적 빈곤에 시달리 는 나라 한국에서 국민복지에 대한 정부 책임을 지금보다도 오히 려 더 줄이겠다는 암시이며 국민 각자가 알아서 잘 준비하라는 뜻이기 때문이다.

그렇다면 우리의 오늘은 과연 어떤가. 이를테면, 제대로 돈 좀 불린 사람이 있는가?

적금, 주식, 펀드, 보험, 부동산 등 돈 좀 된다는 것들을 해본 사람들 중 제대로 돈을 불렸다는 사람은 없다. 나름 목돈이 필요한 부동산은 물론 전문가조차 돈 벌기 힘들다는 주식은 제쳐놓더라도 직장인들이라면 누구나 한두 개쯤은 가입해보았을 적립식 펀드나 변액보험과 같은 보편적인 금융상품에서조차 돈 좀 벌었다는 사람이 없다. 이러니 돈을 모아 집값이나 은퇴자금은커녕 결혼자금이나 여행경비조차 준비할 수 있는 사람이 점점 줄어들 수밖에 없다. 도대체 뭐가 잘못된 것일까?

월급마저 이미 '사이버 머니'가 되어버렸다는 사람들도 점점 늘어난다. 분명히 통장에는 찍혔는데 소리 없이 쑥 빠져나간다. 분명 월급은 올랐는데 통장에 남는 돈은 없다. 그렇다고 생활이 나아진 것도 아니다. 이게 도대체 무슨 일인가? 지금껏 이렇게 살아온 것도 황당한데 앞으로도 이럴 거라면, 그런 월급, 정말 싫다!

그러나 시기에 따라 굴곡은 있지만 1인당 국민소득은 꾸준히 올라가고 종합주가지수 역시 때론 폭락을 거듭하면서도 어느덧 2,000포인트가 기본이 되었다. 그런데도 내 통장의 잔고가 불어나기는커녕 여태껏 본전조차 되지 않았다면, 그건 어쩌면 내 잘못이라기보다 정부나 시장, 그리고 상품의 잘못일 수도 있다. 그런데 2016년부터 당장 적용할 수 있도록 내놓은 것들을 보면 그 같은 잘못들을 상당히 인정한 결과로 해석된다. 그래서 금융개혁이란 표현을 쓰는 것이다. 그런데도 돈을 불리지 못한다면 정부와 시장은 그 책임을 오롯이 나한테 몰아붙일 수 있다. 그러니 우리가 더욱 정신 차려야 한다.

정신을 차려야 한다는 것은 제대로 분별해야 한다는 뜻이다. 또한 지금까지 우리가 상식으로 알고 있던 투자지식들에 대한 재점검을 요구하는 것이기도 하다. 한마디로, 투자에 대한 우리의 상식이 잘못되어 있을 수도 있다는 의미다. 이것을 우리는 '상식전쟁'이라 부른다.

상식전쟁. 해마다 여름철이면 하루가 멀다 하고 사람들이 바다에서 목숨을 잃는 사고가 발생한다. 그런데 계절과 관계없이 빈번하게 일어나는 사고가 있다. 물론 피서와 겹치는 여름철에 주로 일어나지만, 그렇다고 때를 가리지는 않는다. 서해안에서 많이 발생하는 그 사고는 바로 물때를 놓쳐 일어나는 익사사고다.

바닷가 시간은 물이 빠져나가는 썰물 때와 다시 밀려들어오는 밀물 때로 나뉜다. 특히 수심이 얕은 서해안은 썰물과 밀물의 뚜렷한 차이가 만들어낸 신비의 바닷길 여행 코스들이 많은 사람들을 유혹한다. 그런데 썰물 때에 맞춰 훤히 드러난 바닷길을 나섰던 사람들이 바닷물이 다시 밀려드는 밀물 때가 지나도록 돌아오지 않는 경우가 있다. 사고가 일어난 것이다. 그러나 뉴스에서 그같이 안타까운 소식을 전해 들은 사람들 가운데 잘 이해되지 않는다는 표정을 짓는 사람들이 많다. 그 이유 또한 지극히 상식적이다.

'물이 들어오는 것이 보일 텐데, 왜 못 나오지?'

'헤엄치면 될 텐데, 수영을 못하나?'

'밀물 때를 알고 나갔을 텐데, 왜 안 나왔지?'

'수심도 얕은데 그냥 뛰어 나오면 되지, 왜 죽어?'

이런 생각들 가운데는 맞는 것도 있고 틀리는 것도 있다.

밀물은 썰물에 비해 속도가 두 배 이상 빠르기 때문에 막상 물이 들어오는 것을 보고도 사고를 당하는 경우가 대부분이다. 또한 물이 차기 시작한 바다, 발목이 푹푹 빠지는 갯벌에서 뛴다는 것은 불가능하며 어두운 밤, 뭍에서 멀리 떨어진 곳에서 헤엄쳐 나오는 것도 쉬운 일이 아니다. 그런데 딱 한 가지, 분명히 맞는 생각이 있다.

'밀물 때를 알고 나갔을 텐데, 왜 안 나왔지?'

이건 정말 지극히 상식적인데, 의외로 많은 사람들이 그런 상식적인 판단을 제대로 하지 못해 끔찍한 사고를 당한다. 물론 물이 들어오는 시간을 미리 알고 나간 사람도 있지만 그 시간을 알지 못한 채 나간 사람도 있다. 여기서 우리가 느낄 수 있는 두 가지 중요한 사실이 있다.

첫째는 지금 밀려나간 바닷물이 다시 들어올 것이라는 사실을 알면서도 재미에 빠져 그 때를 미리 체크하지 못했다는 사실이다. 즉, 알면서도 당한 사람들이다.

둘째는 설사 그 시간을 알고 있었더라도 필요한 행동을 하지 못해 사고를 당한 사람들이다. 시간이 닥치기 전에 서둘러 돌아서야 하는데, 조금만 더 조금만 더 하다 때를 놓쳐버렸다. 이것 역시 알고 당한 경우이지만 더욱 황당하다.

돈을 벌고 쓰고 불리는 것도 마찬가지다. 예컨대, 많이 벌고 적게 쓰면 돈은 불어난다. 그건 상식이다. 쌀 때 사서 비쌀 때 팔면 돈을 번다. 이것도 상식이다. 그러나 잘 익은 포도를 따기 위해 너무 많은 사람들이 한꺼번에 달려들면 그 탐스러운 과일이 터져버릴 수도 있고 포도넝쿨 자체가 망가질 수도 있다. 그런데도 사람들은 달려든다. 상식의 역설이다. 그러나 다른 사람들이 달려들지 않으면 나 역시 다가가지 않는다. 상식의 오판이다.

어쨌든 돈을 벌고 쓰고 불리는 모든 방법은 지극히 상식에서 출발한다. 즉, 상식과의 전쟁이다. 우리는 잘 몰라서 지는 것이 아니라 알면서도 당하는 일을 허다하게 겪는다. 왜냐하면 지금껏 우리가 알고 있는 상식들을 속여야 하는 사람들이 있기 때문이다. 이를 테면, 우리 주변에는 지금 밀려나간 바닷물이 다시 들어오는 일은 없을 것이라고 말하는 사람, 다시 들어온다고 말하면서도 그 시간을 잘못 알려주는 사람들이 많다.

예컨대, 지난 2007년 글로벌 금융위기가 닥치기 직전까지도 모든 금융회사들은 주식이 계속 오를 것이라며 투자를 권유했다. 밀물은 영원히 오지 않을 것처럼 말이다. 또한 2015년 봄, 중국 주식이 언젠가 조정받겠지만 아직은 아니라고 말하면서 적극적으로 투자를 권유했다. 그 이후 중국 주식은 폭락했다.

이렇듯 재테크는 상식과의 싸움, 상식과의 전쟁이다.

그런데도 우리가 늘 당하는 이유는 그런 상식들을 '냉정'보다 '욕심'으로 선택하기 때문이다. 세상의 상식, 특히 돈에 관한 수많은 상식들 가운데는 달콤해 보이는 상식도 있고 조심해야 할 상식도 있으며, 심지어 해서는 안 될 상식도 있다.

달콤해 보이는 상식이란 바닷물이 끝없이 밀려난 바다 저 멀리에는 더 진귀하고 탐스러운 조개가 묻혀 있을 것이라는 유혹이며, 조심해야 할 상식은 멀리 가면 갈수록 돌아와야 할 거리 역시 그만큼 늘어난다는 사실이다. 또한 해서는 안 될 상식은 돌아서야 할 시간이 지났는데도 조금만 더 조금만 더 하면서 욕심을 부리는 것이다. 그리고 꼭 알아야 할 상식, 늘 기억해야 할 상식, 한시도 잊지 말아야 할 상식은 우리가 알고 있는 그런 상식들조차 속여야 하는 사람들도 있다는 사실이다. 그것이 상식전쟁의 본질이다.

이 책은 그래서 일반 독자들이 꼭 알아야 할 것들을 되도록 낱낱이 정리하여 쉽게 전달하려고 노력했다. 물론 간혹 이해하기 어려운 부분도 있고 그래서 집중이 더 필요할 수도 있겠지만, 그럼에도 돈을 벌고 불리기 위해 노력을 쏟아붓는 것보다는 분명 쉬울 것이다. 또한 다른 재테크 관련 책에 비하면 조금 두꺼울 수도 있다. 그러나 갈수록 얄팍해지는 통장 때문에 잠 못 이루는 당신의 그 깊은 밤, 그 시간의 두께에 비하면 훨씬 얇을 것이다. 그러니 이 책을 한

장씩 넘길 때마다 통장 잔고가 조금씩 늘어난다는 즐거움으로 읽어 나갈 것을 당부한다. 물론 당신의 잠자리도 그만큼 편해질 것이다.

사실 재무컨설턴트들은 세상의 그 어떤 전문가들보다 미래를 예측하는 능력이 뛰어나야 하는 사람들이다. 왜냐하면 고객의 어제나 오늘이 아니라 내일, 즉 미래에 개입하기 때문이다. 그들의 업무는 미래의 어떤 시점에 필요한 돈이 만들어질 수 있도록 오늘의 선택을 고민하고 조언하는 일이다. 그러나 그런 그들 역시 사람이기에 지금의 선택이 미래에 어떤 결과로 나타날 것인가에 대해 자신 있게 장담할 수는 없다. 다만, 어떤 사람의 어제와 오늘을 잘 들여다보고 그의 내일이 어떨지, 그래서 지금 어떤 선택이 필요할지를 판단하는 것 역시 상식에 가깝다. 그래서 제대로 된 전문가라면 사람들의 변화, 세상의 변화에 많은 관심을 가질 수밖에 없다. 금융회사들이 밀집해 있는 지역을 떠나 사람들의 변화를 체감할 수 있는 지역에 위치한 자산운용사들이 상대적으로 더 뛰어난 수익률을 올리는 이유이기도 하다. 그러니 세상의 흐름과 시대의 변화에 둔감한 재무컨설턴트들과 당신의 미래를 논의한다는 것은 전혀 상식적이지 않다.

지난 2년여 동안 〈그 월급에 잠이 와?〉라는 타이틀로 팟캐스트 방송을 해왔던 것 역시 재무컨설턴트로서 그 같은 흐름과 변화를 놓치지 않으려는 나름의 몸부림이었으며, 덕분에 우리는 매달 수만 건의 조회와 반응을 통해 조금씩 달라지는 사람들의 관심을 모니터링할 수 있었다. 그 결과, 고객들과의 구체적인 상담은 물론 미래를 위한 계획을 같이 세우고 포트폴리오를 구성하는 데 많은 도움이 되었다. 참 고마운 일이다.

　이제 판은 펼쳐졌다. 그렇다면 당신의 상식만 제대로 자리 잡으면 될 일이다. 그래서 이제부터 당신의 잠자리가 편안해질 수 있다면 될 일이다.

당신의 숙면을 위하여, Well sleeping at night!

2015년 겨울, 삼성동.
꼰대 김광주 / 뭉치 양성민

Contents

제1장
상식전쟁

026

제 2장
어떻게 불릴까?

제5장
나를 위한 부의 완성

274

그래서 이제 어떻게 해야 해요?

　많은 사람들을 만나보지만 대화의 결론은 늘 '그래서 어쩌라고?'에 모아진다. 고객들을 만나 몇 시간씩 상담하는 이유 역시 그 대답을 찾기 위해서다. 그런데 나름대로 고민하면서 만들어낸 대답들을 보노라면 가끔은 나 스스로도 의아한 경우가 있다. 내가 전해주는 포트폴리오가 사실은 별것 아니기 때문이다. 어쩌면 당연한 결과일 수 있다. 예를 들어 백화점 의류매장에는 셀 수 없이 많은 옷들이 진열되어 있고, 계절마다 새로운 옷들이 다시 보태지지만, 막상 내 옷장에는 달랑 몇 벌의 옷이 전부인 현실과 닮았다. 입을 옷이 늘 부족하다고 생각하면서도 살아오는 데 그리 지장이 없었던 것과도 같다. 옷장엔 꼭 필요한 옷들만 있으면 된다.

　재테크도 마찬가지다.

　상품 개수만 따지더라도 펀드, 보험, 예·적금을 합쳐 수만 개가 넘는데 실제로 유지하고 있거나 가입해본 경험이 있는 상품들은 각각 서너 개씩에 지나지 않는다. 물론 그게 잘못은 아니다. 때때로 갈증을 느끼지만 살아오는 데 크게 불편한 적은 없다. 중요한 것은 상품의 개수가 아니라 내가 원하는 인생을 위해 꼭 필요한 것들이 있느냐다. 그러나 옷장에 채워넣을 옷과 재테크가 분명히 다른 한 가지가 있다면, 잘못 구입한 옷은 약간의 돈과 잠시 기분을 망칠 뿐이지만 잘못 선택한 재테크는 그때까지 모은 전 재산을 날리고도 모자라 자칫 인생까지 망칠 수 있다는 점이다.

그래서 우리가 정말 중요하게 생각해야 하는 것은, 더 많은 지식, 더 많은 상품이 아니라 정확한 지식, 내게 필요한 상품이다. 지금 소개하는 10가지 상담 문의 메일은 내가, 내 가족이, 내 친구가, 내 동료가, 내 이웃이, 내가 아는 또 다른 사람들이 충분히 경험할 수 있는 실제 사례들이다. 그러다 보니 낯선 듯 익숙할 것이고 다른 사람 이야기인 듯하면서도 내 이야기일 것이다.

또한 재테크가 목표로 하는 시점은 한 달이든, 일 년이든, 십 년이든, 이십 년이든 지금 당장이 아닌 앞으로의 시간들이다. 따라서 경험이든 나이든 나보다 앞선 다른 사람의 사례를 살짝 엿보는 것은 나의 내일을 어떻게 준비해야 하는지에 힌트가 될 수 있다.

독자들이 이 책의 마지막 장을 넘길 때쯤이면 어렴풋하게나마 아래의 10가지 사례에 대한 답을 짐작할 수 있을 것이다. 그러는 사이 독자들의 옷장에도 필요한 옷들만 채워질 수 있으리라.

이 상담 문의에 대한 답변은 이 책의 뒷부분 'OUTRO'에 따로 실어두었다. 물론 그 답이 절대적인 것은 아니다. 사람마다 가진 변수가 다르기 때문이다. 여러분이 생각한 답변과는 어떻게 다른지 비교해보는 것도 이 책을 즐기는 방법일 것이다.

질문 1_ 3,000만 원을 모으고 싶은 알바생입니다.

아직 제대로 된 직장이 없어요. 아르바이트 비슷한 임시직인데요. 그래도 빨리 종잣돈을 모아 창업을 하고 싶어요. 현재 월수입이 120만 원에서 150만 원 정도인데 부모님과 같이 살기 때문에 따로 생활비가 들지 않아 이것저것 쓰고 나면 적어도 80만 원은 남아요. 앞으로 3년 동안 3,000만 원을 모으고 싶은데 어떻게 하면 좋을까요?

질문 2_ 첫월급 탄 직장 새내기, 결혼자금 어떻게 모아야 할까요?

직장 새내기입니다. 3수 끝에 합격한 9급 공무원이고요. 그런데 월급날 통장에 1,227,500원이라고 찍혔네요(ㅜㅜㅜ). 그래도 아직 취업하지 못한 친구들 생각하면 미안하지요. 어쨌든 이 월급을 잘 모아서 우선 3년 뒤 지금의 여자친구와 결혼하고 싶어요. 여자친구는 지금도 공무원시험 준비하고 있어요. 결혼자금은 5,000만 원 정도로 예상합니다.

질문 3_ 신혼부부입니다. 3년 안에 내 집 마련 가능할까요?

결혼 1년차입니다. 대기업은 아니지만 나름 괜찮은 중소기업에 다닙니다. 저희 회사는 퇴직연금에 가입되어 있고요, 아직은 모두 DB형입니다. 통장에 찍히는 급여는 220만 원 정도예요. 아내는 학습지 교사인데 급여는 120만 원 정도입니다. 아이는 3년 뒤 낳을 계획이고요. 현재는 강북에 있는 방 2개짜리 다세대주택에서 보증금 2,000만 원 월세 40만 원에 삽니다. 3년 뒤 출산 계획에 맞춰 아파트로 옮기고 싶은데, 그러려면 1억 원 정도가 필요합니다. 어떻게 하면 좋을까요?

결혼 3년차이고요. 이제 막 돌이 지난 애가 하나 있습니다. 아내는 원래 직장을 다녔는데 지금은 그만두고 육아에 전념하고 있습니다. 다행히 대기업에 입사해서 운이 좋은 편인데요. 연봉은 실수령액 기준으로 4,500만 원 정도입니다. 퇴직연금 DC형이고요. 연금저축펀드로 매달 34만 원을 투자합니다. 넣다 만 펀드가 2개 있는데, 현재 잔액은 570만 원이에요. 그 외 변액유니버셜보험(친구 소개로 2년 전 가입) 매달 30만 원과 다른 보험(아내 것 포함) 20만 원 정도 들어갑니다. 그리고 CMA에 4,000만 원 정도가 있고요. 생활비와 제 용돈을 빼고 나면 200만 원 정도가 남습니다. 아, 자동차 할부금도 아직 매달 30만 원씩 들어가요. 내년에 끝납니다.

현재 18평 아파트에 사는데, 보증금 1억 원 월세 50만 원을 주고 있습니다. 지난해 계약했고, 내년에는 집세가 오를 것 같습니다. 그땐 대출을 받아서라도 아파트를 사야 하나 고민 중입니다. 교육비로는 많이 쓰지 않을 거라서 아이를 위해 뭔가 저축하고 싶은데 어떤 게 좋을까요? 보험회사에 다니는 친구는 복리에 비과세되는 어린이변액보험을 권유하고, 증권회사에 다니는 친구는 어린이펀드를 추천하거든요. 그리고 IRP도 가입하라는데 어떻게 할까요?

질문 5_ 싱글여성이고, 회사 그만두면 카페를 차리려고 돈을 모으고 있습니다.

34세 비혼여성입니다. 결혼할 마음은 별로 없고요. 그런데 주위에서 자꾸 결혼 언제 하느냐고 물어봐서 진짜 짜증납니다. 작은 회사에 다니는데 월급은 많지 않습니다만, 별로 쓸 데도 없어 저축을 많이 하는 편입니다. 통장에 240만 원 정도가 들어오는데, 매달 100만 원 정도는 저축하고 있습니다. 나머지 140만 원은 원룸 월세와 생활비, 보험료와 용돈으로 나갑니다.

현재 모아둔 돈은 3,700만 원쯤 되는데. 마흔이 될 때까지 2억 원 정도를 모아 조그마한 카페를 차리고 싶습니다. 요즘 카페가 너무 많아 돈을 못 번다고 하던데, 로스팅을 직접 하면서 제가 잘하는 손재주를 활용하여 도자기 페인팅, 손지갑 만들기, 뜨개질, 꽃바구니 만들기 등 다양한 강의나 모임에 특화된 공간을 꿈꾸고 있어요. 그래서 그런 강좌에 꾸준히 나가면서 많이 배우고 있고요.

보험은 월 3만 원 정도 나가는 실손의료비보험 하나만 들었고, 친구 소개로 20만 원짜리 변액연금보험에 가입했습니다. 3년가량 되었고요. 여태까지 저축은 주로 저축은행을 많이 이용했어요. 이자가 조금 더 있어서요. 그런데 지금은 자꾸 떨어지니까 불안해요. 은행보다야 많지만 그래도 너무 떨어지니까요. 어떻게 하면 좋을까요?

직장 스트레스에 무지무지 시달리는 37세 가장입니다. 결혼이 늦어 이제 2년 되었고요. 속도위반을 해서 1년 6개월 된 아이가 있어요. 그렇다고 제가 지금의 직장을 억지로 다니는 것은 아닙니다. 마흔 살 독립! 직장생활을 시작하면서부터 가졌던 목표인데요, 친구와 함께 제가 좋아하는 오토바이 가게를 하려고요. 사실 그래서 결혼도 늦었습니다. 돈을 좀 더 모으고 인생의 목표를 구체적으로 정한 다음 결혼하려 했지요. 그런데 어쩌다 첫눈에 반한 지금의 와이프와 초스피드로 결혼을 했는데요, 요즘 냉전 중입니다. 왜냐하면 와이프는 제가 창업을 너무 일찍 한다고 불만이거든요. 와이프는 안정을 원해요.

그런데 지금 저는 창업하는 데 아무 문제가 없어요. 작지만 집 (18평, 현재 시세 3억, 담보대출 1억)도 있고, 예금과 적금을 합해 5천만 원 정도 되거든요. 그리고 앞으로 3년 동안 5,000만 원을 더 모으면 1억은 됩니다. 그 돈을 모으려고 여태껏 보험 하나 들지 않았고요. 이럴 땐 제 와이프를 어떻게 설득해야 할까요?

작은 IT기업에 다니는 40대 초반 남성입니다. 애는 둘이고요. 디자인 회사에 다니는 아내와 맞벌이 중입니다. 3년 전에 집을 샀어요. 그때 3억 5,000만 원이었는데, 지금은 4억 원 정도 합니다. 부채는 담보대출 잔액 2억 원이 있습니다. 연봉은 둘이 합쳐 5,500만 원이에요. 제가 3,500만 원, 아내가 2,000만 원 정도 됩니다. 그런데 중학교 2학년, 초등학교 5학년인 두 아이 교육비와 대출이자, 아파트 관리비를 비롯한 생활비, 저와 아내의 용돈, 보험료 등을 빼고 나면 남는 돈이 거의 없습니다.

우선은 집 때문에 골치인데요. 이대로 계속 가야 할지 아니면 팔아야 할지 고민입니다. 당장 판다고 해도 대출 갚고 남는 돈으로 전세 얻으면 딱이거든요. 그렇다고 해서 2억 원 대출을 언제 갚을 수 있을지 자신도 없고요.

그리고 은퇴 준비도 고민입니다. 연금이라고 해봐야 국민연금과 회사에 방문하는 보험설계사에게 가입한 연금저축보험 34만 원, 그리고 같은 설계사에게 5년 전에 가입한 변액유니버셜보험 30만 원짜리가 있어요. 그런데 연금저축보험이나 변액유니버셜보험 모두 아직도 원금이 안 돼요. 사실은 보험설계사가 사장님 친구분이고, 우리 집 보험은 대부분 거기에 들어 있어요. 보험료는 애들 것, 제 것, 아내 것 해서 모두 60만 원가량 들어갑니다. 보험 가짓수는 10개 가까이 되고요.

그리고 교육비도 문제예요. 다달이 150만 원 넘게 들어가는데, 이게 맞는가 싶어요. 아내도 직장을 다니니 애들을 학원에 많이 보냅니다. 그러다 보니 지금 현재 저축해둔 돈은 별로 없습니다.

질문 8_ 전업주부였다가 이혼하고 혼자 아이 키우며 일하고 있습니다. 적은 월급 어떻게 관리해야 좋을까요?

최근에 남편과 이혼한 38세 여성입니다. 초등학교 2학년 애가 하나 있고요. 양육권은 제가 가지고 있습니다. 남편이 양육비를 보내주기로 했는데 딱 두 달, 그것도 50만 원, 30만 원 보내주고는 지금은 전화조차 받지 않습니다. 아이와 함께 조그만 빌라에서 월세로 다시 시작했고요, 다행히 제 앞으로 된 빚은 없습니다. 그렇다고 돈 때문에 이혼한 건 아니에요. 그 사람과 계속 살다가는 제 인생이 사라질 것 같은 두려움에 몇 년을 고민하다 결국 헤어졌어요.

지금은 정말 아무것도 없습니다. 그 사람과 결혼하면서 그만둔 상담 관련 공부를 좀 더 하고 싶은데요, 우선은 돈을 벌어야 해요. 일을 쉬었던 7년이 너무 아까워요. 잘 아는 원장님이 운영하는 상담소에서 일을 봐주기로 했는데요, 부끄럽지만 월급은 120만 원입니다. 근무시간이 오후 4시쯤에 끝나는데, 저녁시간과 주말 동안 일할 수 있는 카페와 식당을 알아보는 중입니다. 잘하면 50만 원에서 100만 원 정도 수입이 더 생길 것 같아요.

너무 막연하지만, 돈 관리를 어떻게 하는 것이 좋을까요?

40대 후반입니다. 5년 전에 회사를 나와 아내와 함께 조그만 식당을 운영하고 있고요. 빚이 너무 많아 식당을 접어야 할지 고민 중입니다. 하면 할수록 적자거든요. 차라리 임시직이라도 아내와 같이 월급을 받는 편이 나을 것 같습니다. 아이는 중학생, 고등학생 둘인데요, 큰애가 딸입니다. 그런데 사춘기에 집안 형편도 좋지 않으니 신경질이 부쩍 늘고 스마트폰만 끼고 살아서 걱정입니다. 보험은 아내와 아이들 것까지 실손의료비보험만 있는데, 매달 10만 원 정도 들어갑니다. 그 외는 아무것도 못하고 있고요.

이리저리 알아보니 당장에 식당을 접고 나면 임시직으로 벌어봤자 둘이 합해 250만 원쯤 되더라고요. 아내는 식당 서빙, 저는 배달업체에서 일하게 될 것 같습니다. 지금 사는 집은 다가구주택인데, 보증금 3,000만 원에 월세 50만 원을 내고 있습니다. 방은 두 칸이고요. 그런데 식당을 접더라도 빚이 5,000만 원이나 남아 이런저런 이자를 감안하면 250만 원 월급 가지고는 계속 적자거든요. 제가 회사를 그만두고 몇 번 창업을 했다가 실패했기 때문입니다. 프랜차이즈도 했고 지금처럼 식당을 직접 차리기도 했지요. 저희 가정에 정말 희망이라는 게 있을까요?

공기업에 다니는 50대 중반입니다. 재정적으로는 좀 여유 있는 편입니다. 지금 살고 있는 42평짜리 아파트는 현재 시세가 7억 원쯤 하는데 대출이 1억 원 정도예요. 그동안 들어둔 저축보험, 펀드, 퇴직금 등을 합치면 1억가량 되고요, 현재 은행에도 5,000만 원쯤 있습니다. 퇴직금은 중간정산으로 집 장만하는 데 보태다 보니 그리 많진 않습니다. 3,000만 원쯤. 현재 연봉은 7,300만 원인데, 실제 수령액 기준으로는 월 평균 500만 원쯤 됩니다. 퇴직연금은 DB형이고요, 앞으로 5년 정도 더 근무할 수 있습니다. 국민연금은 알아보니 이대로 계속 납부하면 120만 원가량 나온다고 해요. 당장 답답한 것은 은퇴 준비입니다. 그동안 연금저축 매달 34만 원과 5년 된 50만 원짜리 변액연금보험이 있고요, 아내 명의로 변액유니버설보험 20만 원짜리가 있습니다. 그건 3년 되었고요. 증권회사에서 IRP에 가입하라고 해서 가입은 했는데, 아직 불입은 하지 않았습니다. 세액공제 욕심은 나는데 못 찾아 쓴다니 좀 그래서요.

애들도 걱정인데요, 둘 다 대학생인데 제대로 취직을 할지……. 취직을 못하면 공무원시험이라도 준비시켜야 하는데 그것도 다 돈이지요. 그리고 결혼비용도 좀 준비해놓아야 하고요. 그리고 따로 살고 있는 부모님도 걱정입니다. 지금은 생활비를 드리고 있지만 퇴직한 다음에는 알 수 없거든요. 조그만 아파트에 사시는데, 주택연금에 가입하는 것이 나을까요? 사실은 동생이 있는데 형편이 좀 좋지 않아요. 빌려준 돈도 아직 돌려받지 못하고 있지만, 돌려받을 생각은 없어요. 은근히 부모님 살고 있는 아파트를 담보로 대출받고 싶어 하는 것 같아 고민입니다.

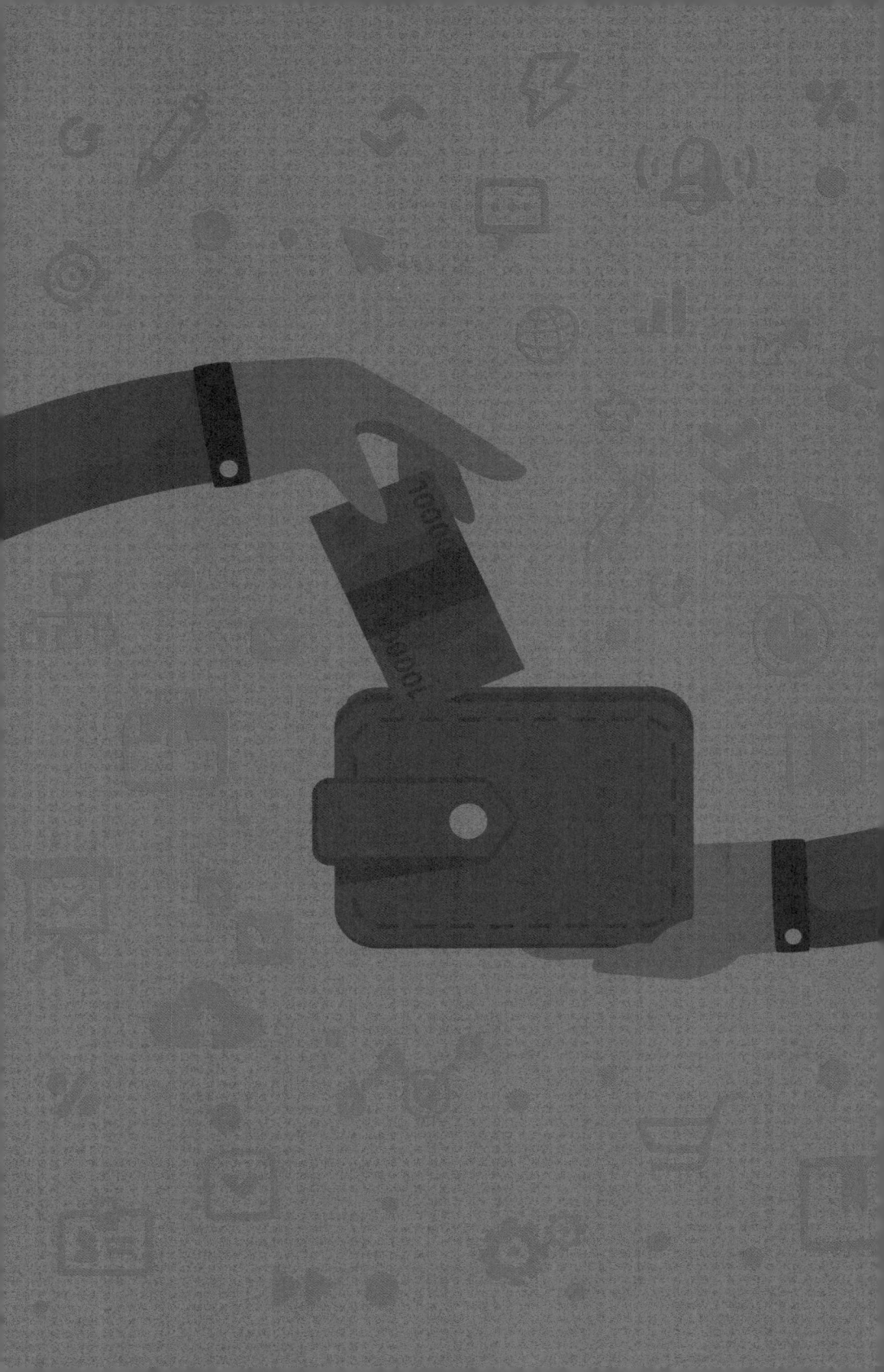

제1장

상식 전쟁 ⓦ

01

투자란,
고장 난 시계다

난이도 上 中 下
수면도움 😄 😐 😖

"우선 지금 가지고 있는 1,000만 원을 어떻게 하는 게 좋을까 싶어서요."

"아, 그래요? 그 돈이 지금 어디에 있는데요?"

"예, 그냥 은행에 있어요."

"그럼 은행에 그대로 두어도 되는데 왜, 불안하세요?"

"아니 불안하다는 것이 아니라, 은행은 이자가 없잖아요. 그래서⋯⋯."

"맞아요. 은행은 이자가 없는 것은 아니지만 느끼지 못할 만큼 적지요. 그런데 어느 정도 수익이 나면 좋겠어요?"

"큰 욕심은 없어요. 은행이자보다만 많으면 다 괜찮아요."

"그럼 펀드 한번 해보실래요?"

"펀드요? 그거 위험하지 않나요? 사실 예전에 한 번 했다가 손

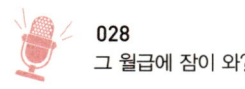

해 봤거든요."

"그랬군요……. 그런데 조금 손해 보면 안 되나요?"

"예? 손해 보는 투자를 왜 해요? 그러면 아예 투자를 하지 말아야죠."

"그럼 은행에 그대로 두면 되겠네요?"

"아니, 그런 뜻이 아니고요. 위험한 투자를 원하는 것이 아니라 위험하지 않으면서 은행이자보다는 조금이라도 수익이 더 나오는 상품을 찾는다니까요?"

"그러니까 위험하지 않는 투자를 원하시군요?"

"손해 보면 안 되잖아요."

"그럼 은행에 그대로 두어야겠는데요?"

"예?"

그와 나눈 모든 대화를 또렷이 기억하진 못하지만, 내용만 다시 정리해보면 딱 이랬다. 그는 내가 진행하는 팟캐스트 방송 청취자였으며, 어느 날 상담하고 싶다는 메일을 보내왔고 며칠 뒤 전화통화를 했다.

상담을 하다 보면 대체로 이런 사람들이 많다. 독자들 역시 위 대화를 읽으면서 어떤 야릇함을 느낄 것이다. 뭐지? 이런 기분? 분명 틀린 말은 아닌데 왠지 개운치는 않다. 그런 기분은 아마 돈을 불리고 싶어 하는 사람이라면 대체로 비슷할 것이다. 그 이유는 사람들이 생각하는 투자가 간혹 투기와 헷갈릴 때가 많기 때문이다.

예컨대 도박장에 들어설 때의 마음은 누구나 똑같다. 아무도 자기 돈을 잃겠다는 사람은 없다. 게다가 자리에서 일어설 땐 지갑이 두둑해지길 원한다. 투자도 마찬가지다. 사람들은 자기가 가진 원금을 잃지 않고 더 많이 불리기를 원한다. 그런데 생각만큼 잘 되지 않는다. 왜냐하면 모든 사람들이 같은 생각을 하기 때문이다.

그러나 적어도 이론적으로는 투자만큼 쉬운 것도 없다. 쌀 때 사서 비쌀 때 팔면 된다는데 그것만큼 쉬운 게 또 어디 있을까? 그러나 막상 해보면 투자만큼 어려운 것도 없다.

지난 10년 넘게 투자와 관련하여 한국에서 가장 많은 논쟁거리를 제공한 것은 바로 부동산이었다. 이른바 부동산거품 붕괴, 폭락이다. 그러면서 항상 일본의 경우를 빗대었다. 그런데 결과적으로 보면 비록 부동산 가격이 크게 하락한 시기가 있었지만 거품 붕괴라고 표현될 만큼의 폭락은 없었다.

부동산의 인기가 사그라들자 수많은 금융상품이 팔려나갔다. 반면 제대로 이익을 거둔 사람은 없다. 특히 웬만한 가정이라면 한두 개쯤 가입했을 변액보험의 경우 가입한 지 7, 8년이 지나도 원금이 되지 않는 경우가 많고 기다림에 지친 수많은 사람들이 중도해약으로 손해를 떠안아야 했다. 은행이나 증권회사에서 가입한 펀드도 마찬가지다. 주변에서 제대로 이익을 보았다는 사람을 찾기 힘들다. 결국 10년 넘게 계속된 부동산거품 논쟁으로 인한 최대 수혜자는 보험사, 증권회사, 은행이었다. 그리고 그들의 이익은 고스란히 고객들의 통장에서 나왔다. 그런데도 이 글을 쓰는 오늘 아침,

일본 경제학자 몇이 한국의 부동산거품 붕괴를 우려한다는 기사가 네이버 재테크 게시판에 떴다. 그런데 한국의 부동산 폭락은 언젠가, 반드시, 온다. 즉, 반드시 온다는 것과 그것이 언제인지를 판단하는 것이 투자의 결정체, 가장 중요한 화두다.

미혼 남녀가 만나 서로 사랑하면 언젠가 결혼할 수도 있다. 그런 예측은 전혀 어려운 것이 아니다. 누가 "저 두 사람, 결혼할 수도 있겠네?"라고 말한다고 해서 그 사람이 연애전문가는 아니다. 그건 누구나 생각할 수 있는 쉬운 문제니까. 반대로 그 두 사람이 언제 결혼할 것인지를 맞히는 일은 전혀 쉽지 않다. 정작 당사자인 두 사람도 잘 모르는 일이다. 그런데 언제 결혼할지는 그 두 사람의 사랑에서 매우 중요하다. 왜냐하면 사랑이 식지 않는 동안 결혼하면 현재의 사랑이 결실을 맺는 것이지만, 만약 결혼이 자꾸 미뤄지면 사랑까지 식어버릴 수 있고, 자칫 이별하거나 극단적으로는 서로에게 나쁜 감정이 생기는 경우도 있다. 그래서 모름지기 우리가 인정하는 전문가란, "저 두 사람 사랑 시작했네? 그럼 결혼할 수 있겠네?" 하는 사람이 아니라 "저 두 사람, 딱 보니 1년 뒤 결혼하겠네" 하는 사람이다.

투자도 마찬가지다. 자본주의 경제는 항상 거품이 생긴다. 또한 언젠가는 그 거품이 터진다. 거품은 터지기 위해 만들어지기 때문이다. 1997년 한국의 외환위기도 그랬고, 2008년 글로벌 금융위기도 그랬으며, 2011년 유럽의 재정 위기도 그렇고 지난 20년 전 일본의 부동산거품 붕괴도 그랬다. 따라서 대출투성이인 아파트

중심의 한국의 부동산거품 역시 당연히 터지게 마련이다. 특히 급격한 고령화와 이른바 베이비붐 세대의 은퇴, 그리고 시한폭탄급에 가까운 가계부채와 맞물려 내일 당장이라도 터질 듯 부풀어 있다. 그런데 아직까지도 그 시기가 언제일지 모른다. 그러면서 계속 바람만 피워댄다. 전문가라는 사람들이 하는 짓이다.

내가 투자가 아주 쉽다고 하는 이유는 폭락과 급등은 투자의 세계에선 반드시 일어나는 현상이기 때문이다. 그래서 나는 투자란, '고장 난 시계'라는 말을 한다. 고장 난 시계는 적어도 하루에 두 번은 맞는다. 반대로 투자가 아주 어렵다고 말하는 이유는 폭락과 급등의 때를 맞히기가 사실상 거의 불가능하기 때문이다. 그럼에도 전문가를 자칭하는 사람들 대부분은 고장 난 시계를 쳐다보고 있다. 그런 점에서 투자란, 인디언 기우제와도 같다.

많은 사람들이 알고 있는 것처럼, 인디언들이 기우제를 지내면 반드시 비가 온다. 왜냐하면 비가 올 때까지 지내기 때문이다. 지난 10년 넘게 부동산거품을 말해왔던, 그래서 금융상품을 잔뜩 팔아왔던 사람들은 부동산거품이 터질 때까지 계속 그런 말을 할 것이다. 그리고 나서 그 사람들은 이렇게 말할 것이다. "거봐, 내가 그랬잖아! 내가 그랬다니까!" 그런데 그 사람들이 이건 아는지 모르겠다. 부동산이 폭락하면 주가를 비롯한 모든 금융상품도 동시에 박살난다.

중국 주식시장도 마찬가지였다. 이 글을 쓰고 있는 최근 3주 남짓의 기간, 정확히는 2015년 6월 12일부터 7월 3일까지 중국 주식은 평균 30%나 급락했다. 30%가 느낌이 오지 않는 독자들을 위해 간단히 예를 들면, 만약 10만 원 하던 주식이 30% 떨어져 7만 원이 되었다면 3만 원이 손해난 셈이다. 그런데 7만 원인 그 주식이 본전이 되기 위해서는 30%만 올라서 될 일이 아니다. 거의 50%, 즉 3만 5,000원(7만 원×50%) 정도가 올라야 겨우 본전 이상이 된다. 그런데 중국 주식 전체가 30% 떨어졌다는 것은 '평균'이다. 그 가운데는 30% 이상 떨어진 것도 있고 그 이하인 경우도 있다. 그러나 대체로 파레토법칙(상위 20%의 사람들이 부의 80%를 차지하거나 상위 20%의 고객이 매출의 80%를 차지한다는 법칙)처럼 주식시장역시 이른바 일부 주도주들이 좌우한다고 보면 대부분의 폭락은 그런 주도주들에게서 발생했다. 물론 일반 투자자들 역시 그런 종목들에 대부분 몰려 있었다.

중국 주식 이야기를 하는 이유는, 중국 증권시장의 과열 논쟁은 어제오늘 이야기가 아니었다. 가깝게는 지난 2014년부터 집중적으로 제기돼온 이야기다. 그래서 이른바 전문가라고 하는 사람들은 중국 주식에서 조금씩 발을 뺐다. 그런데 그때부터 오히려 상승하기 시작한다. 2014년 7월부터였다. 그 이후 1년 가까운 시간동안 중국 증시는 무려 두 배 가까이 폭등했다. 그리고 마침내 크게 떨어졌다. 수많은 전문가들이 비를 내려달라며 지냈던 기우제가 성공한 셈이며, 중국 증시 폭락에 바늘이 멈춘 채 고장 난 시계에 딱 맞춰진 셈이다. 그들은 당연히 "거봐, 내가 그랬잖아! 내가 그랬다니까!" 할 것이다. 그런데 그 1년 동안 무려 두 배 가까이(시장 주도주의 경우 사실상 그 이상) 벌 수 있었던 기회는 이미 날아갔고, 심지어 뒤늦게 전망을 수정하여 중국 주식 투자를 권유했던 금융 회사들의 말을 믿고 투자했던 사람들은 큰 손해를 보았다. 물론 그 이후 중국시장이 어떻게 움직일지 장담할 수 있는 사람은 없다.

자, 나는 투자만큼 쉬운 것도 없으며 동시에 투자만큼 어려운 것도 없다고 했다. 이것을 앞에서 소개한 상담 내용에 적용하여 다시 살펴보자.

#1

"우선 지금 가지고 있는 1,000만 원을 어떻게 하는 게 좋을까 싶어서요."

"아, 그래요? 그 돈이 지금 어디에 있는데요?"

"예, 그냥 은행에 있어요."

"그럼 은행에 그대로 두어도 되는데, 왜, 불안하세요?"

"아니 불안하다는 것이 아니라, 은행은 이자가 없잖아요. 그래서……."

그는 사실 불안하다. 은행에 있는 1,000만 원이 불어나지 않을 것 같기 때문이다.

#2

"맞아요. 은행은 이자가 없는 것은 아니지만 느끼지 못할 만큼 적지요. 그런데 어느 정도 수익이 나면 좋겠어요?"

"큰 욕심은 없어요. 은행이자보다만 많으면 다 괜찮아요."

그는 분명 욕심이 있다. 은행이자보다 더 많은 이자를 원한다.

#3

"그럼 펀드 한번 해보실래요?"

"펀드요? 그거 위험하지 않나요? 사실 예전에 한 번 했다가 손해 봤거든요."

"그랬군요. 그런데 조금 손해 보면 안 되나요?"

"예? 손해 보는 투자를 왜 해요? 그러면 아예 투자를 하지 말아야지요."

그는 투자가 아주 쉽다고 생각한다. 그런 생각은 쌀 때 사서 비쌀 때 파는 일이 어렵지 않다고 생각하는 것과 같다. 그러나 그런 일은 폭락과 급등의 때를 아는 사람에게나 가능하다. 그건 정말 어려운 일이며 그 때를 아는 사람은 없다. 그러니 그는 아예 투자를 하지 말아야 한다.

#4

"예? 그럼 은행에 그대로 두면 되겠네요?"

"아니, 그런 뜻이 아니고요. 위험한 투자를 원하는 것이 아니라 위험하지 않으면서 은행이자보다는 조금이라도 많은 수익이 나오는 상품을 찾는다니까요?"

위험하지 않으면서 더 많은 수익을 원하는 그는 분명 욕심쟁이다.

#5

"그러니까 위험하지 않는 투자를 원하시군요?"

"손해 보면 안 되잖아요."

"그럼 은행에 그대로 두어야겠는데요?"

"예?"

은행 예·적금은 급락과 급등의 무풍지대다. 손해 볼 일도 없지만, 이익 볼 일도 없다. 그래서 투자란 곧 위험을 감수해야 하는 일이다. 그런데 그는 손해는 보지 않겠다고 하니 은행을 떠나면 안 된다.

그렇다면 이 사람은 그 돈을 끝내 은행에만 두어야 할까? 사실 위에서 한 가지 소개하지 않은 대화 내용이 있다. 그것을 공개하면 다음과 같다.

"전혀 손해가 없는 투자 상품은 없어요. 그게 있다면 이런 상담이 왜 필요하겠어요? 그리고 은행도 망하고 말겠지요."

"……."

"다만, 손해를 최소화할 수 있는 방법은 있어요. 그러니까 내가 기대하는 수익을 위해 내가 손해 볼 수도 있는 확률을 훨씬 낮출 수는 있어요. 그래서 결과적으로는 아무런 손해 없이 기대 이상의 수익을 얻을 수 있는 방법도 있어요."

"예? 사실 제가 원하는 게 바로 그거예요. 그게 뭔지 궁금해요."

"정말 궁금하세요?"

"예, 정말 궁금해요."

"그럼, 제 질문에 정확히 대답해주세요."

"예, 뭔데요?"

"그 돈, 1,000만 원을 다른 데 쓰지 않고 언제까지 굴릴 수 있나요?"

지금부터는 이 대화 이후의 이야기, 즉 아무런 손해 없이 기대 이상의 수익을 얻을 수 있는 방법에 대한 것들로 채워질 것이다. 물론 사람마다 나이, 직업, 소득, 현재의 재산 상태, 돈에 관련된 앞으로의 계획 등이 모두 다르기 때문에 돈을 불리기에 가장 적절한 방법과 구체적인 상품 선택 및 운용 역시 다를 수밖에 없다. 따라서 앞으로의 이야기는 이런저런 이유로 돈을 불려야 할 우리 모두에게 반드시 필요한 것들로 정리했다.

02
당신의 냉장고엔 코끼리가 없다

난이도 ⊥ ⊕ ⊤
수면도움 😊 😐 😫

"괜찮은 상품 좀 추천해주세요."

사실 돈 불리는 방법은 코끼리를 냉장고에 넣는 것만큼이나 간단하다.

'냉장고 문 열고, 코끼리 넣고, 냉장고 문 닫고.'

돈도 마찬가지다.

'통장 만들고, 종잣돈 넣고, 통장 닫고.'

그런데도 사람들이 '재테크'를 한답시고 아침 출근길 버스나 지하철 안에서부터 허다한 정보들을 클릭하고 이런저런 강의들을 쫓아다니는 이유는 도대체 어떤 통장을 만들어야 하는지 모르겠기 때문이다. 그래서 만나는 사람들마다 대뜸, '괜찮은 상품을 추천해달라'고 한다.

여기서 주의할 것은 지금부터 이야기하는 통장의 의미는 '통장'

그 자체는 물론 재테크와 관련된 모든 상품을 의미한다는 점이다. 예를 들면 은행에서 가입하는 적금은 적금통장, 증권회사의 펀드는 펀드통장으로 관리된다. 단지 우리는 그 통장들을 들고 다니는 일이 없다 보니 '통장=상품'이란 생각이 어색했을 뿐이다. 그러니 지금부터는 통장=상품으로 생각하자. 실제로 대부분의 사람들이 CMA를 상품으로 생각하지 않는 경향이 있다. 아마도 입출금이 자유롭다 보니 생긴 현상일 것이다. 그러나 CMA통장에 남아 있는 잔액은 단 하루만 지나도 얼추 1.5~2% 정도의 연이자가 지급되는 훌륭한 상품이다.

어쨌든 우리는 오늘도 신통방통한 통장을 찾기 위해 수많은 정보나 강의, 심지어 매일같이 쏟아져나오는 재테크 관련 도서들을 들춰보지만, 그것들의 한결같은 공통점은 '했던 말 또 하고 했던 말 또 하는' 다람쥐 쳇바퀴라는 것, 더구나 꼭 집어 이거다 하고 말해주는 정보조차 없다는 사실이다. 그런데도 사람들은 저마다 진귀한 보석이라도 찾아내려는 듯 눈을 번득이고 귀를 곤추세운다. 그러고는 정작 종잣돈 넣고 닫아두기만 하면 저절로 돈이 불어난다는 '통장'을 찾는 데는 대부분 실패하고 만다.

그럴 수밖에 없는 이유가 그 통장이란 것을 두고 은행에서는 적금이라 하고 증권회사에서는 CMA나 펀드라 하며 보험회사에서는 변액보험이라 말하는데, 은행·증권회사·보험사들은 그 통장을 팔아서 먹고사는 장사꾼들이며 하나같이 난다 긴다 하는 전문가들이니, 그 틈바구니에서 이리저리 흔들리지 않을 사람은 흔치 않기 때문이다. 그런데 한술 더 떠 언제부턴가 은행도 자기들의 통장은 적금이 아니고 펀드나 변액보험이라 말한다. 더구나 이번에는 보험회사조차 자기들이 파는 통장, 즉 변액보험은 보험이 아니고 펀드라고 말한다. 그러니 이건 뭐 막걸리에 소주와 양주를 섞어놓은 격이다. 누가 검은 고양이이고 누가 흰 고양이인지 더 헷갈리고 신뢰가 안 간다.

그래서 우리는 '금 나와라 뚝딱' 하는 통장을 찾기 위해 두리번거리는 것이 아니라 신뢰를 찾아다니고 있다. 그 결과 이른바 '믿을 만한 사람'이 추천하는 '통장', 즉 상품에 가입하는 것으로 대부분의 통장 순례를 끝맺는다.

그러나 그리 간단하게 코끼리를 넣을 수 있는 냉장고가 없듯, 그리 간단하게 돈을 불려주는 통장도 없다. 그런데도 은행, 증권, 보험들이 애초에 없는 통장을 자꾸 있다고 우겨대니 우리는 늘 속고만다. 만약 그런 통장이 있다면 그건 단지 하루라도 빨리 골드미스·미스터나 골드실버가 되고 싶은 사람들의 욕망일 것이다. 그러니 우리의 알토란 같은 돈을 훔쳐간 범인은 바로 잘못된 욕망일 수도 있다.

34살의 그녀도 그때 이렇게 말했다.

"평균 30% 정도의 수익은 나온다고 했어요. 아무리 못해도 10% 이상은 되니 걱정 말라고도 했지요. 그것만 해도 은행이자의 몇 배나 되잖아요. 물론 돈이 필요하거나 약속대로 되지 않으면 언

제든 빼가도 좋다고도 했어요."

"……."

"사실 나는 '그 사람'은 잘 몰라요. 하지만, 그 사람을 소개시켜 준 제 친구는 그럴 사람이 아니거든요. 그리고 친구 통장에 찍혀 있는 이익금을 제가 봤다니까요!"

그렇게 자신 있어 했던 그녀가 날려먹은 돈은 1,000만 원이었다. '그 사람'은 그녀에게 괜찮은 중소기업에 투자한 후 그 기업이 코스닥에 등록되어 있는 다른 기업과 합병하는 방식으로 우회등록을 하면 높은 수익률을 얻을 수 있다고 말했다. 결과적으로 '그 사람'은 사기꾼이었고, 그녀가 믿었던 친구 역시 자기가 잃은 돈을 되찾기 위한 방편으로 친구인 그녀를 이용했다. 서울에서 대학을 졸업하고 8년이나 직장생활을 해온 그녀는 당연히 피해자였다. 그러나 그게 다 무슨 소용이람? 그렇게 날린 돈을 단 한 푼도 되찾지 못했는데. 사실 그녀가 믿은 것은 친구가 아니었다. 코끼리를 아주 쉽게 집어넣는 냉장고, '혹시나'를 기대했던 잘못된 탐욕이었다.

그래서 다시 말한다. 재테크에는 애초부터 '금 나와라 뚝딱' 하는 통장은 없다. 그런데도 짜증나리만치 얄밉게도 돈을 잘 불리는 사람이 간혹 있다. 투자의 귀재로 불리는 워런 버핏이나 조지 소로스 같은 아저씨들도 그런 사람이다. 그들은 도대체 어떤 통장을 가졌을까?

정답 공개! 그들은 스스로 만든 통장에 돈을 넣어 불려왔다. 이른바 '수제(手製)통장'이다. 여기서 바로 책을 덮어버릴 사람도 있을 것이다. 아니, 날고 긴다는 사람들이 만든 수제통장을 나더러 만들라고? 그게 말이 되는 소리야?!

그래서 지금부터 그들이 만든 수제통장 레시피도 함께 공개한다. 이것만 알아도 그녀처럼 1,000만 원을 날릴 일은 없다. 물론 그렇다고 그 모든 레시피를 처음부터 모두 다 공개할 수는 없다. 그 이유는 첫째, 수제통장을 가진 사람들마다 입맛이 서로 달라 레시피 또한 서로 다르기 때문이다. 이때 입맛이란, 돈을 불리는 서로 다른 원칙이나 방법을 말한다. 예컨대 어떤 사람은 짧은 기간에 높은 수익률을 즐기는가(조지 소로스) 하면 또 어떤 사람은 높은 수익률보다는 원금을 까먹을 위험이 적은 방법(워런 버핏)을 좋아한다. 여기서 우리가 알 수 있는 것은 돈을 불리는 방법이 꼭 한 가지로만 정해져 있는 것이 아니라는 사실이다. 그런 사실은 이제 누구라도 자신의 수제통장 레시피를 만들 수 있는 분명한 이유가 될 수 있기에 이 책을 읽는 많은 독자들에게 희망을 줄 수 있으리라 생각한다.

수제통장 레시피를 처음부터 모두 공개할 수 없는 두 번째 이유는, 독자들이 레시피 자체를 이해하지 못할 가능성이 높기 때문이다. 예를 들어 한의원에서 한약을 지을 때 간혹 '부자'라는 한약재를 사용하는 경우가 있다. 그러나 '부자'는 독약을 만들 때 사용하는 기본 재료다. 따라서 '부자'를 환자의 병명이나 체질에 따라 잘 사용하지 않으면 병을 낫게 하기는커녕 오히려 죽음으로 내몰 수도 있다. 34살 그녀 역시 코스닥 '우회등록'이란 소리를 처음 들었다. 사기꾼들은 원래 그런 전문적인 용어를 팍팍 던지고 피해자들은 잘 모르면서도 대충 '알은척'한다. 상대적으로 고학력, 전문직종에 있다는 사람들이 가끔 금융사기를 당하는 것도 그런 이유에서다. 자신의 무지를 애써 가리려다 지갑이 털린다. 그러니 레시피 자체에 대한 이해가 없는 상태에서 함부로 레시피를 공개했다가는 돈을 불리기는커녕 자칫 금융사기의 피해자나 빚쟁이로 만들 수 있다.

마지막 세 번째 이유는, 이 책을 끝까지 읽게 해야 하기 때문이다. 글을 시작했으니 끝까지 읽도록 유익하고 재밌게 써야 하는 것은 당연하지만, 처음부터 레시피를 모두 공개해버리면 이제 모두 끝났다고 오해할 수도 있다. 알다시피 레시피는 맛있는 요리의 끝이 아니라 단지 시작일 뿐이다.

그래서 나는 여기서 수제통장의 기본 레시피만 공개할 것이다. 그리고 나서 그 기본 레시피를 바탕으로 저마다 입맛이 다를 독자들 각자에게 가장 맛있는 맞춤형 요리를 만들 수 있는 방법을 제시하겠다.

나만의 수제통장 만드는 기본 레시피

난이도 上 ㉠ 下
수면도움 😊 😐 😫

   나만의 수제통장을 위한 레시피는 크게 기본 레시피와 추가 레시피로 나눌 수 있다.

   이때 기본 레시피는 모든 수제통장에 반드시 들어가는 재료들이다. 그것을 나는 '333원칙'이라 부르는데, 이것만 잘 사용할 줄 알면 대부분의 사람들은 추가 레시피 없이도 썩 괜찮은 통장을 만들 수 있다. 반대로 말하자면, 대부분 사람들은 이런 기본 레시피조차 잘 모른다. 그러니 이 맛도 저 맛도 아닌 '병맛'이 나올 수밖에 없다.

   333원칙의 첫 번째 3은 통장, 즉 상품이 가진 기본적인 성격으로 크게 안정성·수익성·환금성으로 나눌 수 있다. 예를 들어 어떤 상품은 안정성이 높은 반면 수익성은 낮고, 또 어떤 상품은 수익성은 높은 반면 환금성이 낮다. 이제부터 그 세 가지 재료를 한 가지씩 알아가보자.

안정성과 수익성은 서로 반비례한다. 안정성은 원금을 지켜내는 정도를 나타내는 반면 수익성은 얼마나 많이 불릴 수 있느냐를 뜻한다. 따라서 원금 보전을 중요하게 생각한다면 수익성을 기대하기 어렵다. 은행에 가입하는 예금이나 적금, 증권회사의 CMA 같은 것들이 안정성이 높다. 반대로 높은 수익률을 원한다면 원금 보전에 대한 기대를 접어야 한다. 주로 주식에 투자하는 상품들로, 주식에 직접 투자하거나 주식형 펀드에 가입하여 간접적으로 투자하는 상품들이다. 이런 상품들을 우리는 '위험'하다고 표현한다. 위험하다는 것은 곧 안정성이 떨어지는 상품이란 뜻이다.

한 가지 오해하지 말아야 할 것은 펀드라고 해서 모두가 안정성이 낮은 위험한 상품은 아니라는 점이다. 그 펀드가 어떤 것에 투자하느냐에 따라 다르다. 예를 들어 펀드 가운데서도 은행의 예·적금이나 CMA와 비슷한 정도의 상품에 투자하는 것도 있는데, 이런 펀드들을 '채권형 펀드'라고 부른다. 채권형 펀드들은 당연히 안정성이 높은 상품이다.

참고로 '혼합형 펀드'라는 것도 있는데, 대충 눈치챘겠지만 주식에 일부, 은행의 예·적금이나 CMA와 비슷한 것들에 일부를 섞어 투자하는 펀드다. 그러니 안정성은 중립이다.

다음으로는 환금성이다. 이것은 한마디로 내가 돈이 필요할 때 ① 원금 손해가 없거나 설령 있더라도 최소화하면서, ② 얼마나 쉽고, ③ 빨리 찾을 수 있느냐에 달려 있다. 이것을 은행의 예금이나 적금에 적용해보자. 환금성은 뛰어나다. 이 세 가지 조건을 완벽하게 충족한다. 그렇다면 증권회사의 주식형 펀드는 어떨까? ①의 조건이 애매하다. 머피의 법칙처럼 내가 돈이 필요해서 찾고 싶을 땐 마이너스를 기록하고 있는 경우가 많다. ②와 ③은 비교적 괜찮다. 국내형 펀드는 전화 한 통화로 팔 수 있고, 영업일 기준으로 이틀 뒤에 돈이 들어온다. 물론 채권형 펀드는 사실상 은행 예·적금과 비슷하게 생각하면 된다.

그런데 만약 내가 투자한 상품이 부동산이면 어떨까? 우선 쉽고 빨리 팔기가 어렵다. 그러니 ②, ③은 적합하지 않다. 그리고 ①의 조건을 맞추기에도 요즘 같아서는 불안하기 짝이 없다. 그래서 부동산은 환금성이 낮은 대표적인 상품이다.

나를 위한 수제통장의 기본적인 레시피를 333원칙에 따라 다음과 같이 투자 기간에 따른 3가지 상품 카테고리로 정리해보았다. 여기서 중요하게 기억해야 할 결론은 안정성, 수익성, 환금성을 모두 갖춘 상품은 없다는 사실이다. 이것만 알아도 최소한 금융사기는 피할 수 있다. 예를 들어 34살 그녀의 사례처럼 누군가 당신에게 돈을 까먹을 위험이 전혀 없고(안정성), 수익률은 아주 높으며(수익성), 돈이 필요할 때 언제든 돌려주겠다(환금성)고 한다면, 그건 100% 사기다. 그럼에도 금융사기를 당해 알토란 같은 돈을 날리는 사람들이 갈수록 많아진다. 그 사람의 탐욕도 문제거니와 수제통장의 기본 레시피를 모르기 때문이다. 대체로 안정성과 수익성은 반대로 움직이고, 환금성은 투자 및 회수 시기에 따라 다르다.

333원칙의 두 번째 3은 기간이다. 기간은 그 상품에 얼마나 오랫동안 돈을 넣어둘 수 있느냐에 따라 단기·중기·장기로 나뉜다. 뒤집어 말하면, 언제 쓸 돈을 만들기 위해 그 상품에 투자하느냐가 기준이다. 예를 들면 현재 30세인 사람이 2년 뒤에 필요한 결혼자금을 모으기 위해 적당한 상품을 찾을 수도 있고, 지금은 까마득하게 생각되는 은퇴 이후를 준비하기 위해 적당한 상품을 찾아볼 수도 있다. 그렇다면 그에겐 최소한 단기상품(2년 뒤 결혼자금)과 장기상품(수십 년 뒤 은퇴자금)이 필요한 셈이다.

이때 조심해야 할 것은 단기, 중기, 장기를 어떻게 구분하느냐다. 대체로 은행에서는 1년 이내를 단기, 1년 이상을 장기로 분류한다. 중기라는 개념은 없다. 이것은 아마 대부분의 정기적금이 1년 단위인 것과 관련될 것이다. 이 같은 정서는 주로 주식 단기 매매를 통한 거래수수료가 수입의 대부분을 차지하는 증권회사도 비슷하다. 그나마 증권회사에서는 3년이 중기라는 정도의 개념은 있다. 그 이유는 대부분의 적립식 펀드 만기 설정이 36개월, 즉 3년인 것과 관련이 있다. 반면 보험회사에서는 단기와 중기라는 개념이 없다. 모든 상품이 장기이기 때문이다. 당신이 가입하는 보험들 역시 온통 10년, 20년짜리들일 것이다.

따라서 투자 기간은 은행, 증권, 보험의 상품적 관점이 아닌 내 인생 전체를 폭넓게 바라보고 상상하면서 구분할 필요가 있다. 이 것을 전문용어로 '생애재무설계'라고 표현하는데, 이 같은 관점에서는 단기가 주로 3년 이내, 중기는 3년 이상 10년 이내, 장기는 10년 이상으로 구분하고 있다.

333원칙의 마지막 세 번째 3은 아주 간단하다. 구체적인 상품, 재테크와 관련된 상품을 기간에 따라 3가지 유형으로 나누는 것이다. 나는 이것을 크게 은행의 예·적금, 증권의 주식이나 펀드, 보험의 보장성보험이나 저축성보험으로 나눈다. 그리고 곁가지로 아파트와 같은 부동산은 참고만 하자.

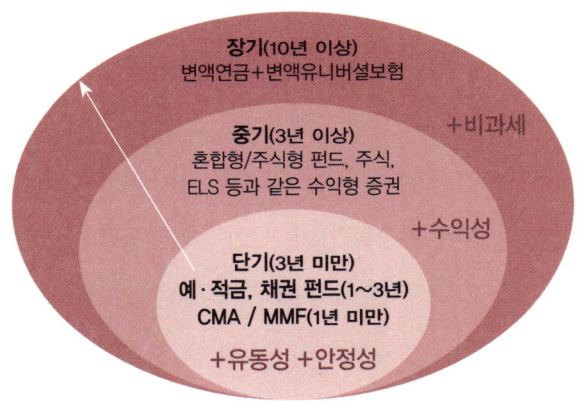

최대 3년 이내에 꼭 필요한 돈은 수익성보다는 안정성을 더 중요하게 생각해야 하고, 최대 10년 이내까지 여유 있게 굴릴 수 있는 돈은 안정성보다는 수익성이 우선순위가 되어야 하며, 특히 10년 이상 20년, 30년을 굴려야 하는 돈은 수익성을 원칙으로 하되 중간에 쉽게 그만둘 수 없도록 강제장치가 있는 상품이 필요하

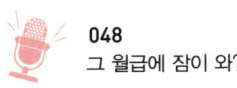

다. 상품마다 정도의 차이는 있지만 대부분의 보험상품이 중간에 그만두면 원금을 손해 보도록 만들어져 있는 이유다. 그러나 강제 장치가 너무 약하면 쉽게 그만둘 수 있어 장기자금을 준비할 수 없는 반면, 너무 강하면 손해 볼 가능성이 높기 때문에 적당한 수준이어야 한다.

그러나 앞의 그림에서 주의할 것은 투자 기간이 길수록 하위기간에 해당하는 상품들도 포함될 수 있다는 점이다. 즉, 10년 이후에 쓸 돈은 변액연금, 변액유니버셜보험으로 구성할 수 있지만 꼭 그래야만 하는 것은 아니고 중기에 해당하는 주식형 펀드도 편입 가능하며, 경우에 따라서는 채권형 펀드와 같이 단기 상품들로 채울 수도 있다.

지금부터는 이들 재료를 가지고 나만의 수제통장을 만들어보는 일만 남았다. 예컨대, 앞으로 3년(단기) 안에 결혼을 계획하고 있다면 그때 필요한 돈은 은행의 예·적금이나 CMA가 좋다. 수익성은 떨어지지만 꼭 써야 할 돈의 원금이 손해나면 안 되기 때문이다. 반면 지금은 전세를 살고 있지만 5년(중기) 뒤에 내 집을 장만하겠다는 목표를 가진 사람이라면 수익성에 대한 기대를 높게 가져볼 수 있다. 따라서 이때는 은행의 예·적금보다는 주식형 펀드를 선택할 수 있다. 그런데 주식형 펀드는 위험하지 않을까? 그렇게 생각하는 사람들을 위해 한 가지 참고할 만한 레시피를 추가하겠다. 시간과 수익률 함수인데, 주식이나 주식형 펀드처럼 위험한 상품이라도 투자 기간이 길어질수록 위험은 낮아지고 수익은 높아진다

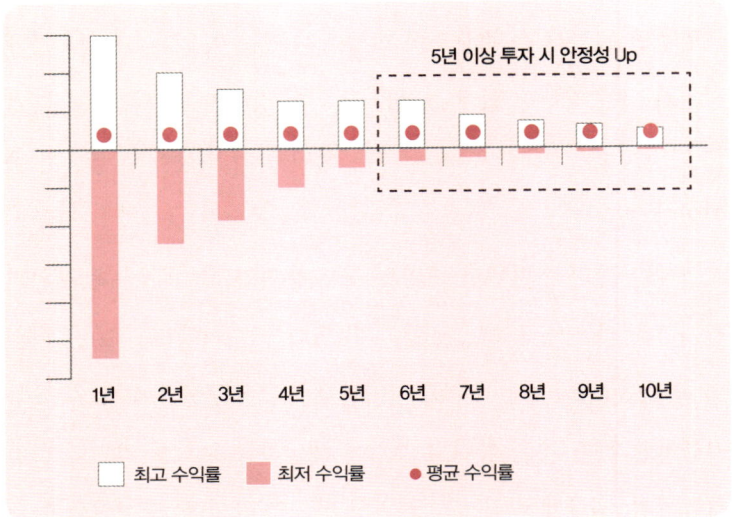

▎5년 이상 투자 시 주식형 펀드의 변동성은 많이 줄어든다

5년 이상 투자 시 안정성 Up

1년 2년 3년 4년 5년 6년 7년 8년 9년 10년

□ 최고 수익률   ▨ 최저 수익률   ● 평균 수익률

는 그림이다.

위의 그림에서처럼 시간이 길어질수록 손해 볼 확률은 줄어든다. 그만큼 결과적 안정성, 즉 상품 자체의 절대적 안정성은 떨어지지만 시간이 지날수록 손해 볼 확률이 줄어들면서 결과적으로 안정성이 높아지는 현상을 경험하게 된다. 수익성은 물론 안정성까지 높일 수 있는 것이다. 특히 시간이 길어지면서 이자에 이자가 붙는 복리까지 더해지면 어느 순간 수익률은 다음 그림과 같이 기하급수적으로 치솟기 시작한다.

그만큼 '시간'은 내가 만드는 수제통장이라는 이름의 샐러드에 맛은 물론 빛깔을 좌우하는 드레싱이라 할 수 있는데 이것을 이용하여 크게 성공한 대표적인 인물을 꼽으라면 외국에는 단연 워런

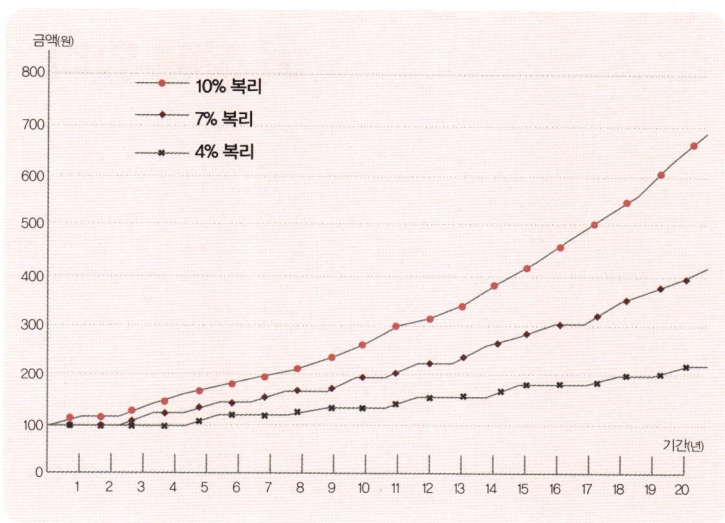

버핏이요, 한국에는 가치투자의 전도사로 불리는 이채원 씨다. 물론 당연히 지금부터 당신도 그런 사람이 될 수 있다.

그런데 추가 레시피는?

그건 지금부터 알려주는 모든 것들이다. 자신의 소득, 나이, 목표, 성향 등 다양한 입맛에 따라 골라 넣으면 된다.

04

돈은 책에 있지 않고
세상에 있다

난이도 ⓤ ⓗ ⓕ
수면도움 😊 😐 😫

"경제는 가르칠 수 있는 게 아니라 스스로 체험하고 살아남아야
하는 것이다."

전설의 투자자 앙드레 코스톨라니(Andre Kostolany, 1906~1999)
가 남긴 명언 중 하나다. 지식이 있다고 해도 수시로 변화하는 시
장에서 적절하게 대응하지 않는다면 살아남기가 결코 쉽지 않다는
뜻이다.

그렇다면 시장, 즉 투자환경은 왜 수시로 변할까? 그것은 우리
가 흔히 "호황이다" 혹은 "불황이다"라고 이야기하는 경기가 늘
변동하기 때문인데, 이것을 '경기순환'이라고 말한다. 호황에서 불
황, 혹은 불황에서 호황은 대체로 어느 한순간 갑자기 일어나진 않
는다. 물론 그런 경우도 간혹 있다. 우리나라의 경우 1997년의 외
환위기, 세계경제의 경우 2007년 글로벌 금융위기가 그랬다. 그

■ 코스톨라니 달걀 모형

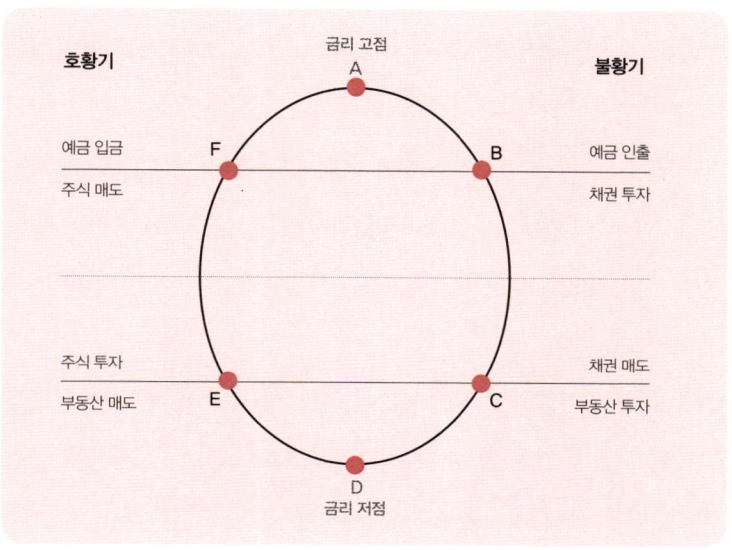

같은 갑작스런 경기변동을 '거품붕괴'라고 표현한다. 그러나 거품 붕괴 역시 그럴 만한 징조들이 누적되면서 어느 순간 한꺼번에 터지는 현상임을 생각할 때 그것을 '갑작스럽다'고 표현하기엔 석연찮은 구석이 많다. 그래서 경제를 공부한다, 분석한다, 예측한다, 판단한다 등의 표현들은 결국 경기순환을 공부하고, 분석하며, 예측하고, 판단한다는 뜻과 같다.

그렇다고 우리가 경제 혹은 경기순환을 깊이 있게 공부하자는 것은 아니다. 다만, 그 같은 경기변화에 어떻게 대응해야 하는지는 이해하고 있어야 한다. 예를 들면 호황기엔 금리가 오른다. 투자가 많아지면서 기업을 중심으로 더 많은 돈을 필요로 하기 때문이다. 반대로 투자가 줄어드는 불황기엔 금리가 떨어진다. 한마디로 금리는 경기순환과 밀접하게 관련되어 있다. 그런 기본적인 이해도 없이 돈을 불리겠다고 섣불리 나서다가는 마치 물때도 모른 채 바다로 걸어나가는 것만큼 위험하다. 그래서 그 전설적인 투자자는 경기순환, 즉 금리변동에 따라 우리가 투자를 어떻게 해야 하는지에 대한 모델을 만들었고, 그것을 사람들은 '코스톨라니 달걀 모형'이라고 부른다.

이 모형을 이해하면 경제라는 큰 틀에서 시장이 바뀔 때 어디에 투자해야 할지 감을 잡을 수 있다. 또한 이 모형은 앞에서 언급한 경기순환에 그대로 적용된다. 이제부터 경기순환 과정을 조금 더 세분화하여 투자 대상과 결합해보면서 하나씩 풀어보자. 이것만 제대로 이해하면, 투자를 하면서 매번 부자들이 털고 나오는 시점에서 뒷북치거나 고점에서 물리는 시행착오를 줄일 수 있다.

1. F → A

이때는 소득이 늘어나 지출이 증가함에 따라 경기가 과열된다. 이로 인한 부작용을 막기 위해 정책당국은 금리를 인상한다. 이렇게 금리를 올리다 보면 A(금리 정점)에 이르게 된다.

이때는 금리가 높기 때문에 굳이 위험을 감수하면서 주식에 투자할 이유가 없다. 즉, 금리가 2%일 때는 위험을 안고서라도 약 8%의 수익률이 기대되는 주식 투자를 할 수 있지만, 금리가 높아져 5% 정도가 된다면 상대적으로 위험 대비 기대수익 자체에 매력이 떨어지기 때문에, 이때는 원금이 보장되는 5%의 예·적금이 유리하다는 것이다.

2. A → B

금리 인상이 지속되면 여유 있는 사람들이 이자가 비싼 대출을 갚는 반면, 가난한 사람들은 대출이 더 힘들어지기 때문에 소비가 줄어들고 경기가 침체된다. 따라서 경기부양을 위해 이때부터 금리를 인하하기 시작하는데, 그러면서 고금리의 매력도 조금씩 줄어든다.

B시기가 다가오면 조금 덜 안정적이지만 은행 예·적금보다는 높은 수익을 기대할 수 있는 채권(정부나 기업이 돈을 빌리면서 발행하는 일종의 차용증)으로 자산을 이동한다. 왜냐하면 채권은 확정된 금리를 받을 뿐만 아니라 금리가 계속 인하되면 고정금리인 채권의 인기가 더 높아지기 때문이다. 예를 들어 연 10% 이자를 주는 채권을 가지고 있는데 시중금리가 5%로 하락했다고 하면, 내가 가진 채권은 시중금리에 비해 상당히 매력적인 상태가 된다. 그래서 더 많은 사람들이 채권을 사기 위해 몰려든다. 다시 말해, 시중금리가 떨어질 때는 채권에 투자하는 것이 좋다.

3. B → C

계속해서 금리가 떨어져 바닥에 접근하면, 이때부터는 부동산이 점점 매력적이 된다.

대부분 목돈이 필요한 부동산은 자기 돈만으로 투자하는 것이 부담스러울 수밖에 없는데, 금리가 낮아져 대출비용이 줄어들기 때문이다. 또한 경기침체로 부동산 가격이 많이 떨어져 있는 경우도 많다.

4. C → D

금리가 낮은 상태에서는 개인이나 기업이나 돈 빌리기가 쉬워 투자를 많이 한다. 또한 지출도 증가하면서 기업매출도 늘어나며, 이로 인해 주가는 조금씩 꿈틀거리기 시작한다.

5. D → E

부동산과 물가상승 등 경기과열로 인한 부작용이 걱정되는 정부가 금리 인상을 시작한다. 이로 인해 대출비용이 증가하면서 부동산 투자에 대한 매력도 줄어들기 시작한다. 금리인상기에는 또한 채권에 대한 매력도 없다. 앞의 예와 반대로, 이번에는 연 5% 이자를 주는 채권을 가지고 있는데, 시중금리가 10%로 인상되면 그 채권의 인기는 떨어질 수밖에 없기 때문이다. 이처럼 금리인상기에는 부동산과 채권에 대한 투자가치가 줄어드는 대신 금리는 여전히 낮은 수준이기 때문에 주식에 대한 투자매력이 증가한다.

6. E → F

금리를 인상한다는 건 경기가 좋다는 걸 의미한다. 따라서 사람

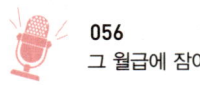

들의 소비도 늘어나고 기업들의 매출도 늘어나기 때문에 주식 투자 역시 매력적이다.

이처럼 금리 변화와 함께 경제는 순환한다. 그리고 금리 변화에 따라 투자 대상 역시 함께 순환한다. 요약하면, 금리 인상의 정점에서는 현금(예·적금)이 유리하고, 금리인하기에는 채권이 유리하다. 그리고 금리 인하의 정점에서는 부동산이 유리하고, 금리인상기에는 주식이 유리하다. 이렇게 경기순환에 따라 투자 대상이 현금(예·적금) → 채권 → 부동산 → 주식으로 순환한다.

물론, 이 모델이 실제 현상과 항상 맞는 것은 아니다. 금리 이외에도 고려해야 할 변수들이 많기 때문이다. 하지만 이를 통해 최소한 감은 잡을 수 있다. 예를 들어, 금리인상기에 채권에 투자하거나 부동산에 뒤늦게 올라타 뒷북치는 일은 막을 수 있다. 반대로, 금리인하기에 돈을 예·적금에만 묶어두거나, 비싼 가격에 주식에 투자하여 낭패 보는 일은 막을 수 있다.

1등은 못 되어도 평균은 할 수 있다. 투자를 이해하는 데 금리가 그만큼 중요한 이유다.

매달 한국은행에서 발표하는 기준금리에 관한 소식이 헤드라인 뉴스를 장식하는 데는 그만한 이유가 있다. 그러니 세계경제를 주무르는 미국의 금리 인상 또는 인하 여부는 단지 부자들만의 관심사로 치부하지 말고 우리 모두 관심을 가져야 할 사안이다. 왜냐하면 내가 살고 있는 집과 통장의 잔고에까지 영향을 끼치기 때문이다.

앞에서 말했듯이, 이 모델만으로 실제 투자에서 정확한 타이밍을 잡을 수는 없다. 따라서 어느 하나에 투자하는 것보다 가능하면 주식, 채권, 부동산, 현금(예·적금)을 골고루 섞을 필요가 있으며, 이들의 비중 또한 금리 변동 가능성에 따라 적절히 조절해나가야 한다.

05
원금도 보장되고
수익률도 높다고?

난이도 ⓤ ㉨ ㉠
수면도움 😊 😐 😫

    얼마 전 서울에서 셋방살이하던 친구가 공기업 지방도시 이전으로 대구로 내려가면서 그곳에 집을 장만했다. 그 이후 친구가 산 집값이 많이 뛰었다. 정말 운이 좋은 친구다. 그래서 술이나 한잔 사라고 했는데, 대뜸 이렇게 말했다.

    "애들 학교도 보내야 하고 직장도 이제 대구에서 옮길 일이 없으니 이 집을 팔고 다른 곳으로 이사할 생각이 전혀 없다. 그러니 집값이 오르든 내리든 상관하지 않는다."

    곰곰이 생각해보면 맞는 말이다.

    팔 계획이 없는 사람한테 집값이 올라간다고 좋아할 이유가 있겠나? 집값이 오르면 재산세만 늘어날 뿐이다. 그러니 어차피 살아야 할 집이라면 단기간의 등락에 기뻐하거나 슬퍼할 이유가 없다. 집값은 집을 팔아야 하는 상황에서나 중요한 것이다.

하지만 주식에 투자했을 때는 어떤가? 대부분의 사람들은 이래도 걱정 저래도 걱정이다. 주식가격이 떨어지면 불안해서 걱정, 오르면 팔까 말까로 걱정이다. 깔고 앉아 있는 부동산에 비해 주식은 눈에 자주 띄니 신경이 쓰이는 것이다.

슬플 때는 판단력이 흐려지고 숫자에 대한 이성적 개념도 약화된다고 한다. 예를 들어 이성 친구와 헤어진 슬픔을 못 이겨 포장마차에 갔다면, 이때는 메뉴판을 보고 가격과 맛을 생각하면서 안주를 시키지 않고 대충 아무거나 시킨다. 다시 말해, 슬플 땐 비싸게 사거나 싸게 팔 확률이 높아지는 것이다.

마찬가지로 투자자 입장에서도 돈을 벌면 행복하지만, 잃는 것은 불행한 일이다. 따라서 시장이 하락하면 사람들의 기분도 나빠지고 손실이 커질수록 주체할 수 없는 슬픔이 몰려온다. 바로 이때, 투자심리학에서는 원래 가격보다 싸게 팔아치울 가능성이 더욱 높아진다고 한다. 그리고 투매로 연결되면서 손해가 더욱 커질 수 있다.

이것이 위험이고 '변동성'이라고도 한다. 여기서 변동성은 손실을 의미하는 것이 아니라 '오르락내리락'하는 출렁임을 의미한다. 이러한 출렁임 자체가 투자의 속성이다. 이것만 견뎌낼 수 있으면 투자에서의 위험을 줄일 수 있다.

다시 말해 원금이 보장되는 상품보다는 주식과 같이 고수익을 기대하는 상품은 예측할 수 없이 오르내리는 변동성, 즉 위험이 클 수밖에 없다. 따라서 변동성을 두려워하기보다는 당연히 거쳐야

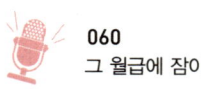

하는 산고의 과정이라 인식하는 긴 호흡이 필요하다. 그 같은 긴 호흡에 자신이 없으면 그냥 출렁임이 작은 상품을 선택하는 게 더 현명하다.

"어느 정도의 수익을 원합니까?"

고객과 상담할 때 간혹 이런 질문을 하면 돌아오는 대답은 대체로 이렇다.

"10% 정도요. 그리고 가능하면 원금 보장되는 상품이면 좋겠어요."

하지만 아쉽게도 원금이 보장되면서 10% 수익을 안겨줄 만한 상품은 없다. 만약 있다면 그건 사기일 가능성이 높다. 투자를 하려면 위험, 즉 변동성과 친구가 되어야 한다.

그렇다면 이 같은 위험을 좀 줄여볼 수는 없을까?

예를 들어 밤늦게 어두운 골목길을 걸어갈 때, 반대편에서 누군지 모르겠지만 나를 향해 조금씩 다가오는 사람이 있다고 생각해보자. 불안한 마음과 동시에 '뒤돌아갈까?' '뛸까?' '전화를 하는 척해볼까?' 등과 같은 여러 가지 생각이 솟구칠 것이다. 그러나 만약 그가 누구인지 알고 있다면 그 같은 불안감은 아예 없거나 적을 것이다.

투자도 마찬가지다. 내가 투자하는 대상에 대해 어느 정도 알고 있으면 두려움은 크게 줄어든다. 예컨대, 주가가 떨어지지만 그 현상이 내가 투자한 기업과는 상관없이 외부로부터 오는 시장 전체의 일시적 충격의 결과라는 사실을 알고 있으면 참고 견딜 수 있다. 그러나 그걸 알지 못하면 불안해서 못 견디는 것이다.

그렇다면 투자를 잘하는 사람들은 어떨까?

『2014한국부자보고서』(KB경영연구소)를 살펴보면, 자산이 많을수록 지식 수준이 높고 적극적인 투자형인 것으로 조사되었다. 부자들이 부자로 사는 이유가 여기에 있다. 그들은 우선 경제지식이 풍부하고 부동산, 주식, 금리 변화에 민감하게 반응한다.

부동산 투자를 하더라도 주위 사람들 이야기만 듣고 투자하지 않는다. 경제 흐름에 대한 판단뿐만 아니라, 여러 데이터를 비교하고 직접 현장을 찾아 눈으로 확인한 후 최종 투자를 결정한다. 금융상품도 마찬가지다. 0.1~2%의 상품 수수료 차이조차 그 이유를 확인한다. '아무거나 찍었는데 재수가 좋아 올랐더라'와 같은 요행을 바라지 않는다.

따라서 돈을 벌려면 부자들처럼 해야 한다.

고객들에게 자신의 투자성향을 물어보면 대체로 '안정형'이라고 답하는 경우가 많다. 그런데 이렇게 말하는 사람들의 공통점이 있다면, 경제 이해도가 상대적으로 낮다는 점이다. 경제에 대한 이해도가 낮으면 안정적인 성향이 강하고 반대의 경우에는 공격적인 성향이 강하다.

원금 보장을 원하는 사람들은 대개 시장상황을 잘 모르기 때문에 두려움이 크다. 주가가 왜 등락하는지 알 수 없기 때문에 심장이 조마조마하고 견딜 수 없어 한다. 이런 경우에는 예·적금처럼 안정적인 상품들이 나을 수 있다. 높은 수익을 내는 상품은, 바꿔 말해서, 공격적인 투자를 하는 상품이기 때문에 위험도 그만큼 높다. 따라서 원금이 깎이는 것이 두렵다면 공격적인 상품에 투자하면 안 된다. 반대로, 수익을 기대하는 사람은 당연히 공격적인 상품에 투자해야 하지만 동시에 경제에 대한 이해도도 그만큼 높아야 한다.

결국 돈을 벌고 못 벌고는 이처럼 경제에 대한 이해도가 결정한다. 경제위기가 지나간 다음 경제적 양극화가 더욱 커지는 상황도 이로써 설명할 수 있다.

경제 이해도 = 투자수익

따라서 경제를 아는 것이 중요하다. 방향도 모른 채 빨리 달릴 수 없으며 숲을 보지 못하는데 어떤 나무가 좋은지 알 수 없는 법이다. 이것은 곧, 세계경제를 알아야 한국경제를 판단할 수 있고 한국경제를 알아야 주식이나 부동산 시장을 제대로 이해할 수 있는 것과 같다.

혹시라도 남의 이야기를 듣고 투자했는데 우연히 수익이 났다면, 그러한 행운은 시간이 지나면서 꺾일 확률이 높다. 왜냐하면 투자 대상에 대해 잘 모르기 때문에 일시적인 충격이 오면 견디지 못하고 잘못된 선택을 할 수 있기 때문이다.

투자에서 위험을 줄이는 것은 어떤 특별한 방법이 있는 것이 아니라 아는 것에 힘쓰면 된다. 아는 만큼 보이는 법이다. 특히 평범

한 월급쟁이가 월급 이상의 돈을 불리기 위해서는 경제를 이해하는 능력을 기르는 방법밖에 없다.

06 금융상품 선택의
원칙과 기준

난이도 ㊤ ㊥ ㊦
수면도움 😊 😐 😫

금융회사 직원들이 자기 회사 상품을 권유할 때는 그 상품의 좋은 점들만 끊임없이 나열한다. 그때 혹시 이런 생각은 들지 않았는가?

'이렇게 좋은 상품이라는데 이 사람은 가입했을까?'

상품을 팔아야 하는 처지에서는 그 상품의 장점을 부각시키는 것이 당연하다. 하지만 그렇게 해서 가입한 사람들이 해약과 손실을 반복하며 뒤늦게 후회하는 일이 허다하다. 약이란 모두 나름대로 효능이 있지만, 아픈 사람에게 딱 들어맞아야 그 효능이 효과를 보는 법이다.

투자 상품도 마찬가지다. 각자의 형편이 다 다르기 때문에 자신에게 맞는 상품을 선택하는 것이 중요하다. 그러니 다른 사람의 선택을 무조건 따라 하면 안 된다. 1,000만 원 있는 사람과 1억 원 있는 사람, 그리고 사회 초년생과 은퇴자의 상품 선택은 다를 수밖에 없다. 따라서 나에게 맞는 상품을 선택하는 것이 중요하다. 그래서 꼭 알아야 할 것이 상품 선택의 원칙과 기준이다.

첫 번째 원칙

돈을 모아야 하는 목표가 있다고 가정하자. 하나는 짧은 시간에 달성해야 하고, 다른 하나는 상당히 긴 시간 동안 달성해야 할 목표다. 그리고 금융상품을 크게 두 가지로 나누면, 안정성 위주의 상품과 수익성 위주의 상품이 있다.

그렇다면 짧은 시간, 즉 단기 목표를 위해서는 어떤 상품이 좋을까?

책을 잠시 덮고 이 질문에 대해 곰곰이 생각해보자. 이에 대한 답을 찾을 수 있고, 그 이유에 대해 알고 있다면 지금까지 당신은 돈을 잘 모아왔으며, 큰 손실을 보지 않았을 확률이 높다.

재미있는 건 그동안 상담을 진행하면서 이런 질문을 해보면, 10명 가운데 9명 정도는 단기는 수익성, 장기는 안정성 위주로 상품을 선택해야 한다고 답했다. 이유는 간단하다. '단기적으로는 수익을 봐야 하고, 장기적으로 안정적으로 가야 하지 않느냐'는 것이다. 이런 생각들이 의외로 많은 사람들의 뇌리에 박혀 있고, 일반적인 상식이 되어버린 듯하다. 그래서 주식을 하더라도 장기 투자보다는 단기 투자, 일명 '단타'를 선호하고, 노후 준비는 원금이 보장되는 안정적인 상품을 선택한다.

많은 사람들의 이런 태도를 생각해보면, 우리가 추구하는 삶의 모습과 방향성이 투자에도 똑같이 적용된 듯하다. 젊어서는 다양한 경험과 역동적인 삶을 추구하고, 나이가 들어서는 안정적이고 편안한 삶을 원하는 경향들이 투자 상품의 선택에도 영향을 끼치고 있는 것이다. 그러나 수익이 높으면 위험도 높다는 단순하면서도 분명한 사실은 가볍게 생각한다.

물론 정답은 일반적인 경향과 다르다. 다시 말해, 단기는 안정성, 장기는 수익성 위주의 상품을 선택해야 맞다. 짧은 기간 안에 불릴 수 있는 돈은 얼마일까? 생각해보자. 1~2년 뒤 결혼자금으로 쓸 돈인데 예·적금을 해야 할까, 아니면 주식형 펀드를 해야 할까?

당연히 수익보다는 안전한 상품을 선택해야 한다. 실제로 지난 2007년에 많은 사람들이 줄을 서서 가입했던 펀드 때문에 목돈을 날려 어쩔 수 없이 결혼 날짜를 늦춰야 했다. 물론 투자에서는 우리가 관리 가능한 위험도 있지만 그러지 못하는 위험, 즉 외부로부터 오는 시장 충격도 있다. 미국의 9·11테러 같은 사건을 누가 예측할 수 있겠는가? 따라서 이런 위험들은 피할 수 없기 때문에 단기적으로 쓸 돈이라면 안정적인 상품을 선택해야 한다.

그렇다면, 장기 목표를 위해서는 왜 수익성 위주의 상품이어야 할까?

많은 사람들이 그 이유를 이렇게 알고 있다. 시간이 지남에 따라 복리효과가 커져 돈이 더 많이 불어난다. 또한 장기 투자로 인해 위험이 분산되면서 줄어든다. 맞는 말이다.

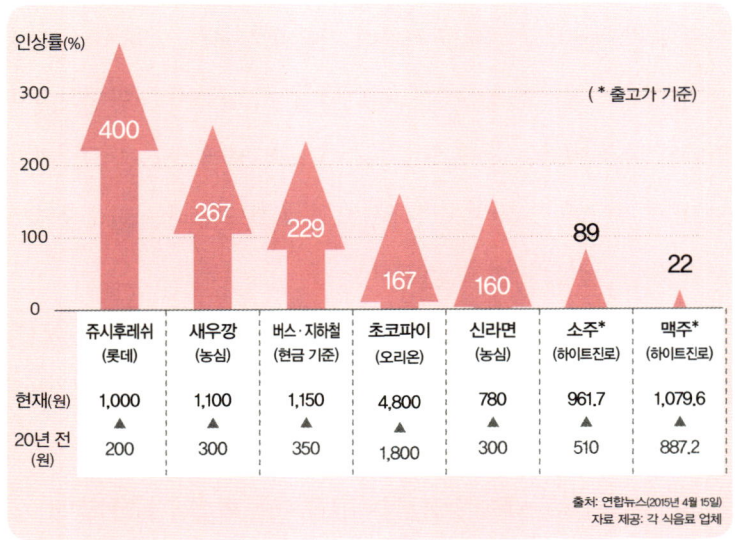

■ 국민 먹거리 가격 얼마나 올랐나?

인상률(%)

	쥬시후레쉬 (롯데)	새우깡 (농심)	버스·지하철 (현금 기준)	초코파이 (오리온)	신라면 (농심)	소주* (하이트진로)	맥주* (하이트진로)
인상률	400	267	229	167	160	89	22
현재(원)	1,000	1,100	1,150	4,800	780	961.7	1,079.6
20년 전(원)	200	300	350	1,800	300	510	887.2

(* 출고가 기준)

출처: 연합뉴스(2015년 4월 15일)
자료 제공: 각 식음료 업체

하지만 더 근본적인 이유는 위 그림에 있다.

바로, 물가상승(인플레이션) 때문이다.

그림에서처럼 그동안 물가는 꾸준히 상승해왔다. 과거 20년 전의 1,000만 원과 지금의 1,000만 원은 당연히 가치가 다른 것이다. 물가가 오르는 만큼 돈의 가치는 떨어진다. 예컨대, 100원으로 살 수 있던 물건이 물가가 올라 120원으로 사야 한다면, 돈의 가치는 20%만큼 떨어진 셈이다. 따라서 적어도 물가상승률 정도의 수익을 내야 하는 이유는 최소한 지금의 돈 가치를 유지하기 위해서다.

따라서 원금 보장만을 기대한다는 것은 가만히 앉아서 최소한 물가상승률만큼의 손해, 즉 마이너스 수익을 감수하겠다는 이야기와 같다.

　은행의 예·적금이나 원금 보장을 내세우는 보험회사의 저축성 보험 상품들의 특징은 고정금리가 아닌 시중금리에 연동되는 변동금리 상품들이다. 그러면 앞으로의 금리가 어떻게 움직일 것인가에 대한 예측이 중요하다. 왜냐하면, 앞으로의 금리가 올라갈 것이라 생각된다면, 금리연동형 상품이 유리하기 때문이다.

　금리는 경제성장 속도와 비례한다. 그 속도가 빠르면 기업들은 은행에서 돈을 빌려 좀 더 적극적인 투자를 할 것이고, 이때 금리는 당연히 오를 수밖에 없다. 하지만 이제 한국은 더 이상의 고성장을 기대하기 힘들다. 물론 대외의존적인 상황에서 특히 미국의 금리인상 등에 일시적인 영향을 받을 수도 있지만, 고령화와 성장 둔화로 인해 장기적인 금리 수준은 점차 낮아질 것으로 전망된다. 따라서 장기 목표를 위해서 수익성 위주의 상품을 선택하는 것은 더 이상 선택이 아닌 필수가 되었다. 그리고 이런 원칙과 기준을 적용하려면 먼저 뚜렷한 재무목표가 있어야 한다.

　언제 돈을 쓸 것인지, 어떤 목적으로 돈을 모을 것이지, 전직과 이직, 그리고 자녀와 은퇴 등에 필요한 돈을 어떻게 마련할 것인지 등 미래에 펼쳐질 삶에 대한 그림이 먼저 그려져야 한다. 이런 목표가 정해지면, '03 나만의 수제통장 만드는 기본 레시피'에서 설명한 투자 기간에 따른 3가지 상품 카테고리에 따라 구성하면 된다.

　하지만 본인의 재무목표 자체가 애매하고 두루뭉술하거나 투자에 대한 원칙과 기준이 없다면 결과적으로 선택한 금융상품들이 뒤죽박죽될 수밖에 없다. 많은 사람들이 투자에 실패하면서도 잘못된 상품에 계속 가입하는 이유다.

1년 뒤에 쓸 돈을 주식형 펀드에 투자해서 날려먹고, 5년 뒤에 쓸 돈을 변액보험에 넣었다가 원금도 안 된다며 불평하는 식이다. 그리고 10년 뒤 은퇴자금으로 쓸 돈은 원금보장 상품들로 채워넣어 형편없이 떨어진 돈 가치에 쩔쩔매며 억울해한다.

투자를 하다가 손해를 보는 이유는 간단하다. 내가 돈이 필요할 그때에 하필이면 수익률이 마이너스이기 때문에 손해를 본다. 그러나 이런 손해는 투자의 기본 속성과, 장기 상품일수록 초기 수수료가 비싸다는 금융상품의 기본 속성을 무시했기 때문이다. 이러한 속성을 알면 재무목표에 따라 기간별로 적절한 상품을 구성함으로써 가장 최적의 조합을 이뤄낼 수 있다. 인삼이 기운을 돋우는 효능도 있지만 열을 많이 발생시켜 몸에 열이 많은 사람들한테는 자칫 독약이 될 수 있는 것과 마찬가지다. 음식에도 궁합이 있듯 금융상품에도 궁합이 있다.

두 번째 원칙

40대 중반의 어느 샐러리맨은 자기 집이 있고 자녀 교육자금은 회사에서 전액 지원받는다. 그는 은퇴하는 60세까지 크게 돈 들어갈 일이 없기 때문에 은퇴자금만 준비하길 원했다. 이런 경우 앞에서 언급한 투자원칙에 따르면, 대부분의 상품을 고수익 투자 상품으로 배정해야 할까?

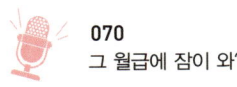

물론 원칙적으로는 맞지만, 하필이면 은퇴 시점에 이르러 금융 위기와 같은 큰 외부 충격으로 인해 장기간의 침체가 온다면 수익은커녕 원금 회복 자체가 쉽지 않을 수도 있다. 외부로부터 오는 시장 위험은 예측과 통제가 불가능하기 때문이다.

따라서 첫 번째 원칙과 기준에 이런 위험까지 고려한 보완이 필요한데, 그것이 두 번째 원칙과 기준이다. 바로 '목돈은 안전하게, 적금식 투자(적립식)는 공격적으로' 하는 것이다.

예를 들어 은퇴자금과 같은 장기 목표를 위해 저축 예정인 사람에게 지금 목돈 1억 원이 있고 월 100만 원의 불입이 가능하다고 하자.

먼저 첫 번째 원칙에 따라 수익성 상품을 기준으로 하되, 두 번째 원칙도 적용하여 목돈 1억 원은 상대적으로 안정성이 높은 중위험 중수익 상품(주식혼합형, 채권혼합형)으로 투자를 하고 월 100만 원은 주식형 상품으로 공격적 투자를 하는 방법이다.

이렇게 하면 하필이면 은퇴 시점에 전혀 예상치 못했던 충격을 받더라도 월 100만 원씩 저축한 일부분만이 타격을 입을 뿐, 목돈 1억 원에 대한 손실은 훨씬 줄일 수 있다. 물론 그때까지의 예상 이익을 고려하면 전체적으로는 이익을 챙길 수도 있다.

또 당장 목돈이 없다면 월 적립금을 기간별로 분산해 미리 주기별 이익을 정해놓고 실현하는 방법도 있다.

간단히 정리하면 다음과 같다.

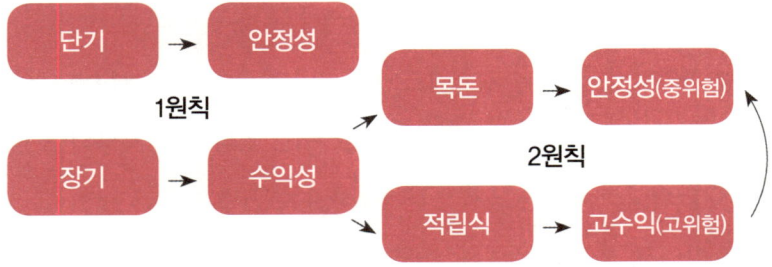

　추가로 2원칙에 따라 적립식으로 고위험 펀드에 투자하면, 어느 정도 기간(2~3년)이 지나면 목돈이 된다. 이때는 적립식으로 시점을 분산해 위험을 줄이는 효과가 떨어지므로, 목돈은 다시 안정성(중위험) 위주의 상품으로 전환하고, 적립식을 처음부터 다시 시작하는 관리가 필요하다.

　어디에 투자하면 수익을 낼 수 있을까 고민하는 사람들은 많다. 또한 관련된 자료도 넘쳐난다. 그러니 그런 상품을 찾지 못해 돈을 못 불리는 것은 아니다. 그보다 더 중요한 것이 위험 관리다. 물론 좀 더 구체적인 위험 관리에 대해서는 시스템적인 해결이 필요하다. 다만, 그 시스템이 앞에서 제시한 두 가지 원칙과 기준을 바탕으로 만들어진다는 것을 기억하자.

돈 벌기 힘든 시대의
자산 관리

난이도 ⊥ 中 下
수면도움 😊 😐 😴

"자산이 있어야 관리를 하지!"

자산 관리에 대해 얘기할 때 많이 듣는 대답 중 하나다.

그런데 정말 자산 없는 사람이 있을까?

대부분의 사람들이 생각하는 자산이란, 현재 자기가 가진 것보다 훨씬 많은 것을 의미하는 것 같다. 왜냐하면 자산이 1,000만 원인 사람이나 10억 원인 사람이나 같은 대답을 하기 때문이다. 그러나 많고 적음의 차이만 있을 뿐, 누구에게나 자산은 있다. 때로는 부채도 자산일 수 있다.

사실 자산 관리는 가진 사람들만의 리그가 아니라 오히려 없는 사람들에게 더 필요하다. 자산이 많은 사람들은 스스로 알아서 잘한다. 또 그 주변에는 그들의 자산을 지켜주고 불리기 위해 도움을 주는 전문가들이 많다.

반대로 자산이 적은 사람들은 자산 관리를 의지적으로 해야 한다. 그렇다면 우선, 자산 관리에 대한 생각부터 바꾸자.

수익률을 올리는 방법에 앞서 두 가지 중요한 자산 관리 원칙부터 알아보자.

첫 번째 원칙. 까먹지 않아야 한다

	1	2	3	4	5	6	7	8	9	10
A	20%	-10%	20%	-10%	20%	-10%	20%	-10%	20%	-10%
B	10%	0	10%	0	10%	0	10%	0	10%	0

위 도표를 보자.

목돈으로 10년 동안 투자한다. A는 수익률이 해마다 20%와 -10%를 반복하고, B는 해마다 10%와 0%를 반복한다. A는 은근히 공격적으로 느껴지는 반면, B는 상대적으로 덜 공격적으로 느껴지지 않는가? 그러나 이 경우 해마다 기록한 단순 수익률을 합쳐보면 두 사람 모두 50%로 동일하다. 하지만 원금 대비 실질 수익률도 같을까?

아니다. 오히려 B가 A보다 1.5배 정도 더 벌었다. 공격적인 느낌의 A가 수익도 더 많이 날 것으로 생각됐는데 B의 수익률이 훨씬 높게 나타난 것이다. 무려 1.5배씩이나!

그 이유는 '-50=100' 법칙을 통해 알 수 있다. 다시 말해, 수익률이 -50%가 되면 100% 수익이 나야 원금이 회복된다는 것이다. 예를 들어 100만 원이 50만 원으로 줄어들었다면, 다시 원금 100만 원이 되기 위해서는 두 배(50만 원→100만 원)의 수익이 나야 한다. 그렇기 때문에 단순 수익률이 A, B 모두 동일했다면 -50%의 수익률이었던 A가 더 손해일 수밖에 없는 것이다.

다른 예를 들어보자.

1,000만 원을 투자해 30년 동안 연 10%의 수익을 꾸준히 낸다면 약 1억 7,500만 원이라는 큰돈이 된다. 그런데 투자 기간 30년 중 10년째, 20년째, 30년째 딱 세 번만 수익을 못 올리고 0%에 그쳤다고 치자. 그럼 약 1억 3,100만 원이 된다. 고작 세 번의 결과만으로도 처음과 무려 4,400만 원 정도의 차이가 나는 것이다.

이번에는 투자 기간 30년 중 10년째, 20년째, 30년째 딱 세 번만 수익률이 -10%였다면 약 9,500만 원이 된다. 처음 경우의 절반 정도로 자산이 크게 줄어들었다.

많은 사람들이 투자라 하면 얼마나 큰 수익을 낼 것인지에만 관심이 있는데, 큰 수익을 얻을 수 있는 확률은 굉장히 낮다. 그러니 그건 신의 영역이다. 오히려 까먹지 않으면서 적은 수익을 꾸준히 길게 내는 것이 장기적으로는 훨씬 더 큰 수익을 가져다준다.

잘 알려져 있듯, 워런 버핏의 첫 번째 투자원칙은 '원금을 잃지 않는 것'이다. 그리고 두 번째 원칙은 '첫 번째 원칙을 잃지 않는 것'이라고 한다. 즉, 자산을 불리는 가장 확실한 방법은 통제 가능

==한 범위 안에서 안정적이고 지속적으로 수익을 올리는 것이 핵심이다.==

두 번째 원칙. 전체 수익률이 중요하다

많은 전문가들이 여유자금으로 투자하라고 말한다. 물론 맞는 말이다. 여유자금으로 투자를 해야 마음도 편하고 장기적인 투자가 가능하며 위험도 줄일 수 있다.

하지만 여유자금으로 한다면 자산이 크게 늘어날 수 있을까? 다음의 두 가지 예를 보자.

A : 자산 1,000만 원 중 100만 원으로 투자

B : 자산 1억 원 중 100만 원으로 투자

이렇게 둘 다 100만 원을 투자하여 50만 원, 즉 50% 수익이 났다고 하자. 그러나 각각이 가진 총 자산에서의 수익률을 보면 A는 원금 1,000만 원 대비 5%이며 B는 원금 1억 원 대비 0.5%다.

요즘 같은 때 50%면 대박이다. 하지만 전체 자산을 기준으로 하면 결과가 달라진다. 아무리 수익이 많이 났다고 한들 B처럼 전체 자산 대비 투자 비중이 적다면 자산 증식에 크게는 영향을 끼치지 못한다.

그동안 많은 사람들이 주식과 펀드를 비롯한 각종 투자 상품들에 조금씩 투자해봤지만 돈이 잘 모이지 않는다며 아쉬워하는 이유의 상당 부분이 여기에 있다. 자산 관리는 '자산'이라는 덩어리 자체를 움직이는 것이다. 많은 사람들이 적은 돈으로 투자하는 것에는 민감하지만, 총 자산수익률이 어떻게 되는지에 대한 생각은 별로 없다. 월급의 대부분을 어떻게 운용되는지도 모르는 보험상품에 넣어두고, 은행 예·적금에 목돈 조금, 성과금 조금, 때로는 배우자가 모르는 비자금으로 주식에 조금 투자하는 식이다. 그러면서 늘 오르락내리락하는 작은 수익에 집중하고 있으니 자산이 늘어날 수가 없다.

총 자산에서 5%의 수익을 내기가 쉬울까, 아니면 여유자금 일부만 투자해서 50%의 수익을 내는 것이 쉬울까? 당연히 1억 원을 활용하여 5% 수익을 내는 것이 100만 원을 가지고 50% 수익 내는 것보다 훨씬 쉽다. 그만큼 크게 볼수록 투자는 쉬워지고 위험은 낮아진다. 적은 돈을 고위험 고수익 상품에 투자하는 것보다 더 큰 돈을 중위험 중수익 또는 은행보다 조금 더 높은 기대수익의 저위험 저수익 상품에 투자해야 전체적인 자산 증식 속도가 더 빨라지는 것이다. 이를 위해서도 여기저기 흩어져 있는 돈을 하나의 계좌로 합쳐 전체 수익률을 염두에 두고 관리하는 것이 중요하다. 우리의 목표는 수익률이 아니라 자산이 늘어나는 것이다. 반드시 명심하자!

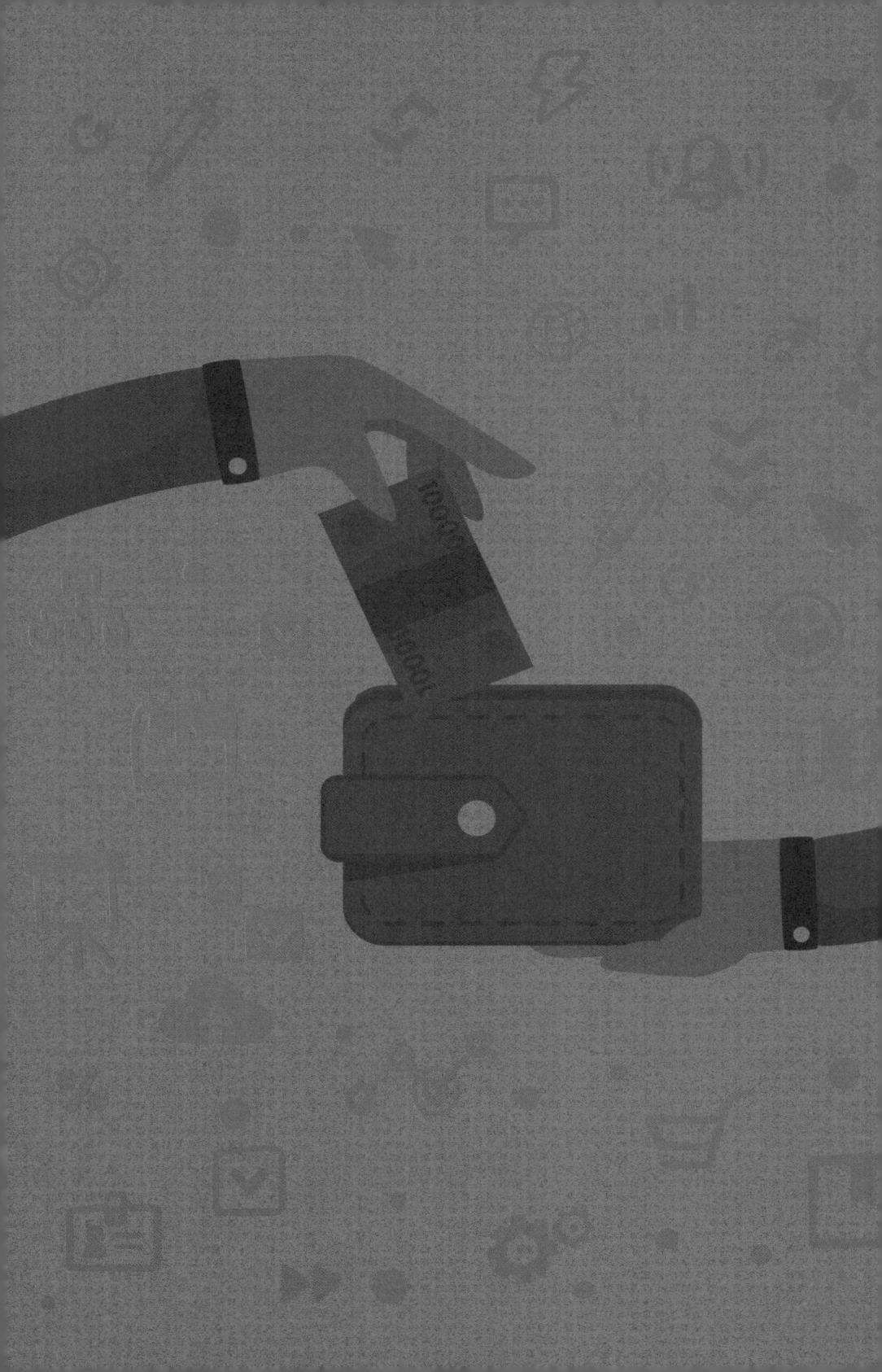

제 2 장

₩어떻게 불릴까?

[투자전략 세우기]

01

한국형 부자들의
공통점

난이도 上 中 下
수면도움 😊 😐 😣

부자가 되려면 부자를 따라 하라는 말이 있다. 물론 이 말은 부자의 백화점 쇼핑을 따라 하고 부자의 해외여행을 따라 가며 부자가 출입하는 고급 호텔의 피트니스클럽에 등록하라는 것이 아니라 부자들의 삶에 대한 태도를 본받으라는 뜻이다. 물론 여기서 말하는 부자는 배 속에서부터 다이아몬드 반지를 끼고 태어나는 재벌 2세, 3세나 거액의 유산을 상속받은 자산가의 자녀가 아니다. 무일푼으로 시작해서 마침내 부자의 반열에 든, 이른바 자수성가형 부자들을 말한다.

한국에서 1조 이상의 자산을 가졌다는 1조 클럽 부자들은 2015년 기준으로 총 39명이다. 이 가운데 자수성가형 부자는 카카오톡으로 잘 알려진 다음카카오의 김범수 의장을 포함 총 10명이다. 주로 IT나 게임 분야에서 많이 탄생했다. 2002년 창업해 중국

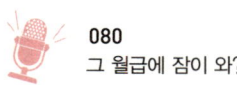

과 손잡고 잇달아 홈런을 터뜨린 온라인게임 회사 스마트게이트의 김정주 NXC 회장도 벤처신화로 잘 알려져 있다.

돈을 모으는 가장 단순한 방법은 많이 벌고 적게 쓰는 것이다. 이 말을 한낱 우스갯소리처럼 흘려듣는 사람이 대부분이지만 아이러니하게도 부자들은 대체로 많이 벌고 적게 쓰는 가장 단순한 부자의 공식을 따른 사람들이다. 어떻게 그들은 이처럼 많이 벌 수 있었는지, 그리고 적게 쓰면서도 성공할 수 있었는지를 크게 다섯 가지로 나누어 알아보자.

1. 배움의 삼위일체를 잘 안다

우리의 배움 루트는 대부분 학교, 학원, 강좌 등이지만 그들의 배움 루트는 어울림, 즉 필요에 따라 다양한 사람들과 교제하는 것이다. 그들에게 학교란 그러한 교제를 형성하는 기반일 뿐이다. 사실 우리가 배우고 수집하는 모든 정보는 사람들이 만든다. 그렇다면 정보의 생산자이며 유통자인 사람들과 어울리는 것만큼 효율적인 배움이 없다. 대신 그들은 무조건 많은 정보가 아니라 자기가 관심 있는 분야에서 정확한 정보를 얻으려 하고, 많은 사람들을 만나기보다는 자신의 성공을 위해 필요한 사람들과 교제하는 데 더 많은 시간과 노력을 할애한다.

이것을 우리에게 적용해보면, 지식과 정보의 원천이 사람이라는 부자들의 태도를 따라 우리 역시 스마트폰이나 컴퓨터로 SNS나 톡톡거리기보다 그것들을 내려놓고 사람들을 만나는 자리에 많이 참석하는 것이다. 대신 아무나 만나기보다 SNS를 통해 자신의 관심 분야를 서로 공유할 수 있는 사람들과 모임을 갖는다면 부자들처럼 정확한 정보, 필요한 사람들과의 교제에 한층 더 가까워질 수 있다. SNS를 좀 더 생산적으로 사용하면 우리에게도 사람들과의 어울림이 배움의 루트가 될 수 있다.

2. 추월차선을 즐긴다

부자들은 근검절약하는 습관이나 그렇게 만들어진 통장을 높은 수익률로 굴려 부를 축적한 게 아니다. 물론 그렇게 해서 부자가 된 사람도 있지만 대부분의 부자들은 창업을 해서 부를 만들어낸다. 이른바, 엠제이 드마코의 《부의 추월차선》이다. 월급쟁이들은 자신들이 대부분 주행차선에서 정속 주행을 하고 있다고 착각하면서 스스로의 삶을 평균이라 생각하지만, 살아갈수록 저축하고 불려나가는 돈보다 쓰는 돈이 많아진다는 것은 주행차선이 아니고 이미 서행차선에 들어섰다는 뜻이다. 그런데도 그 사실을 감추기 위해 더욱 포장한다. 그러는 사이 빚은 늘어나고 마음이 급해지면서 떠밀려 창업 등으로 무리수를 두다가 홀랑 털어먹는 경우가 허다하다.

부가가치가 높은 창업에 성공한 부자들은 시대의 흐름과 그에 따른 통찰력을 키운다. 독서량이 풍부하다. 변화와 도전을 두려워하지 않으며 작은 것에 집착하거나 민감하지 않고 쩨쩨하지 않다. 순간순간의 생각이나 활동들을 다이어리에 정리하는 데도 익숙하다. 걱정에 사로잡히기보다 집중과 열정으로 두려움을 이겨낸다.

부자들의 이런 태도 중 우리가 가장 쉽게 실천할 수 있는 것은 독서다. 이에 더해 독서모임 등으로 다른 사람들의 다양한 의견을 듣는 기회를 가지면 깊이 있는 정보들을 훨씬 쉽고 빠르게 정리할 수 있다. 정기적인 독서모임을 만들어라. 출근 전 회사 근처 또는 아침 시간 회사 안에서 하는 것이 가장 효율적이다. 그리고 책의 중요한 내용을 빠뜨리지 않고 빨리 읽어내는 훈련을 하는 것이 좋다. 모든 책의 모든 페이지가 반드시 중요한 내용들로 채워져 있는 것은 아니다. 책을 읽고 나눈 이야기들은 자신이 느낀 것과 함께 어떻게 적용할 것인가를 생각한 다음 당장 실천해보자. 그러지 않으면 그 비싼 책값은 그저 우리의 머리를 고생시킨 데서 끝나버린다. 나는 독후감을 파일에 정리하는 것보다 작은 일이라도 직접 해보라고 권한다. 파일에 정리한 것을 읽어볼 기회는 그리 많지 않고 그럴 시간도 없다.

변화는 반드시 일어난다고 인정해라. 단지 그것을 내가 긍정적이고 도전적으로 받아들이느냐 떠밀리듯 마지못해 억지로 받아들이느냐의 차이일 뿐이다. 전자는 성공으로 가는 길이지만 후자는 실패의 지름길이다. 할 수 없다는 동료들보다 할 수 있다는 동료들과 친하게 지내고 자주 어울려라.

지금 일하는 직장이나 분야에서 항상 거꾸로 생각해보는 습관을 들여라. 반항하고 안티적인 행동을 하라는 것이 아니고 '이런 방법 말고 다른 방법은 없을까?'라고 생각하라는 얘기다. 모방은 창조의 어머니다. 현재의 방법, 물건, 서비스에서 새로운 것을 창조하기가 가장 쉽다.

월급을 받더라도 언제나 사장의 입장에서 생각해라. 직장인은 자신의 몸값보다 적은 월급을 받는다고 생각하지만 사장은 직원들에게 주는 월급보다 3배 이상의 성과를 기대한다. 직원 한 명을 유지하기 위해서는 월급 외에도 비용이 꽤 든다. 그래서 많은 사장들이 최소한 2배 이상은 성과가 나야 회사를 운영할 수 있다고 말한다. 직원은 자기가 일하는 시간을 기준으로 생각하지만 사장은 그 직원이 만들어낸 성과를 기준으로 판단한다. 새로운 가치를 만들어내지 못하는 직원은 사장에겐 그저 돈 먹는 하마일 뿐이다. 그러니 사장을 탓하지 마라.

시대의 변화를 멀리서 바라보는 시간을 가져라. 생각하는 시간, 멍 때리는 시간이 필요하다. 이따금 여행도 좋지만 그럴 여건이 되지 않는다면 가까운 숲을 산책하거나 산을 오르거나 운동장을 홀로 걷거나 뛰어보아라. 혼자 있는 시간을 자주 확보해라.

3. 잃지 않는 투자를 한다

잃지 않는 투자습관이라고 해서 무슨 대단한 비법이 있는 것은 아니다. 예를 들어 예금과 적금, CMA도 잃지 않는 투자습관의 훌륭한 도구다. 부자들은 투자를 통해 돈을 불리기보다 창업을 통한 추월차선을 선호한다. 따라서 수익률이 적더라도 손해 보지 않는 안전한 투자를 통해 목돈이나 종잣돈을 빨리 모으고 싶어 한다.

그러나 부자들이 평생 안전한 통장만 좋아한다고 생각하면 오산이다. 우리가 알고 있는 모든 금융상품과 부동산에 투자하고 있다고 생각하면 크게 틀리지 않는다. 예컨대 창업은 월급쟁이들에게 매우 위험한 선택으로 인식되어 있다. 그러나 부자들 대부분은 창업을 해서 돈을 엄청나게 불렸다. 그 말은 곧, 부자들은 안전과 위험의 균형을 아는 사람들이란 뜻이다. 부자들은 위험 없이 수익 없다는 진리를 누구보다 잘 알고 또한 실천하는 사람들이다. 또한 돈을 쓰는 것도 생산적으로 한다. 예컨대, 친구들과의 만남이나 어떤 모임에서 지갑을 열 때는 가능하면 가장 돋보이는 순간을 선택한다. 일대일 만남에서는 좀처럼 먼저 지갑을 열지 않는 사람이 열 명이 만난 모임에서 밥값을 내면 강한 인상을 남기는 것과 같다. 그리고 자기계발, 독서와 같이 자신을 성장시키는 소비에 인색하지 않다.

우리에게 적용해보면, 모든 저축이나 투자는 성공 경험을 쌓는 것이 참 중요하다. 따라서 1년 정도의 짧은 기간 동안 목표금액을 정하고 그 금액을 온전히 달성하는 훈련이 좋다. 예를 들어 1년 뒤 1,000만 원을 목표로 적금에 가입하는 것이다. 그러나 그런 경험만으로 필요한 돈을 만들 수는 없다. 위험하다고 꼭 돈을 잃는 것은 아니다. 종합적인 포트폴리오를 작성해 적당한 균형점을 찾는 일이 중요하다. 그런 다음 3년 목표에 도전하고 다시 5년, 10년 목표에 도전하라.

4. 자기가 좋아하는 일을 한다

　물론 처음에는 좋아하는 일을 하지 못할 수도 있다. 그러나 언젠가는 내가 좋아하는 일을 하기 위해 지금 좋아하지 않는 일을 하고 있다는 생각을 잊지 말아야 한다. 목적의식이 뚜렷해야 한다는 뜻이다. 그래야 지금 하는 일에도 열정을 쏟아부을 수 있다. 마지못해 억지로 일을 하면 다른 사람도 쉽게 알아차릴 뿐 아니라 자기 자신마저 퇴보시켜 좋아하는 일을 영원히 할 수 없게 될 수도 있다. 반면, 사람들은 대부분 좋아하는 일을 생각만 할 뿐 실천에 옮기지 못한다. 그럴 만한 이유는 수없이 많다. 때론 부모를 핑계대고, 때론 배우자와 자녀 때문이라고도 한다. 그래서 그들은 '희생'이란 말에 감동한다. 그러나 문제가 결국 자기 자신에게 있음을 인정하지 않으면 끝까지 싫어하는 일만 할 것이다.

　<mark>자기계발에 투자하는 데 인색하지 마라.</mark> 직업를 갖고 있는 사람들 중에도 자기가 좋아하는 분야가 무엇인지 알지 못하는 사람들이 많다. 당신이 이에 해당한다면 무엇이든 다양하게 경험해라. 언젠가는 찾는다. 물론 빨리 찾는 것이 좋다. 관심사를 중심으로 모임에 참여해보는 것도 좋은 방법이다. 그같이 자신의 관심 분야를 찾는 과정에 투자하는 것도 생산적인 소비다.

5. 돈이 어디서 새는지 분명히 안다

　<mark>부자들은 세금에 민감하다.</mark> 부자라서 민감한 것이 아니라 부자가 되기 전부터 민감했기에 더욱 민감하다. 세금에 민감한 이유는

아끼는 만큼 저축액이 높아지기 때문이다. 직장인의 경우 연말정산에 조금만 신경을 쓰고 미리 준비하는 것만으로도 1월의 저축액을 높일 수 있다. 그런 당신은 분명히 부자가 될 것이다. 그러니 세금에 대해선 지금부터 민감해져라. 12월이 다 되어서야 네이버에 연말정산을 검색하지 말고 1월부터 찾아 소비와 저축에 적용해라.

부자들은 가족 관리도 철저하다. 아무리 아끼고 돈을 많이 불렸어도 가족 가운데 어느 한 사람이 잘못되면 한 방에 날릴 수 있다. 애써 불린 부모의 재산을 한 방에 탕진하는 자녀들이 얼마나 많은가? 부자들은 아내의 감을 무시하지 않는다. 인생은 때론 비논리가 이길 때도 있다. 그들은 아내의 지위를 존중하며 외부에 나가서도 잘 배려한다. 그러니 기본적으로 배우자와 늘 의논해라. 자녀들과의 관계에서도 아버지 또는 어머니로서의 역할을 존중하고 배우자를 인생의 파트너로 대우하고 인정하라. 같이 자기계발 활동을 하거나 모임에 참석하는 것도 좋다. 서로의 꿈을 잘 찾아 계발해나갈 수 있도록 서로를 응원하라. 이보다 좋은 자녀교육법도 없을 것이다.

부자들은 자녀들에게 어릴 때부터 좋은 인맥을 만들어주고 높은 수준의 교육을 시킨다. 우리가 정략결혼이라며 비웃기도 하지만, 사실 부자들의 결혼은 가족 관리의 연장선에 있다. 그것을 비웃을 일은 아니다. 그 같은 결혼관계에 진정한 사랑을 심는 것은 온전히 그들의 문제다.

02

들쭉날쭉 소득,
어떻게 관리하나?

난이도 ⓛ ⓜ **ⓕ**
수면도움 😄 😐 😣

　　갈수록 자유직업인, 즉 프리랜서(free lancer)가 많아진다. 이런 현상은 사회가 더욱 성숙되면서 직업 또한 세분화되어 생겨나는 당연한 결과다. 여기에 결코 녹록지 않은 한국의 경제상황에 떠밀려 창업하는 사람들이 가세하다 보니 이른바 1인 창업자로 불리는 자영업자들도 많아지고 있다.

　　나름 돈 좀 번다고 주변에 알려진 사람들 가운데 그 속을 들여다보면 온통 곪아 있어서 언제 터질지 모르는 경우들이 많다. "그 사람, 괜찮게 사는 것 같았는데……." 어느 날 갑자기 연락을 끊고 잠수를 타버린 사람들에게 우리가 흔히 하는 말이다. 그런 사람들의 직업을 생각해보면, 대체로 자유직업인이나 자영업자, 1인 창업자들이 많다.

　　그런 그들에게 적어도 재정적인 기준에서만큼은 다른 사람들이 느끼는 착시현상이 있다. 예컨대, 겉으로는 그들의 재정적인 답답함을 알아채기 힘들다. 왜냐하면 다른 사람에게서 급여를 받는 게 아니라 자신이 노력해서 스스로 벌어야 하는 사람에게는 만나는 모든 사람들이 잠재적 고객이다. 그러니 외모와 행동에 신경 쓸 수밖에 없다. 한마디로 품위 유지를 위한 투자를 게을리할 수 없다는 뜻이다.

어쨌든 그런 사람들의 대체적인 공통점은 소득이 늘 들쭉날쭉하다는 점이다. 그나마 확실한 고소득자라면 상관이 없지만, 늘 빠듯한 수입조차 일정하지 않다면 참 답답할 수밖에 없다. 그 같은 답답함을 잘 관리하지 못하면 저축률이 형편없이 낮아지거나 아예 저축 불능 상태에 빠지기 십상이고, 빚이 늘어나면서 자칫 파산 상태에 이른다.

월급쟁이 남편을 둔 아내들은 사업가의 아내를 부러워한다. 차도 자주 바꾸고 해외여행도 자주 다니며 쇼핑도 쉽게 하기 때문이다. 자신은 늘 빠듯한 월급에 이것저것 맞추어 살다 보면 한 달 가계부가 적자 아니면 다행이니, 사업가 아내의 풍족해 보이는 씀씀이가 부러울 수밖에. 그러나 사업가의 아내는 오히려 월급쟁이 아내를 부러워한다.

소득이 일정치 않은 사업가의 아내는 심하게는 몇 달을 수입 없이 지내는 경우도 있다. 그러다 한 방이 터져 큰돈이 들어오면 그때까지 먹지 못하고, 입지 못하고, 누리지 못했던 것들을 한꺼번에 해치우게 된다. 월급쟁이 아내에겐 사업가 아내의 그런 모습들만

눈에 들어오기 십상이지만, 사업가의 아내는 비록 적더라도 수입이 일정한 월급쟁이 아내가 부러울 수밖에 없다. 수입이 일정하다는 것은 지출을 계획할 수 있다는 뜻이다. 또한 지출을 계획할 수 있다는 것은 어떤 목적을 위해 지출을 통제할 수 있다는 것이므로 비록 더디더라도 하나씩 이루어나가는 기쁨이 있다. 그런데 수입이 일정치 않으면 그 모든 것이 어려워진다.

그러나 직장인들 가운데서도 들쭉날쭉한 수입 때문에 스트레스를 호소하는 사람들이 많다. 대기업 직장인도 예외는 아닌데, 상여금이 나오는 달과 그렇지 못한 달이 섞여 있기 때문이다. 최근 들어 이른바 연봉제 계약으로 1년치 연봉을 정한 다음 그것을 12개월로 분할하여 지급하는 회사가 있는데, 적어도 재정 관리 측면에서는 이 경우가 훨씬 낫다. 13월의 급여로 불리는 연말정산 환급도 마찬가지다. 이것을 마치 공짜로 생긴 돈으로 여겨서 주식 투자로 날려먹거나 여행으로 탕진하는 사람들이 많다. 그러나 그 돈 역시 거저 생긴 돈이 아니라 원래의 내 돈을 다시 돌려받은 것이다. 그러니 내 통장에 들어오는 그 어떤 종류의 돈이든, 불법적인 돈이 아니라면 고스란히 내 수고와 땀의 대가인 셈이다. 따라서 허투루 관리할 일이 아니다.

들쭉날쭉한 소득을 관리하기 위해 필요한 장치는 두 가지다. 하나는 연간소득의 월평균화 작업이며, 다른 하나는 저수지통장이다. 비상예비비통장은 일반적으로 저수지통장으로 알려져 있다. 여윳돈을 모아두었다가 급히 필요할 때 사용한다는 점에서 저수지

를 닮았기 때문이다. 그러나 소득이 들쭉날쭉하다면 급여가 들어오는 통장을 저수지통장으로 활용할 수도 있다. 연간소득의 월평균화 작업을 위해서는 연간 단위의 재정분석과 그에 필요한 분석 작업이 선행되어야 한다. 저수지통장은 그래서 필요하다. 내 경험으로는 이 같은 작업을 하느냐 하지 않느냐에 따라 소득 대비 저축률이 2배 가까이 올라가는 경우도 있었다. 어찌 보면 별것 아닌 것 같지만 의외로 큰 효과를 볼 수 있다.

연간소득의 월평균화 작업은 단순하다. 지난해 소득을 참고하여 연초에 재정계획을 세우면서 한 해 동안 벌 수 있는 소득을 월로 나누는 작업이다. 예컨대, 3,000만 원을 벌 수 있다면 그것을 12개월로 나누어 월 250만 원을 급여로 보는 것이다.

그런 다음 미리 만들어놓은 저수지통장에 다달이 들어오는 소득을 넣어두고 매달 250만 원을 저축통장과 지출통장에 나누어 이체한다. 예를 들어 월 소득 가운데 20%를 저축하기로 정했다면, 만약 1월에 저수지통장에 들어온 소득이 500만 원이었다고 하더라도 500만 원이 아닌 250만 원의 20%인 50만 원을 저축통장, 나머지 200만 원은 지출통장에 이체한다. 그러면 저수지통장의 잔액은 250만 원이 될 것이다. 물론 직불카드 결제계좌는 당연히 지출통장에 결합시킨다. 그런데 만약 2월에 소득이 100만 원밖에 안 된다면 그때 저수지통장의 잔액은 총 350만 원이 된다. 이때도 마찬가지로 250만 원을 위와 같은 방법으로 이체하여 사용한다. 그러다 3월에 300만 원의 소득이 발생하면 저수지통장의 잔액은 400만 원이 될 것이고 다시 250만 원이 지출된다.

그런데 이렇게만 된다면 그나마 다행이다. 이런 경우는 비록 급여는 들쭉날쭉하지만 직장이 안정된 급여소득자에게나 가능한 일이다. 반대로 소득 자체가 안정되어 있지 않은 사람들에겐 몇 달 지나지 않아 저수지통장 자체가 빵구나는 경우도 많다. 그렇게 저수지가 말라버렸다면 저축통장은커녕 지출통장에조차 보낼 수 있는 돈이 없다.

그런 경우, 우선은 지출 통제가 핵심 해결법이다. 지출 하나하나마다 왜 지출해야 하는지, 지출하지 않으면 안 되는지를 철저하게 따져보아야 한다. 의외로 우리의 지출 가운데는 다른 사람들을 의식한 지출도 많다. 이른바 비교 때문에 발생하는 비용이다. 가만히 따져보면 자녀교육비조차 자녀를 위해서라기보다 부모의 비교 욕심 때문에 생겨나는 허영일 수도 있다. 그러니 먼저 제대로 된 자존감을 회복하는 일이 매우 중요하다. 그래서 돈이 없으면 없다고, 사고 싶지만 돈이 없어 못 산다고 말할 수 있는 당당함을 갖추어야 한다. 지금의 형편이 어떠한가를 떠나 누구에게라도 100세 인생은 대단한 위협이다. 이른바 '검소한 풍요'에 익숙해지지 못하면 감당하기 힘든 시대가 곧 100세 시대다. 그야말로 천장에 생선 한 마리 매달아두고 반찬 삼아 쳐다보는 일상을 살아낼 수 있는 정신적인 체력을 갖추어야 한다.

그래도 힘들다면, 대체로 선택하는 대안이 마이너스 통장이다. 이때 마이너스 통장을 저수지통장으로 쓰는 일은 없어야 한다. 만약 1,000만 원짜리 마이너스 통장을 만들었다면 당장에 필요한 돈만 떼어 저수지통장에 보낸 다음 위에서와 같은 방법을 사용한다. 그래야 자신의 실제 대출액을 기억하고 경각심을 가질 수 있다. 물론 마이너스 통장은 얼마를 쓰든 상관없이 그 한도액 자체가 대출액이 되기 때문에 신용에는 좋지 않다. 심지어 어떤 사람은 마이너스 통장 잔고가 플러스이기 때문에 괜찮다고 생각하는데 틀렸다. 잔고가 어떻든 마이너스 통장 자체가 대출이란 사실을 잊지 말자.

사실 들쭉날쭉한 소득 관리의 핵심은 좀 더 철저한 재정계획, 그 가운데서도 지출 관리다. 그러기 위해 만약 기혼자라면 배우자와의 투명하고 열린 대화가 중요하다. 미안함과 자존심 때문에 하나둘씩 숨기다 보면 어느덧 어찌할 수조차 없는 수렁에 빠지는 경우를 자주 봐왔다. 한편으로는 배우자의 '건강한 딴 주머니'가 요긴할 때도 있다. 이 말이 투명하고 열린 대화와는 반대되긴 하지만 딴 주머니보다는 그 앞에 붙인 '건강한'이 본질이다. 소득 자체를 숨기라는 뜻이 아니라 각자의 용돈이나 생활비 등 처음 계획된 지출을 아껴 조금씩 저축하다 보면 정말 다급할 때 뜻밖의 감동을 연출할 수 있다.

03

아차! 하는 순간 봉 되는
사회 초년생 월급 관리

난이도 ⓤ 中 ⓕ
수면도움 😊 😐 😫

포털사이트에 '사회 초년생'이라는 단어를 넣고 검색해보자.

'사회 초년생 재테크' '사회 초년생 자동차' '사회 초년생 신용카드' '사회 초년생 적금' '사회 초년생 보험' '사회 초년생 대출'······.

대부분 금융과 관련된 것들이 핫 키워드로 떠오른다. 그만큼 사회 초년생들이 공통적으로 관심을 가지는 주제들이기 때문이다. 사회 초년생은 모든 금융권에서 좋은 '먹잇감'이다. 재테크에 대한 관심은 높지만 아직 백지 상태라 무엇이든 채워넣을 수 있기 때문이다.

하지만 그들은 기초지식이 부족하여 다양한 금융상품이 오히려 혼란스럽기만 하다. 이런 상태에서 쉽게 거절하기 힘든 엄마한테서 전화가 온다.

"엄마 아는 사람이 ○○보험회사 다니는데, 엄마가 이야기 잘해

놨으니 연락 오면 만나서 설명 잘 듣고 보험 하나 들어."

그리고 며칠 뒤 이번에 ○○은행에 취업한 친구한테서 전화가 온다.

"실적 때문에 그러는데 카드 하나만 만들어주라."

잠시 쉬는 사이 벨이 울려 전화를 받아보니 ○○금융회사의 판촉전화였다.

"월 20~30만 원으로 1억 원을 만드는 비과세 복리상품이 있는데, 한정된 기간 동안 고금리의 특별한 혜택을 드리고 있어요."

이 밖에도 여러 루트를 통해 어떻게 하면 사회 초년생들이 돈을 잘 모으고 불릴 수 있을지에 대한 수많은 제안이 쏟아진다. 정말 유명한 맛집이라면 별다른 홍보를 하지 않아도 사람들이 알아서 줄을 선다. 금융상품도 마찬가지다. 좋은 상품들은 굳이 전화를 하지 않더라도 사람들이 알아서 가입한다.

따라서 잘 알아야 한다. 남의 이야기 듣지 말고, 본인이 먼저 충분히 이해가 될 때까지 시간을 들여 공부하고 생각할 수 있는 여유를 가지는 게 중요하다. 특히 이 시기에 급하게 결정하면 두고두고 후회할 확률이 크다. 뭐든 첫 단추가 중요하다. 처음 잘못 끼워진 단추는 돈을 모으기는커녕 가입과 해지를 반복하다 돈을 잃게 만든다.

사회 초년생 시기에는 전체적으로 어떤 틀이 필요할까?

1. 재무목표 설정

금융상품을 선택하는 데서 중요한 것은 높은 금리와 수익이 아니다. 무엇보다 본인의 재무목표를 설정하는 것이 우선되어야 한다. 따라서 금융상품 가입에 앞서, 본인의 라이프 사이클에 대해 곰곰이 생각해봐야 한다.

결혼을 언제 할 것인가? 결혼자금으로 얼마가 필요할까? 주택을 어떤 방법으로 마련할까? 부모님이 얼마를 지원해줄 수 있는가? 부족한 돈을 마련하기 위해 얼마를 대출할 수 있을까? 1년 뒤를 내다보는 기업과 10년 뒤를 내다보는 기업의 자금 관리가 당연히 다를 수밖에 없는 것처럼 개인의 재무계획 역시 길게 보면 볼수록 훨씬 체계적으로 준비할 수 있다.

만약 경험이 부족하여 재무목표를 세우는 데 어려움이 있다면 주변의 인생 선배들한테 조언을 구해라. 결혼할 때 얼마가 들었는지, 집값이 얼만지, 애들 키우는 데 얼마가 드는지 등.

이것도 쉽지 않다면 전문가의 도움을 받아라. 이때는 상품에 대한 정보보다는 본인의 재무목표를 잘 설정해줄 수 있는 전문가를 선택하는 게 중요하다. 단순한 상품 문의가 아니라면 공짜 상담은 피하는 것이 좋다. 공짜에는 반드시 대가가 따른다.

2. 예산 설립 및 지출 관리

아무리 훌륭한 재무 목표와 계획을 가졌더라도 이것을 실천할 여유자금이 없으면 소용이 없다. 그래서 그다음에 필요한 것은 자신의 수입과 지출에 대한 구체적인 파악이다.

현대경제연구원(2013)에 따르면 20~30대들이 자신의 한 달 용돈 가운데 40만 원 정도를 주로 패션용품과 기호식품을 구입하는 데 사용하고 있다고 한다. 그렇다면 이제부터 자기 스스로 어디에 얼마나 지출하고 있는지 정리해보자. 여기서 중요한 것은 '예산 세우기'다.

많은 사람들이 가계부를 작성하는 게 중요하다고 한다. 하지만 더 중요한 건 본인이 한 달에 얼마 정도를 쓸지에 대한 예산을 정하는 것이다. 왜냐하면 가계부는 과거에 대한 기록이기 때문에, 가계부를 쓴다고 과소비가 많이 줄어들지는 않는다. 그리고 가계부는 쓰다가 쉽게 질릴 수도 있다. 전자결제를 많이 하기 때문에 대부분의 지출은 스마트폰으로도 확인이 가능하다. 오히려 예산을 미리 정하고 정해진 범위 내에서 소비하는 습관을 키우는 게 더 중요하다(참고로, 미혼 외벌이는 본인 소득의 70% 이상을 저축하길 권장한다).

3. 통장 관리

급여통장은 단순히 월급만 들어오는 통장이 아니다. 출금과 이체를 관리하고, 카드 사용을 통해 신용을 쌓는 등 각종 금융거래의 기반이 되는 '주거래' 통장이다. 이런 점을 고려하면 은행의 '수시입출식 통장'을 급여통장으로 선택하는 것이 좋다.

그리고 지출통장을 하나 더 만들어, 본인이 정한 예산만큼 이 통장에 넣고 사용하자. 통장을 목적에 맞게 분리하면 할수록 통제와 관리가 편리하다. 돈을 귀찮게 관리할수록 돈이 남는다.

또한 생각지도 못한 비정기적 지출에 대비해서 비상용 예비자금 통장을 만들자. 살아가면서 예상치 못한 일로 목돈이 필요한 경우가 있다. 이때 여유자금이 없으면 금융상품을 깨게 되고, 그 결과 대개는 생각보다 적은 돈을 찾거나 심지어 원금 손실까지 생긴다. 따라서 내가 가입한 금융상품들을 계획대로 유지하기 위해서라도 비상용 예비자금 통장은 반드시 필요하다.

저축을 시작하는 시점에 비상용 예비자금이 충분하지 않다면, 금융상품에 먼저 가입하기보다 몇 달간 현금을 마련하는 것에 우선순위를 두어야 한다. 비상용 예비자금은 보통 자기 생활비의 3~6개월치 정도를 준비한다. 그리고 증권사의 CMA 통장이 좋다.

4. 보험 가입

사회 초년생에게 보험의 역할은 예상치 못한 질병과 각종 사고로 인해 많은 치료비가 발생했을 경우 이를 보상해주는 것이다. 따라서 실손의료비보험을 최우선으로 가입한다. 그리고 여유가 있다면 중요 진단비(암, 심혈관계 질환, 뇌혈관계 질환) 등 크고 굵직한 질병·사고를 보장해주는 보험을 추가한다.

그러나 종신보험은 시기상조다. 종신보험은 사망을 보상해주는 보험이다. 가정을 이끌어가는 주수입원이 되는 가장이 사망하여 수입이 끊겨도 보험금을 통해 남아 있는 가족들이 생활할 수 있도록 하기 위함이다. 따라서 아직 가정을 꾸리지 않은 새내기 직장인에게는 우선순위가 낮다. 특히 사망을 보장하는 상품 가입이 필요하더라도 보험료가 비싼 종신보험보다 상대적으로 훨씬 저렴한 정기보험이 유리하다. 예를 들어 30세 남자가 사망보험 1억 원을 종신보험으로 가입할 때의 보험료는 60세납 기준으로 월 11만 원 정도이지만, 그것을 60세까지만 보장받는 정기보험으로 가입하면 월 2만 5,000원 정도에 불과하다. 그 차액을 수익성 상품에 투자하여 60세 이후에 필요한 자금을 준비하는 것이 훨씬 효과적이다.

5. 절세상품 가입(목돈+은퇴+주택)

① 목돈 마련 관련 : 사회 초년생의 경우 목돈, 즉 종잣돈을 마련하는 일은 매우 중요하다. 결혼 등 시급히 필요한 자금도 있겠지만, 좀 더 효율적인 투자를 위해서도 필요하다. 절세전략을 위해 추천할 만한 상품은 2016년부터 가입 가능한 ISA통장이다. 수익금 200만 원까지는 세금이 붙지 않고, 그 이상에 대해서는 9% 분리과세가 적용되기 때문에 절세에 효과적이다. 그러나 별도의 소득공제 혜택은 없고 만기가 5년이라는 점도 고려해야 한다. 물론 연간소득 등 다른 조건이 맞으면 만기가 3년으로 적용될 수도 있다. 또한 해외투자비과세제도를 잘 활용하면 투자의 다양성을 넓히면서 절세효과도 함께 누릴 수 있다.

② 주택자금 관련 : 주택자금 마련의 기본은 '주택청약종합저축'이다. 주택청약종합저축은 신규 아파트뿐만 아니라 정부에서 공급

하는 임대주택, 장기전세주택을 청약하는 데 유용하게 사용된다. 그러나 이 기회마저 자세히 뜯어보면 빛 좋은 개살구인 경우가 많다. 예를 들어 청약저축에도 조건에 따라 우선당첨 순위가 있는데, 현재는 가입 후 12개월이 지나면 1순위가 된다. 이것은 곧, 청약저축 가입자 대부분이 1순위라는 뜻이다. 그러니 순위 자체는 아무런 의미가 없어졌다. 오히려 실질적인 당첨 여부는 청약가점제, 즉 무주택 기간·부모 부양 여부·신혼부부 등과 같은 조건들에 의해 좌우된다.

그러나 청약저축을 절세수단으로 활용할 수도 있다는 점은 참고할 만하다. 무주택세대주(같이 살고 있는 가족 모두가 주택을 갖고 있지 않은 세대주)의 경우, 매년 주택청약종합저축에 불입한 금액(240만 원 한도)의 40%인 최대 96만 원까지 소득공제를 받을 수 있다. 따라서 현금흐름에 여유가 있으면 월 10만 원~20만 원, 여유가 없으면 최저 월 2만 원 정도만 가입해두는 것도 괜찮다.

③ 은퇴자금 관련 : 고령화 사회가 다가오면서 은퇴자금을 얼마나, 어떻게 준비할까 말이 많다. 젊은 나이에 벌써부터 노후를 준비해야 하느냐는 반감이 들 수도 있지만 은퇴 준비는 일찍 시작할수록 좋다. 복리효과로 인하여 일찍 시작할수록 적은 돈으로 은퇴자금을 마련할 수 있기 때문이다.

은퇴 준비도 되면서 동시에 절세효과가 있는 대표적인 금융상품을 꼽으라면 '연금저축(계좌)'이다. 퇴직연금제도를 시행하는 직장에 다닌다면 관련 제도를 잘 활용하는 것도 매우 중요하다. 연금저축은 펀드·신탁·보험 가운데 선택 또는 나누어 가입할 수 있으며, 연간 총 납입액 중 400만 원까지 13.2%(연봉 5,500만 원 이하는 16.5%)의 세액공제를 받을 수 있다. 즉, 400만 원을 불입하면 그에 대한 13.2%인 52만 8,000원을 1월에 환급받을 수 있다는 얘기다. 미혼인 경우 공제 항목이 적어 연말정산 때 세금을 돌려받기가 쉽지 않으므로 이같이 당장에 공제받을 수 있는 금융상품을 적극 활용하는 것이 좋다. 만약 연금저축을 한다면 신탁이나 보험보다는 연금저축펀드를 추천한다. 연금저축펀드는 연금저축계좌 내에서 다양한 펀드로 갈아탈 수 있고, 납입이 자유로워 언제든 유연하게 불입할 수 있는 것도 장점이다.

6. 투자하기 전에

해마다 10% 정도의 수익을 내기가 쉬운가? 100만 원을 투자해서 10만 원을 버는 것이다. 요즘 같은 저성장 저금리 시대에는 전문가들도 쉽지 않은 수익률이다. 그렇다면 한 달에 100만 원을 쓰던 사람이 10만 원을 줄이는 건 어떨까? 생각보다 어렵지 않다. 먹고 싶은 거 조금 참고 술자리를 몇 번만 줄여도 충분히 가능하다. 다시 말해, 10%의 수익을 내는 건 어렵지만 지출을 10% 줄이는 것은 상대적으로 쉽다는 뜻이다.

사회 초년생일 때는 아직 재산이 없기 때문에 투자 수익을 통해 돈이 불어나는 속도보다 매달 불입하는 저축액을 높여 돈이 불어나는 속도가 훨씬 더 빠르다. 따라서 어느 정도까지 돈이 모이기 전에는 금리의 많고 적음, 투자 상품의 수익률에 관심을 가지기에 앞서 소비를 관리해 한 푼이라도 더 저축하는 것이 돈을 모으고 불리는 지름길이다.

아는 만큼 보인다!

사회 초년생은 아는 게 없다 보니 당하기도 쉽다. 금융권의 봉이 되지 않기 위해서는 먼저 재무 관리의 원칙과 기준에 대한 이해가 필요하다. 그리고 앞으로 자기 자신의 라이프 사이클을 곰곰이 생각하며 재무목표를 정하는 노력이 절실히 필요하다.

04

내 생애 첫 펀드, 좋은 펀드 감별법

난이도 ㊤ ㊥ ㊦
수면도움 😀 😐 😐

"수수료는 어떻게 되나요?"

가끔 펀드를 추천하면 이런 질문을 먼저 하는 사람들이 많다.

물론 같은 값이면 다홍치마라고, 기대하는 수익률이 같다면 수수료가 싸면 더 좋다. 하지만 수수료가 펀드 선택의 우선순위가 되어서는 안 된다. 그보다는 당연히, 수익률이 잘 날 수 있는 펀드를 선택하는 게 더 중요하다. 수수료는 전체 적립금(원금＋수익)에서 공제되는 것이다. 따라서 전체 적립금을 키우는 게 더 중요하다.

종종 이런 글들을 본다.

'주식시장 전체의 평균가격을 목표로 운영하는 인덱스 펀드는 수수료가 저렴하다.' '인덱스 펀드를 통한 장기 투자는 결국 주식시장 전체의 평균수익률과 비슷해지기 때문에 수수료가 적은 인덱스 펀드를 선택해서 장기적으로 묶어두면 좋은 성과가 난다.'

물론 틀린 이야기는 아니다. 하지만 놓치는 것이 있다. 이것은 한 국가에만 투자할 때 액티브 펀드 등 수수료가 비싼 다른 공격형 펀드보다 상대적으로 수수료가 저렴한 인덱스 펀드가 좋다는 뜻이다.

그럼, 오랫동안 한 국가에만 투자하는 것이 유리할까? 아니다. 장기 투자의 핵심은 해외시장을 비롯한 다양한 시장과 자산(주식, 채권, 통화)에 얼마나 분산을 했느냐에 달려 있다. 정말 자신이 있다면 모를까 그렇지 않다면 수수료를 조금 더 주더라도 운용을 잘하는 펀드를 선택하는 게 중요하다. 잘되는 펀드들의 선택 기준에 대해 알아보자.

1. 투자철학이 명확한 펀드를 골라라

투자에서 중요한 것은 원칙과 기준이다. 원칙과 기준이 명확하다면 시장상황과 심리적 오류에 휩쓸릴 가능성이 낮다. 좋은 펀드는 이러한 자산운용 철학이 명확하다. 이런 내용들은 해당 펀드를 운영하는 자산운용회사의 홈페이지에 나와 있는 회사 소개를 보면 대략적으로 알 수 있다(증권회사나 은행이 펀드를 팔더라도 그 펀드를 만들고 실제 운용하는 회사는 자산운용사들이다).

2. 꾸준히 안정적인 성과를 내고 있는지 확인하라

금융회사 창구에 가서 펀드 상담을 받을 때면 대부분 이렇게 물어본다.

"요즘 어떤 게 좋아요?"

이럴 때 대체로 다음과 같은 두 가지 형태의 대답이 돌아온다.

① "네, 요즘에는 ○○펀드가 잘 나갑니다. 1년 수익률이 ○○% 이며, 최근 한 달 사이에만 ○○%의 수익률을 내고 있습니다."

② "네, 앞으로는 ○○펀드가 좋을 것 같습니다. 최근 1년 수익 률은 마이너스입니다만, 앞으로는 시장상황의 변화로 좋은 성과가 기대됩니다."

자, 만약 당신이 그 펀드를 파는 금융회사 직원이라고 생각해보 자. 고객에게 어떤 펀드를 더 쉽게 팔 수 있을까? 아마 ①번일 것 이다. 판매자 입장에서는 지금 당장의 수익률이 높은 상품이 마케 팅 1순위일 수밖에 없으니까.

그러나 지금 수익률이 좋다고 앞으로도 계속 좋다는 보장은 없 다. 이를테면, 올해 1등 하는 펀드가 내년에도 1등을 하기란 쉽지 않다. 오히려 상위 20% 범위 내에서 꾸준히 성과를 내는 곳이 더 믿음직하다. 이런 정보들은 금융투자협회 전자공시서비스에 있는 펀드수익률 비교공시를 통해 확인할 수 있다. 한 가지 주의할 점은 절대 최근 수익률 순위에 집착하지 말 것!

3. 운용조직이 안정되어 있는지 확인하라

식당에 주방장이 바뀌면 음식 맛이 변하는 경우를 종종 경험한 다. 맛집일수록 고집이 있고 오래된 집이 많다. 펀드도 마찬가지 다. 해당 펀드를 운영하는 조직의 구성원들이 자주 바뀌는지를 확인하는 것이 좋다. 이런 정보들은 금융투자협회 전자공시서비스의 펀드매니저 공시에서 찾아볼 수 있다.

4. 운용 규모(설정액)가 지속적으로 증가하는지 확인하라

앞서 언급한 잘되는 식당의 선순환 효과, 즉 잘되는 식당은 손님이 밀려들어 재고 없이 좋은 식자재를 계속 쓰게 되므로 더 좋은 음식맛을 유지할 수 있어서 사람들이 더 몰린다는 점을 기억하자. 돈이 꾸준히 몰리는 펀드에 올라타야 한다. 이에 관한 정보도 금융투자협회 전자공시서비스의 펀드공시에 나타나 있다.

5. 신생 펀드에 관심을 가져라

철학이 있는 회사에서 출시한 신상품에 주목할 필요가 있다. 뭐든 새로운 상품이 출시되면 초기 마케팅과 정착 여부가 중요한 포인트다. 특히 펀드가 사람들의 관심을 받기 위해서는 초기에 시장 진입에 성공해야 하기 때문에 운용사의 각오가 남다르게 마련이고, 이를 위해 수익률 관리에 신경을 많이 쓴다.

매번 최고의 성과를 내줄 수 있는 펀드를 선택하는 것은 불가능하다. 잘못된 펀드 선택으로 인한 시행착오를 줄이기 위해서는 당장 눈앞에 보이는 수익률만으로 좋은 펀드 여부를 판단하는 습관부터 바꿔야 한다.

외모가 멋진 사람한테 관심이 가는 것은 어쩔 수 없지만, 이것은

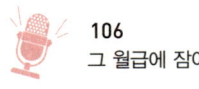

성형을 통해서도 만들어낼 수 있다. 외모보다는 내면에 더 관심을
가지는 의식적인 노력이 필요하다. 그래야 돈이 된다.

05

절세 금융상품 총정리

난이도 ⓣ ⓜ ⓕ
수면도움 😊 😐 😫

　해마다 연말이면 그동안 미뤄놨던 숙제를 하느라 정신들이 없다. 연초에 세웠던 이런저런 목표와 계획들을 확인하느라 바쁜 것이 아니라(그것들은 잊은 지 오래다) 1년 동안 낸 세금에서 혹시 돌려받을 돈이 없나 하는 관심 탓이다. 특히 그때쯤이면 정부에서도 새로운 세법개정안을 확정 발표하는 경우가 많다 보니 더욱 그렇다. 어쨌든 아는 게 돈이다. 이 말을 당장에 적용해서 돈 되는 분야가 있다면 단연코 세금일 것이다.

　그러나 금융상품 종류가 너무 많고 갈수록 복잡해지기 때문에 금융지식이 부족한 사람들은 대체로 두 가지 선택을 하게 된다. 다른 사람에게 의지하거나 전혀 관심을 가지지 않거나. 하지만 다른 사람에게 의지할 경우엔 자칫 혜택을 놓치거나 심지어 폭탄을 뒤집어쓸 수도 있으며 관심 자체를 가지지 않는 방법은 편리하긴 하

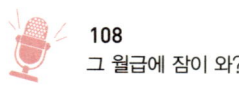

■각 금융기관별 저축/투자 상품의 세금 내용

금융기관	유형	상품	소득	세금(지방소득세포함)	종합과세	비고
은행	원금 보장/(예금자 보호)	예금, 적금	이자소득	15.4% 원천징수	○	
		청약저축	이자소득	15.4% 원천징수	○	연간 240만 원 한도 40%까지 소득공제
	간접투자	DLS, ELD	배당소득	15.4% 원천징수	○	
보험	금리연동 간접투자	저축성보험 변액보험	이자소득	면제		10년 이상
증권	직접투자	국내주식	양도소득	비과세		비상장, 대주주 제외
			배당소득	15.4% 원천징수	○	
		해외주식	양도소득	22% 분리과세		
			배당소득	15.4% 원천징수	○	
		채권	이자소득	15.4% 원천징수	○	매매차익 비과세
		ETF(해외상장)	양도소득	22% 분리과세		국내주식 매매차익 비과세
		ETF(그 외)	배당소득	15.4% 원천징수	○	
	간접투자	ELS	배당소득	15.4% 원천징수	○	
공통	간접투자	국내펀드	배당소득	15.4% 원천징수 (양도차익은 비과세)	○	국내주식 매매차익 비과세
		해외펀드	모든 소득	15.4% 원천징수		해외주식투자전용펀드 한시적 비과세
	연금저축 퇴직연금 IRP	연금수령	연금소득	3.3~5.5% 원천징수	○	세액공제, 연금수령 전에는 세금이 발생하지 않는 과세이연 효과
		그 외	기타소득	16.5% 원천징수		
	종합계좌	ISA통장 (개인종합자산관리계좌)	이자소득	200만 원까지 면제		200만 원 초과금액 9.9% 분리과세

나 돈을 잃는다.

그러니 우선 전체적인 큰 틀에서 기본적인 것들만 챙겨보자.

2016년 1월 1일 기준, 은행·증권·보험 등 각 금융기관별로 저축/
투자 상품들에 대한 세금 내용을 정리하면 대체로 앞의 표와 같다.

이 표를 보면 종류도 참 많고, 용어도 어렵고 복잡하다. 특히나
도표에 알레르기 있는 사람들이면 현기증이 밀려온다. 하지만 다
알아야 할 필요는 없다. 왜냐하면 금융회사가 금융상품의 수익을
돌려줄 때 알아서 세금을 징수하기 때문이다. 이것을 '원천징수'라
고 한다.

조금 더 간단히 정리해보자

현재는 모든 금융소득에 대해서 금융소득세 15.4%(주민세 포함)
를 떼게 되어 있다. 이것이 원칙이다. 여기에다 다음과 같이 몇 가
지 중요한 예외 조항만 기억하면 된다.

1. 국내주식(펀드)을 이용하여 번 돈(매매차익)에 대해서는 비과
   세, 즉 세금 안 뗀다.

2. 해외주식(ETF)으로 돈을 벌었다면 22%만 뗀다. 단, 2016년
   부터 2017년까지 2년 동안 가입할 수 있는 해외주식투자전
   용펀드의 경우에는 투자금액 최고 3,000만 원까지에 대해 가
   입 후 10년 동안의 수익금은 세금 안 뗀다.

3. 저축성보험에 가입한 후 10년 이상 유지하면 그 수익금 대해
   세금 안 뗀다.

4. 세액공제 혜택이 있는 연금성 상품(연금저축, 퇴직연금, IRP)은
   수익이 생겼더라도 세금을 당장 떼지 않고 나중에 은퇴하여

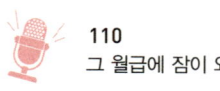

연금을 받기 시작할 때까지 기다렸다가 뗀다. 그것도 연금 받는 나이에 따라 3.3~5.5%로 아주 적게 뗀다.

5. 2016년부터 2018년까지 3년 동안 가입할 수 있는 ISA, 즉 개인종합자산관리계좌를 통해 저축하거나 투자한 수익금은 최대 200만 원까지 비과세를 적용하며, 200만 원이 넘는 수익금에 대해서는 9.9%만 뗀다.

여기서 추가로 이해가 필요한 용어 중 하나는 종합과세다. 종합과세는 금융상품으로 얻은 소득이 일정 금액을 초과하면 그 외 다른 소득(근로소득, 사업소득 등)과 합산하여 추가로 세금을 내야 한다는 걸 의미한다. 이자·배당소득 등을 포함해 금융상품에서 얻은 소득이 2,000만 원(2015년 기준)을 초과할 경우 그 초과액만을 종합과세하며, 연금소득의 경우 1,200만 원을 초과할 경우 그 소득 전액을 종합과세한다. 만약 종합과세에 해당한다면 소득이 있는 연도의 다음 연도 5월에 다른 종합소득과 합산하여 종합소득세를 별도로 신고해야 한다. 이 경우 세금이 많아질 수 있으므로 특히 비과세 상품들을 꼼꼼하게 확인해보아야 한다.

하지만 종합과세에 대해서는 크게 고민할 필요가 없다. 금융소득이 2,000만 원을 초과할 정도라면 어느 정도의 금융자산이 있다는 의미이며, 이 경우 고객 서비스 차원에서 해당 금융기관들이 먼저 도움을 줄 것이기 때문이다. 그러니 고민은 늘 없는 사람들의 몫이다. 있는 사람들은 저절로 잘하게 되어 있다.

다음으로 해외주식(ETF) 양도차익에 붙는 22%의 세금이 종합과세되지 않고 분리과세된다는 것도 관심을 가질 필요가 있다. 국내경제가 성장 한계에 부딪히면서 해외투자의 필요성이 커지고 있기 때문에 대부분은 펀드를 통한 간접투자를 하는 반면, 자산가들 사이에서는 벌써부터 해외주식 및 ETF에 대한 직접투자가 늘어나고 있다는 사실도 주목해야 한다.

연말정산은 앞의 표를 기본으로 그 정책이 확정될 때마다 '촉'을 세워 자신에게 맞는 최적의 전략을 세워야 한다. 알다시피 거의 해마다 연말정산에 관한 정책이 수정·확대·신설되며 카드 사용액 공제 등 소득자들의 개별적인 형편, 예를 들어 외벌이, 맞벌이는 물론 소득 구간에 따라 적용의 실익이 다르기 때문이다. 따라서 밀린 숙제 하듯 대충 해치운다는 생각보다 평소에 전체적인 절세전략을 수립한 다음 연말정산은 일종의 팁처럼 간단히 챙기는 것이 좋다.

06

비과세 상품의

함정

난이도 上 中 下
수면도움 😊 😐 😣

"이번에 직장생활 처음 시작한 28살 사회 초년생입니다. 최근 재테크에 관심이 많아졌으나 전혀 지식이 없어 어떻게 해야 할지 몰랐습니다. 그래서 인터넷으로 재무상담을 신청하여 상담을 진행했는데, 상담 이후 가장 먼저 가입을 제안받은 상품이 ○○저축성보험입니다. 상담사가 비과세 상품은 곧 판매가 종료되니 빨리 가입을 해야 한다고 했습니다."

"은행에 적금을 가입하러 갔습니다. 그런데 창구 여직원이 요즘은 금리가 낮아 적금은 별로이고, 대신 다른 좋은 상품을 추천해주더라고요. 그러면서 비과세와 복리효과가 있는 ○○○상품을 소개시켜줬습니다. 금리도 시중금리보다 높고 복리효과도 있고, 게다가 비과세 혜택까지 있으니 정말 좋은 상품인 것 같아 가입했지요."

"○○금융회사에서 우수회원들에게 우대금리 혜택을 준다며 전화를 걸어왔습니다. 시중금리보다 높고 복리효과가 있는 ○○상품을 소개받았지요. 게다가 비과세 혜택은 물론 사은품도 준다고 해서 가입했습니다. 월 20만 원인데, 없는 돈이라 생각하고 길게 넣어보려고 생각합니다."

많은 사람들이 비과세 상품을 가입하게 된 이유들이다.

'비과세.'

말 그대로 세금을 내지 않는다는 의미다. 그렇잖아도 월급은 쥐꼬리만 하고 이런저런 세금까지 떼어가니 속상한데, 세금이 없다니 얼마나 좋은가! 그런 비과세를 정확히 짚어보자.

원래 이자와 같은 금융소득에는 15.4%라는 금융소득세(주민세 포함)를 뗀다. 따라서 금융상품에서 비과세란 해당 상품을 통해 수익이 났다면 그 수익에 대해 금융소득세를 떼지 않는다는 의미다. 언뜻 보면 1%가 아쉬운 요즘, 15.4%나 되는 세금을 내지 않는다니 귀가 솔깃할 수밖에 없다.

하지만 곰곰이 따져보면 세금을 떼는 것은 원금이 아니라 수익이란 사실, 즉 비과세 혜택은 수익이 많이 나야 의미가 있는 것이다. 반대로 수익이 나지 않거나 오히려 마이너스인 경우에는 비과세 혜택이 전혀 쓸모가 없다.

그러면 앞에서의 세 가지 사례를 다시 한 번 생각해보자.

위에서 가입했다는 세 가지 종류의 상품들은 많은 사람들이 비과세 복리상품으로 알고 있지만, 모두 저축성보험 상품들이다. 만약 수익이 나야 비과세의 혜택을 누릴 수 있다면, 이 상품들이 과연 얼마나 수익을 낼 수 있을지부터 생각해야 한다.

우선 이 상품들은 월 불입액의 일정 부분을 수수료(사업비) 명목으로 떼고, 나머지 부분을 적립한다. 이를테면, 10만 원을 불입하면 약 1만 원 정도의 수수료를 공제한 후 나머지 9만 원이 적금처럼 쌓이는 것이다.

그리고 이때 적용되는 금리는 고정되어 있지 않은 변동금리로 앞으로의 금리정책에 따라 계속 바뀐다. 물론 여러 차례 언급했지만, 금리는 대체로 경제성장율과 연동되기 때문에 항후 성장율이 하락할 것으로 예상된다면 장기적으로는 금리 역시 떨어질 것으로 생각된다.

따라서 저축성 보험상품으로 수익을 기대하기는 힘들다. 그리고 수수료까지 고려할 때 잘되면 은행 예·적금과 비슷한 수준일 가능성이 높다. 더군다나 이 같은 비과세 혜택을 보기 위해서는 10년 이상을 유지해야 한다. 그 시간까지 생각할 때, 상대적인 체감수익은 더욱 떨어져 비과세의 의미 자체가 없어지는 것이다. 이렇게 생각해보자.

A상품 : 연 평균 3% 정도의 기대수익이 예상되고, 비과세 혜택이 있다.
B상품 : 연 평균 7% 정도의 기대수익이 예상되고, 비과세 혜택은 없다.

만약 월 100만 원씩 10년 동안 투자한다고 가정하면, A 상품은 비록 비과세 혜택을 받더라도 약 1억 3,900만 원에 불과하지만, B 상품은 수익에 대한 금융소득세를 떼더라도 약 1억 7,100만 원이나 된다. 따라서 수익이 적은 대신 비과세 혜택이 있는 A보다 세금을 내더라도 수익이 많이 나는 B 상품이 훨씬 더 좋다.

그렇다고 비과세 상품이 전혀 도움 안 된다는 말은 아니다.

예를 들어 이미 불려놓은 재산이나 소득이 많은 사람들에겐 비과세가 많은 도움이 된다. 보험상품이 자산가들에게 필수 상품일 정도로 특히 인기가 높은 이유다. 다시 말해, 연간 이자(배당 포함)가 일정 금액(2015년 현재 2,000만 원)을 초과하면 다른 소득과 합산하여 종합과세가 적용되는데, 그런 사람들에게 비과세 상품들은 절세효과가 크다. 수익보다는 세금이 더 중요한 사람들이다. 따라서 연간 이자와 배당소득이 많지 않은 사람들이 비과세 상품에 집착하다 보면 사실상 배보다 배꼽이 커진다.

모아놓은 재산도 많지 않고, 저축할 돈도 얼마 없다? 그렇다면 비과세보다 수익에 더 관심을 가지자. 1% 차이가 10년 뒤 내 자산의 크기를 결정한다.

07
집,   살까?
말까?

난이도 ⊥ ㊥ ㊦
수면도움 😊 😐 😫

"월세가 너무 부담스러워요, 차라리 집을 사는 게 낫지 않을까요?"

"어머님이 어차피 집은 하나 있어야 하니 빚을 내서라도 장만하라고 하시네요."

전월세가 가파르게 상승하다 보니 이런 질문을 자주 받는다. 특히 이런 고민들은 최초 계약 후 2년이 지나 재계약 날짜가 가까워 오면서 하는 경우가 많다.

"집을 왜 사고 싶나요?" 하고 물어보면, "이사 다니기 싫어서" "안정된 생활을 위해서" "계속 오를 것 같아서"라고 대답한다. 그런데 재미있는 현상은 재산이 적을수록 이런 고민과 생각을 많이 한다는 사실이다. 전월세를 살더라도 여유가 있는 사람은 아예 고민 자체를 하지 않는다. 결국 돈이 없어서 집을 사려고 한다. 돈만 있으면 전세금을 올려주든지, 요즘 같은 저금리에 전세자금대출을 받아 이자만 내든지 하면 되기 때문에 전월세 가격 상승에 대한 저항은 그리 크지 않다. 돈이 없으니 비슷한 전월세 가격대를 찾아 이사를 하고, 도시 변방으로 조금씩 밀려나다가 지칠 때쯤, 누군가가 부추기면 덥석 사버릴까 생각하게 된다.

일반 사람들은 주로 대중매체들을 통해 부동산 정보를 얻는다. 하지만 부동산 전문가라는 사람들도 전망이 제각각이라 어느 장단에 맞춰야 할지 난감할 때가 많다. 또한 수많은 부동산 관련 기사나 정보들이 건설회사 쪽의 영향을 받거나 아예 광고비를 지급하면서까지 홍보성 기획기사를 만드는 경우도 많기 때문에 판단을 더욱 혼란스럽게 만든다.

예를 들어 신규 분양하는 아파트 모델하우스 앞에 사람들이 길게 늘어서 있는 사진과 함께 아파트 청약 열풍이라는 타이틀로 올라오는 정보들을 보면 당장에라도 줄을 서야 하는 것이 아닐까 하고 생각할 수 있지만, 막상 실제 청약률은 형편없는 경우도 많다. 알고 보니 분양업체에서 아르바이트로 고용한 사람들로 줄을 길게 세운 것이다. 또한 가족 단위로 아파트 모델하우스를 찾는 사람들도 많다 보니 그렇게 보이는 현상도 있다.

특히 아파트 가격에 대해서는 잘 생각해야 한다. 새 아파트는 대부분 분양가가 비싸다. 물가가 계속 오르니 원자재 가격도 당연히 오를 것이고, 갈수록 고급 자재들을 선호하기 때문에 가격이 예전보다 비싸질 수밖에 없다. 이렇게 비싼 아파트가 청약 과정을 통해 거래가 되면 주변 시세가 오르지 않아도 그 지역의 평균가격이 높아지기 때문에 마치 주변에 있는 모든 아파트가 오른 것처럼 보인다. 성적이 좋지 않은 학급에 공부 잘하는 학생 하나가 전학을 오면 그 학생 덕분에 반 평균점수가 오르지만 그렇다고 그 학생 때문에 다른 학생들의 성적이 오르는 것은 아니라는 말이다.

반면, 부동산 가격 폭락을 예견하는 사람들도 많다. 하지만 그것 역시 쉽지만은 않다. 왜냐하면 집은 한 번 사면 끝나는 것이 아니라 세월이 바뀌면서 주택에 대한 선호도도 바뀌기 때문이다. 옷장에 옷이 없어서 새 옷을 사는 것이 아니라 있는 옷들이 구식이기 때문에 유행에 맞는 옷을 사는 것과 같다. 이로 인해 새로운 주택수요가 생겨나지 않더라도 다른 형태 부동산에 대한 대체수요가 어느 정도 존재한다. 또한 실물자산인 부동산은 원가 이하로 크게 떨어지기 않는 하방 경직성(수요공급 법칙에 따라 가격이 떨어져야 하나 어떠한 이유로 인하여 가격이 떨어지지 않는 것)도 있다.

그러나 대체수요는 주로 특정 지역을 중심으로 영향을 끼치기 때문에 전체 아파트의 가격을 올리는 것은 아니다. 따라서 대체수요로 인한 착시현상에 주의해야 한다.

이처럼 불확실한 정보에서 흔들리지 않으려면 중심을 잡을 수 있어야 하는데, 그것이 곧 수요와 공급의 법칙이다. 새로 짓는 집보다 사는 사람이 더 많으면 가격은 오를 것이고 그 반대라면 떨어질 것이다. 그렇다면 먼저 공급 측면을 생각해보자.

앞에서 얘기한 것처럼 신규 수요가 증가하지 않더라도 부동산 대체수요는 있기 때문에 수요가 과잉인지 부족인지에 대한 기준을 잡기란 쉽지 않다. 예를 들어 내가 집이 있더라도 수입이 많아지면 더 쾌적한 곳에서 살고 싶은 수요가 생기기 때문이다. 이때는 오히려 소득이라는 변수가 더 큰 영향을 끼친다. 하지만 공급은 시장상황에 따라 반복되는 패턴을 보이기 때문에 상대적으로 과잉과 부족 여부를 어느 정도 알 수 있다.

예를 들어 아파트를 짓는 것과 그에 따른 가격 변동은 대체로 2~3년을 주기로 반복되어왔다. 수요와 공급의 법칙이 영향을 끼친 전형적인 현상이다. 이것은 아파트를 착공하고 입주하기까지 걸리는 시간과 비슷하다. 즉, 아파트 가격이 상승하면 건설사들은 그런 분위기에 편승하여 대대적인 분양과 함께 집을 짓기 시작한다. 이 기간이 앞으로 2~3년간 지속되면서 분양한 아파트가 다 지어지면 이때부터 초과 공급으로 인해 부동산 가격이 떨어지기 시작한다. 그러면 더 이상 아파트를 짓지 않고 가격 하락이 멈출 때까지 기다린다. 공급이 부족하면 가격 하락이 진정되면서 다시 오르는 현상이 나타난다. 정리해보면, 공급 측면에서는 건설 경기에 따라 가격 등락이 반복될 수 있기 때문에 통계청에서 발표하는 아파트 착공 추이를 지속적으로 모니터링해보는 것이 좋다.

반면, 집을 사려는 사람, 즉 수요 측면에서는 양적인 면에서 주택 구매 연령층의 인구가 감소하고 있을 뿐만 아니라 질적인 면에서도 고용 감소로 인한 구매력이 약해지고 있다. 이것은 상당 기간 지속될 현상으로 대부분의 전문가들이 동의하고 있다. 따라서 수요 측면으로만 보면, 앞으로의 집값이 의미 있게 오를 것이라고 전망하긴 힘들다. 하지만 대체수요도 있어 질적인 측면에서의 분석이 필요하기 때문에 통계청에서 발표하는 고용 동향을 통해 주택 구매층의 소득 변화 추이를 면밀히 살펴볼 필요는 있다.

이 같은 수요와 공급을 기준으로 미래의 부동산을 예측해보면, 인구구조의 큰 변화로 인해 양적인 면에서 의미 있는 변화가 있을 때까지는 대세상승과 대세하락은 없을 것 같다. 다만, 박스권 내에서 상승과 하락을 반복할 것이라는 의견을 내는 전문가들이 많다. 따라서 '부동산이 오를 것 같아요, 떨어질 것 같아요?'라는 질문은 더 이상 의미가 없다. 철저하게 지역적·국지적으로 판단하는 것이 좋다. 다시 말해, 다른 주택에 비해 상대적으로 저평가된 것, 같은 가격이라면 더 싸게 살 수 있는 방법을 찾는 노력이 필요하다. 주택 경매시장에 사람들이 몰려드는 이유도 여기에서 찾아볼 수 있다.

그럼 과연 집을 사야 할까, 말아야 할까? 이에 대한 대답을 반드시 듣고 싶다면, 아무래도 사지 않는 것이 좋겠다는 쪽에 더 가깝다. 그 이유는 위의 수요공급 법칙에 더하여 다음의 세 가지 이유로 설명할 수 있다.

먼저, 우리나라와 미국의 일반적인 금리 수준과 함께 두 나라의 주택담보대출 금리를 비교해보는 것이 좋겠다.

2015년 6월 12일, 한국은행은 기준금리를 사상 최저 수준인 1.5%로 낮추었다. 그로 인해 은행에서 대출받는 주택담보대출금리 역시 3% 이하인 2.5~2.9% 수준으로 떨어졌다. 그런데 기준금리가 이미 0%라는 미국의 주택담보대출금리는 4%가 넘는다. 좀 이상하지 않은가?

미국의 주택담보대출은 기본적으로 고정금리 대출로, 30년짜리 장기 고정금리 상품이 표준이다. 현재 미국의 주택대출 가운데 고정금리 대출은 무려 86%로 알려져 있다. 따라서 은행들은 지금은 물론 앞으로 30년 동안의 금리변동 가능성을 기준으로 대출금리를 결정한다. 즉, 금리변동에 따른 위험부담은 고스란히 은행에게 있다.

반면 한국의 주택담보대출은 변동금리 대출이 70%로, 미국과는 정반대의 구조다. 앞으로의 금리 변동에 따른 위험부담을 대출자들이 고스란히 떠안고 있는 것이다. 글로벌 금융위기의 진앙지였던 미국의 서브프라임 사태는 그 당시 과도한 변동금리 대출이 터진 결과였으며, 그 이후 미국은 변동금리 대출을 거의 반강제적으로 축소했다. 그런데 그런 미국의 서브프라임 사태의 그림자가 천천히 한국에 드리워지고 있다. 이 글을 쓰는 현재, 이미 예고된 미국의 금리 인상에 대응하기 위해 한국의 주택담보대출금리는 이미 3%대로 올랐다. 이후 미국의 금리 인상이 본격화되기 시작하면 그로 인한 결과는 예측하기 힘들다.

둘째는 인구절벽이다.

인구절벽이란 낮은 출산율과 고령화가 겹치면서 15세에서 64세까지의 생산 가능 인구 숫자가 감소하기 시작하는 것을 말한다. 한국의 생산 가능 인구는 당장 2016년부터 감소한다고 알려져 있다.

특히 한국의 경우 부동산 자산 비중이 전체 자산의 80%에 육박하는 베이비붐 세대의 은퇴 시기와 맞물리면서 특히 주택시장에 미칠 충격파가 적지 않으리라 예상된다.

셋째는 절대적으로 비싼 주택가격이다.

부동산 전문업체인 부동산114는 2015년 6월 기준, 전국의 아파트 평균 분양가가 평당 938만 원이라고 발표했다. 이런저런 비용을 합했을 때, 20평은 약 2억 원이며 30평은 3억 원이다. 1년 전 782만 원에서 20% 가까이 인상된 결과다. 그러나 같은 기간 서울지역 아파트의 경우엔 평당 2,341만 원으로 2014년 6월의 1,538만 원에 비하면 무려 50% 이상 폭등했는데, 이 가격으로 아파트를 구입할 때 필요한 돈은 20평이 4억 6,000만 원이다. 여기에 이것저것 다른 비용을 합치면 5억 원이 필요하고, 30평은 무려 7억 원이 넘는다. 게다가 전월세 대란에 지쳐 울며 겨자 먹기로 떠밀려 집을 구입하다 보니 집값의 60%를 대출로 충당한다. 사실 이렇게 절대적으로 비싼 주택을 아무런 대출 없이 구입할 만한 수요자층은 많지 않다. 따라서 신규분양 물량을 제외하고 나면 현재의 가격으로 앞으로의 주택 거래를 기대하기란 쉽지 않다. 따라서 그렇게 구입한 주택을 막상 팔아야 하는 경우에 상당한 손해를 감수해야 할 수도 있다.

대출이든 부동산이든 이런 종류의 의사결정을 할 때 필요한 것은 미래에 대한 예측이다. 그렇다고 해서 매번 족집게 같은 판단력을 요구할 순 없겠지만 한 가지 참고하면 좋을 것은 시장 참여자와 정책 관여자, 즉 건설회사·은행·정부·주택 구입자가 전월세 대란 란과 관련된 주택거래시장에서 각자 어떤 태도를 취하고 있는지를 살펴보는 것이다. 그들의 태도가 자연스럽지 않다면 뭔가 문제가 있다는 얘기다.

건설회사는 물 들어올 때 배 띄우자는 심정으로 그때까지의 미분양 물건을 팔아치운 것은 물론 아파트의 신규분양가를 대폭 인상하여 배를 불렸다. 아무리 기업 이익을 우선한다지만, 이 정도 바가지라면 치고 빠지자는 속셈이 다분히 의심스러운 대목이다. 은행은 대부분 대출을 변동금리로 계약했기 때문에 금리 인상에 따른 위험이 없다. 또한 만약의 경우 주택가격 하락으로 담보 문제가 생기더라도 채무자의 다른 소득이나 재산까지 압류할 수 있기 때문에 돈을 떼일 걱정은 훨씬 덜하다. 정부는 전월세 대란으로 인한 민심 이반을 저금리 대출을 활용하여 비켜갈 수 있어 이대로 몇 년만 버틴다면 임기가 끝나고 직접적인 책임에서 벗어날 수 있다. 이른바 폭탄 돌리기다. 마지막으로 남는 사람은 주택 구입자다. 그런데 주택 구입 금액의 절반 이상을 대출로 충당했다면?

그래도 헷갈린다면 마지막에는 감이다. 투자는 심리다. 즉, 부동산에 대한 대중의 집단적인 믿음이 어느 방향으로 쏠려 있는지에 대해 감을 잡으면 된다. 어떤가? 주위에서 부동산 상승 쪽으로 생각하는 사람이 많은가, 하락 쪽으로 생각하는 사람이 많은가?

그래도 주택을 구입해야 할 형편이라면 다음 내용을 참고하자.

08

주택을 구입할 때 따져봐야 할 두 가지

난이도 ⑤ 🔴 ⑦
수면도움 😊 😐 😫

경제가 고성장하고 물가가 꾸준히 오르는 인플레이션 시대에는 주택과 같은 실물자산 역시 꾸준히 오른다. 반면 저성장이 지속되고, 물가상승 속도가 예전 같지 않거나 물가가 거꾸로 하락하는 디플레이션 시대에 부동산은 투자자산으로서의 메리트가 떨어진다. 따라서 부동산을 구입하려고 할 때는 철저하게 주거용인지 투자용인지 구분해야 한다. 과거와 같은 한국경제의 고성장 시대는 이미 끝났고 수도권과 지방도시의 부동산 가격 상승 패턴이 극명하게 갈리고 있는 현실에서 앞으로는 더욱 철저하게 지역별·국지적으로 움직일 것이기 때문이다.

먼저 주거 용도로서 부동산을 한번 생각해보자.

주거용 부동산이면 굳이 집을 살 필요가 있을까? 그냥 전세로 살면 되지 않을까? 왜냐하면 부동산은 소유하는 데 따른 비용이 발생되기 때문이다. 실제로 주위에는 전세를 살면서 매번 새로운 아파트로, 살고 싶은 새로운 지역으로 옮겨 다니는 사람들이 있다. 물론 이사할 때는 좀 귀찮지만 새로운 환경과 최신 시설의 주거공간에 거주하는 것에 상당히 만족해한다.

하지만 매번 옮겨 다니는 것이 쉽지만은 않다. 실제로 정착이 필요할 때가 있는데, 대체로 자녀들이 학교에 다니기 시작하는 시기다. 애들 학교 문제가 걸려 있으면 여기저기 옮겨 다니기엔 생각해보아야 할 것들이 많아진다. 좋은 학군일수록 전셋값이 비싼 이유가 여기에 있다. 따라서 주거용으로 집을 구입하려면, 결혼 후 7~8년, 즉 자녀들이 초등학교에 들어가는 시점 정도가 아닐까 생각된다. 반대로 결혼 초기에는 대부분 맞벌이를 하기 때문에 부부가 같이 집에 머물 시간도 많지 않아 평수가 작더라도 회사 접근성이 좋고 교통이 편한 곳을 선택하여 전세나 월세로 거주하는 것이 좋다.

또한 입사 이후 3년 이내에는 상당수가 이직을 많이 한다. 따라서 이직 가능성이 높고 이로 인해 주거 이전의 필요성도 생기기 때문에 섣불리 집을 구입하면 자칫 위험에 빠질 수도 있다. 따라서 직장생활이 어느 정도 안정되고, 만약 결혼을 했다면 자녀가 초등학교 들어가는 시점 정도에 실 거주를 위한 집을 구입하는 것이 좋다. 왜냐하면 자녀들이 학교를 졸업하려면 상당한 시간이 필요한데 그때까지 집값이 오르고 내린들 큰 의미가 없기 때문이다. 집값이 올랐다고 그 집을 팔고 다른 곳으로 이사 가는 일도 현실적으로는 그리 쉽지 않고 반대로 집값이 떨어졌다고 해서 당장 팔아야 할 이유도 없으니 상관이 없다. 어차피 쭉 살아야 하기 때문이다.

결론적으로 실제 주거 목적의 수요자라면 가격 등락을 고민하지 말고 집을 구입하는 시점과 주거환경에 더 신경을 쓰라는 것이다. 다시 말해 내가 회사를 계속 다닐 건지, 자녀들 학교 때문에 여기서 쭉 지내야 할지, 다른 곳으로 이동할 가능성은 없는지, 이런 것들이 실수요 조건에 해당한다. 이런 조건들이 많지 않은데도 집을 구입하는 것에 대한 고민이 깊어진다면, 그것은 아마 주변의 영향(남의 집 이야기, 전세금 상승 등)으로 마음이 조급해진 탓이라 볼 수 있다.

다음으로는 투자용으로서의 부동산을 고민해보자.

'매매 2억, 전세 1억 8천.'

요즘은 전세금이 많이 올라 매매가의 90%에 육박하는 집들도 많다. 이에 관한 뉴스들이 나오면 이런 생각이 든다.

'조금만 더 주면 집을 살 수 있는데 왜 저렇게 전세가가 높을까?'

하지만 이것은 주택을 소유하고 싶어 하는 사람보다 전세를 원하는 사람들, 즉 전세 실수요 쪽에 중심이 쏠려 있기 때문에 발생하는 현상이다. 예컨대, 집값이 상승하지 않는다면 집을 보유할 필요가 없다는 심리가 숨어 있다. 집은 보유에 따른 보유세가 많이 발생하기 때문이다. 구체적으로는 집을 구입할 때 내야 하는 취등록세(1.1~4.4%), 보유 기간 중에 부담하는 재산세(0.5%~), 국민건

127
어떻게 불릴까? 1

강보험료의 증가(급여소득자 제외)를 생각할 수 있고, 집을 팔 경우엔 양도소득세, 그리고 거래할 때마다 발생하는 중개수수료 등도 있다.

따라서 만약 집값이 상승하지 않는다면 이론적으로 전세가격이 매매가격보다 비싼 것이 정상이다. 그러니 만약 집을 투자목적으로 구입하려 한다면, 적어도 이러한 비용을 상쇄하고도 남을 만큼의 수익이 발생해야 한다. 그렇다면 과연 어느 정도의 수익을 기대해야 할까?

우리가 투자할 때는 최소한 은행금리의 2~3배 수익을 기대한다. 가령 기준금리를 2%로 생각할 때, 6% 정도는 되어야 의미가 있는 셈이다. 그러나 연 6%는 세금 등 이에 대한 비용을 공제하고 난 후의 최종 수익률이다. 따라서 앞서 언급한 비용을 고려할 때 실질적으로는 연 8% 정도의 수익이 나야만 투자로서의 가치가 있다. 그런데 연 8%의 수익, 즉 지금의 주택가격이 해마다 8%씩 오르면 9년 후엔 현재 가격의 두 배가 되어야 한다.

자, 그렇다면 한번 생각해보자. 지금 내가 구입하려는 집의 가격이 9년 후 두 배가 될 수 있을까? 이에 대한 확신이 없다면 투자용으로는 가치가 떨어지는 물건이라고 할 수 있다.

또한 부동산은 가격이 상승하지 않으면 보유에 따른 비용 때문에 무조건 손해라는 사실도 반드시 기억하자. 가격이 오르지 않은 것 자체가 손실이란 얘기다. 따라서 부동산을 투자용으로 구입하려 한다면 철저하게 수익률 관점에서 접근해야 한다. 이를테면 해마다 부동산 가격 상승률이 평균 8%(은행 예·적금 금리×2~3배 +2%) 정도가 가능하면 투자 대상으로 의미가 있고, 그 이하라면 의미가 없다.

한편, 오피스텔·상가·원룸과 같은 수익형 부동산에 대해 관심을 가지는 사람들도 많다. 이런 사람들에게 다음과 같은 광고가 자주 눈에 띄는 것은 당연한 현상이다.

'연 10% 수익률, 3년간 보장.'

'1억 투자로 월 100만 원 수입.'

광고만 보면 대박인 상품이다. 그러면서 한편으로는 이런 생각도 든다.

'아니 저렇게 좋으면 자기들끼리 투자하지……'

'저렇게 좋은데 왜 여기저기 광고하고 있을까?'

손님들이 줄서서 기다리는 식당이 홍보 현수막을 내거는 경우는 없다. 그렇다면 무엇인가 꼼수가 있을 것이다. 정답은 세후 수익률에 있다.

"회사 동료는 한 달에 오피스텔 월세가 60만 원 정도 나와요."

"제 친구는 조그마한 상가에서 월세로 100만 원을 받는대요."

"안정적이고 꾸준하게 월세 받을 수 있는 부동산은 없나요?"

이런 이야기를 하는 사람이 많은데, 이들이 놓치는 게 한 가지 있다.

'월세로 얼마를 받는다'는 이야기만 귀에 들어올 뿐, 실제 투자된 돈이 얼마였는지에는 관심이 없다는 것이다. 만약 2억 원을 투자했는데 월 60만 원이 나온다면 연 3.6% 수익률에 해당된다. 좋을까? 앞에서 배웠던 연 8% 수익률을 참고하면 '아니'라는 답이 나온다. 그렇다면 2억 원을 투자했는데 월 100만 원이 나온다. 약 6%. 은행금리 기준으로 2~3배 이상 되니 괜찮은 것 같은데?

우리가 수익률을 계산할 때는 원금을 기준으로 평가한다. 즉, 투자는 투자가 끝나는 시점(부동산의 경우 팔 때)에서 그때까지의 총 투자금 대비 얼마 정도의 수익이 났느냐로 판단한다.

그동안 월세는 꼬박꼬박 나왔지만 원하는 시점에 원금 회수가 안 된다면? 오히려 원금보다 더 싸게 팔아야 한다면? 그때까지의 월세 수익률은 아무런 의미가 없어진다. 실제로 수익형 부동산을 보유하고 있는 사람들의 고민이 바로 여기에 있다. 오피스텔이나 원룸, 상가 같은 수익형 부동산은 일반 아파트에 비해 내구연수가 떨어진다. 다시 말해, 노후화가 빠르게 진행되기 때문에 시간이 지날수록 건물 자체의 매력이 줄어든다.

예를 들어 만약 당신이 지금 투자할 오피스텔을 찾는다면, 새로 분양하는 것을 구입하려 할까, 아니면 오래된 기존 물건을 구입할까? 당연히 새 것에 관심이 갈 것이다. 그렇다면 노후화된 기존 오피스텔은 가격적인 매력이 많이 떨어져 더 싼 값에 매물로 나오지 않을까? 시중에는 이미 신규로 공급되는 물건들이 많다. 주변 시세보다 저렴하게 급매로 나온 물건도 많다. 결과적으로 기존 물건들은 거래가 잘 안 된다는 것이다. 설사 팔리더라도 제값 받기가 쉽지 않다.

그렇다면 내가 원하는 시점에 처분할 수 없다면 어떻게 될까?

원금이 회수되어야 투자로서의 의미가 있는데 원금 회수가 불안하다는 것은, 한마디로 '물린' 셈이다. 결국 내 돈 넣어두고 내가 빼먹는 꼴이 되고 만다. 예를 들어, 1억 원짜리 상가를 사서 월세 30만 원을 받는 것이나, 1억 원을 은행에 넣어두고 매달 30만 원씩 빼 쓰는 것이나 같다.

따라서 투자용으로 부동산을 구입할 때는 수익률은 물론 회수 가능성까지 함께 생각해야 한다.

부자들이 수익형 부동산으로 돈을 버는 것은 오피스텔과 같은 작은 물건들을 거래해서가 아니라 중소형 빌딩들을 거래해서다. 중소형 빌딩들은 건물 가치뿐만 아니라 토지 및 주변 상권에 따라 가치가 크게 좌우된다. 게다가 건물이 노후화되면 리모델링을 통해 건물 가치를 더욱 끌어올린다.

물건이 작을수록 거래를 통한 투자 대상으로서의 매력이 적다. 왜냐하면 새로운 수익형 부동산이 우후죽순 생겨나고 노후화 역시 빨리 진행되는데, 분양받은 오피스텔이 노후화되었다고 해서 자기가 소유한 것만 따로 리모델링할 수가 없기 때문이다.

많은 부동산 전문가들이 이렇게 말한다.

"저금리 시대의 대안은 안정적인 현금흐름이 있는 수익형 부동산이다."

맞는 말이다. 하지만 거래가 힘들어 소중한 내 자산이 물리는 일은 없어야 한다. 기대수익률이 크지 않다면, 차라리 정부와 공기업이 보장하는 채권(국공채)을 사서 장기적으로 묻어두면서 다달이 연 3~4%의 고정된 이자를 받는 것이 더 유리할 수 있다. 채권은 월세가 펑크 나는 일 없이 약속된 이자는 꼬박꼬박 챙겨주고, 필요할 때 현금화도 쉬울 뿐만 아니라 노후화되는 일도 없이 만기가 되면 최소한 원금은 돌려주기 때문이다.

아무것이나 깔고 앉아 있으면 오르는 시기는 끝났다.

부동산에 접근할 때는 주거용인지 투자용인지, 이 두 가지 관점으로 나누어서 생각하자. 큰돈은 못 벌지 몰라도 당신의 자산을 갉아먹으면서 속앓이하는 일은 없어야 하지 않겠는가.

09

우리 집 변액보험,
어떻게 할까?

난이도 ㊤ ㊥ ㊦
수면도움 😴 😐 😖

　언제부턴가 저금리가 일상화되면서 펀드를 통한 간접투자는 물론 복리와 비과세까지 일석삼조의 보험상품으로 각광을 받기 시작한 변액보험. 특히 100세 시대 은퇴 준비를 위한 필수 상품으로 인식되면서 웬만한 직장인들이라면 하나씩 가입하고 있다. 그런데 문제는 가입 후 몇 년이 지났어도 기대했던 수익은커녕 아직까지 원금조차 되지 않은 경우가 많다. 그렇다고 중도에 그만두자니 손해가 이만저만이 아니고 계속 유지하자니 불안하기만 하다. 이렇게 된 원인을 놓고 많은 사람들은 변액보험에서 떼어가는 보험회사의 사업비, 즉 판매수수료가 높기 때문이라고 말한다. 그러나 변액보험이 가진 최대 리스크는 사업비도 수익률도 아닌 투자 기간, 즉 비과세가 적용되는 가입 후 10년 이상, 실제로는 15년이나 20년 이상을 투자해야 제대로 된 효과를 기대할 수 있는 초장기 투자 상품이란 점이다. 사실 그 기간 동안 꾸준히 납입한다는 것이 생각만큼 쉽지 않다. 이런저런 이유로 직장을 잃을 수도 있고 생활비가 늘어나면서 소득보다 지출이 더 많을 수도 있다. 그 밖에도 예상치 못한 많은 변화들이 우리의 삶을 위협하는 현실에서 수많은 장애물이 생길 수밖에 없다.

물론 장기 투자는 수익률 측면에서는 당연히 유리하다. 기간이 길어질수록 투자위험이 줄어들고 이자에 이자가 붙는 복리효과도 얻을 수 있으며 비과세 혜택까지 주어지니 매력적일 수밖에 없다. 그러나 문제는 그 기간 동안 유지할 수 있느냐에 달렸다. 따라서 유지 가능성을 높이기 위해서는 두 가지 조건, 즉 '의지'와 '납입 유연성'이 뒷받침되어야 한다.

첫째, 초장기 상품을 유지하는 데 필요한 '의지'는 결코 스스로 갖추기 힘들다. 예를 들어보자. 어린 자녀를 둔 부모라면 누구나 한 번쯤은 명절 때 아이들이 친척들한테 받은 용돈을 나중에 대학 등록금이나 독립자금으로 사용해야겠다는 생각으로 아이들 이름으로 된 통장을 만들어 적립해본 경험이 있을 것이다. 그러나 실제로 아이들이 성인이 될 때까지 지속하는 부모는 별로 없다. 그만큼 장기 적립 또는 투자를 계속 유지하기란 쉽지 않다. 분명 필요하지만 때로는 마음과 다른 선택을 자주 강요받는 것이 인생이다.

그래서 초장기 상품에는 어느 정도 '강제적인 장치'가 마련된다. 국민연금을 생각해보자. 이번 달에 적자가 나더라도 꼭꼭 떼어간다. 내지 않으면 압류까지 들어온다. 또한 정해진 연령과 조건을 갖추기까지는 사업이 망하고 직장에서 쫓겨나 당장의 수입이 없더라도 찾아 쓸 수도 없다. 어린이들의 저축을 위해 많이 사용되는 돼지저금통 역시 일종의 강제성 효과가 있다. 별것 아닌 동전이라도 돼지저금통에 넣어두면 쉽게 꺼내 쓰지 못한다.

이른바 선취수수료라고 불리는 변액보험의 독특한 사업비 차감 방식 역시 역설적이지만 초장기 상품을 오랫동안 유지할 수 있게 하는 일종의 강제 장치였다. 사업비가 많이 공제되는 기간 내에 중도해약하는 경우 원금보다 적은 해약환급금을 돌려받는 경우가 많아 쉽게 해약하지 못하게 만든 것이다.

그러나 그 같은 강제성은 적당해야 한다. 너무 심하면 수익률에 문제가 생기고, 반대로 너무 느슨하면 장기 유지가 어렵기 때문이다. 예를 들어 변액보험은 일반적으로 의무납보험료라고 부르는 기본납입보험료와 그 기본납입보험료의 최고 2배까지 추가로 낼 수 있는 추가납입보험료로 구성되어 있는데, 이때 기본납입보험료는 정해진 기간 동안 반드시 납입해야 하는 반면 추가납입보험료는 추가로 납입할 여윳돈이 있을 때 납입하는 방식이다. 또한 기본납입보험료는 보험회사의 사업비가 공제된 후 펀드에 투자되지만 추가납입보험료는 공제되는 사업비가 꽤 적거나 아예 없는 회사도 많다. 다시 말해, 기본납입보험료는 강제성을 위한 것이고 추가납입보험료는 유연성을 위한 것으로 이해할 수 있다. 따라서 기본납입보험료와 추가납입보험료를 적절히 혼용하여 가입하는 것이 좋다.

조금 더 자세히 알아보자.

다음 표를 보면 기본납입보험료로만 가입하는 경우와 보험회사의 사업비가 전혀 없는 추가납입제도를 활용한 변액보험과의 차이를 쉽게 알 수 있다.

■ 추가납입한도를 활용하여 가입

구분	월 보험료	보험료 구성	보험회사 사업비
기본납입보험료로만 가입	30만 원	기본납입보험료 30만 원	매달 45,000원
추가납입한도를 활용하여 가입	30만 원	기본납입보험료 15만 원 + 추가납입보험료 15만 원	매달 22,500원

(보험회사 사업비 15% 가정)

위 표에서처럼 총 보험료 30만 원을 전액 기본납입보험료로만 가입하는 경우의 사업비는 4만 5,000원이지만 총 보험료 30만 원을 기본납입보험료 15만 원과 추가납입보험료 15만 원으로 나누어 가입하는 경우의 사업비는 2만 2,500원에 불과하다. 납입하는 보험료는 30만 원으로 동일한데 보험회사에서 떼어가는 사업비는 2분의 1로 줄어드는 셈이다. 수익률 또한 당연히 높아질 수밖에 없다. 따라서 변액보험 가입을 고려한다면 추가납입제도를 처음부터 적절하게 활용하는 편이 유리하다.

반면 과거에는 변액보험 상품들이 이 같은 추가납입보험료에 대해 지금보다 많은 사업비를 공제했기 때문에 추가 납입의 장점이

별로 없었고, 추가 납입하는 방법도 매우 복잡했다. 보험회사들이 수수료가 높은 기본납입보험료 위주로 가입할 수밖에 없도록 유도한 셈이다.

그런 변액보험에 가입한 사람들에게는 추가납입제도를 활용한 변액보험 리모델링을 추천하고 싶다. 구체적인 보험상품과 가입 시점에 따라 다르지만 과거에 가입한 경우에도 달라진 추가납입제도를 소급하여 적용할 수 있기 때문이다. 그러나 현재 불입하고 있는 기본납입보험료 중심의 보험료에 추가납입보험료를 추가할 여력이 있는 사람은 많지 않기 때문에 차라리 부분감액제도를 고려해볼 만하다. 부분 감액이란, 여태까지 납입해왔던 기본납입보험료를 줄인다는 뜻이다. 아쉬운 것은 줄이는 금액만큼 사실상 해약으로 처리되어 손해 볼 수는 있다. 그래도 줄어든 보험료만큼 수수료가 전혀 없는 추가납입보험료로 바꾸어 납입하면 장기적으로는 오히려 유리해질 수 있기 때문에 좀 더 구체적인 시뮬레이션이 필요하다. 실례로 다음 표를 보자.

■ 이미 가입한 변액보험을 부분감액 후 리모델링하는 경우

구분	월 보험료	보험료 구성	보험회사 사업비
기본납입보험료로 가입된 기존 상품	30만 원	기본납입보험료 30만 원	매달 45,000원
납입보험료를 15만 원으로 감액 후 나머지 15만 원을 추가납입보험료로 활용	30만 원	기본납입보험료 15만 원 + 추가납입보험료 15만 원	매달 22,500원

(보험회사 사업비 15% 가정)

앞의 표를 보면 기존보다는 보험료 부담이 절반으로 줄어든다. 또한 사업비가 절반으로 줄어들었기 때문에 이후부터의 수익률 역시 높아지게 마련이다.

여기서 특히 주의할 점은 15만 원으로 감액한 이후에도 나머지 15만 원을 추가납입보험료로 활용하여 총 30만 원을 계속 투자해 나갈 때 위 표에서와 같은 리모델링이 의미가 있다는 것이다. 단지 감액으로만 그치고 추가 납입을 하지 않는다면 보험료만 줄어들었을 뿐 내용은 동일하기 때문이다. 또한 감액 후 돌려받는 부분해약 환급금 역시 생활비 등 다른 곳에 쓰지 말고 변액보험 최초 가입 이후 리모델링하기 전까지 활용하지 않았던 추가납입보험료로 재투입하면 수익률을 더욱 높일 수 있다.

그러나 이 같은 변액보험 리모델링은 가입 후 유지 기간과 보험 회사, 그리고 해당 상품이 다르기 때문에 실익을 구체적으로 잘 따져보아야 한다.

변액보험의 장기 리스크를 낮추는 두 번째 조건, 즉 '납입 유연성'을 높이는 방법 역시 추가납입보험료의 활용과 밀접하게 관련된다.

물론 변액보험은 가입 이후 형편이 여의치 못할 때 일정 기간 동안 납입을 중지할 수 있고, 갑자기 목돈이 필요할 때에도 그때까지의 적립금에서 일부 금액을 중도 인출할 수도 있다. 그러나 그런 경우에도 일정한 조건, 예컨대 납입을 중지하려면 대체로 최초 가입 후 3년이 지나야 하며 납입 중지 가능 기간도 3년에 그치는 등의 조건이 있다. 또한 중도 인출을 할 수는 있지만 그렇게 인출한 금액을 다시 납입한다는 것은 그리 쉬운 일은 아니다. 특히 장기 투자 상품에서 수익률을 높이는 효과적인 방법 가운데 하나는 어떤 상황에서도 꾸준하게 투자해야 하는 것임을 생각하면 납입 중지나 중도 인출은 바람직하지 않다. 이럴 때 적당하게 설정된 추가 납입보험료가 상당한 역할을 할 수 있다.

136쪽의 표에서 월 30만 원의 변액보험에 가입하면서 구체적인 설계를 기본납입보험료 15만 원과 추가납입보험료 15만 원으로 구성했다면 가입 이후 형편이 안 좋아졌을 땐 언제든 먼저 추가납입보험료를 중단하면 된다. 즉, 기본납입보험료 15만 원만 불입하는 것이다. 그런데 기본납입보험료 15만 원조차 불입하기 어려울 땐 그때까지 불입한 추가납입보험료를 인출하여 급한 불을 끄거나, 아니면 그 돈으로 기본납입보험료 15만 원을 불입하는 데 사용할 수도 있다. 만약 추가납입보험료에 보험회사의 사업비가 전혀 없는 상품이었다면 그 어떤 경우에도 불이익을 받을 이유는 없다.

어쨌든 변액보험은 추가납입보험료만 잘 활용한다면 은퇴나 자녀 독립자금 등 장기 목돈을 만들기 위한 수단으로 꽤 괜찮은 상품이다. 보험회사 사업비(판매수수료)도 일반 펀드와는 달리 적립금 전체에서 공제되는 것이 아니고 납입보험료에서만 공제되기 때문에 유지 기간이 길어질수록 판매수수료가 일반 펀드보다 적어지는 효과도 있다. 특히 변액보험을 통해 해외펀드에 투자할 때 이익금에 대한 세금이 원천적으로 비과세되며 투자환경의 변화에 따라 언제든 전화 한 통화로 펀드를 바꿀 수 있는 것도 큰 장점이다. 또한 기간이 길어질수록 복리와 비과세 등 장기 투자의 혜택도 점점 커진다. 그러나 딱 한 가지, 거듭 강조하지만 잘 유지하는 것이 관건이며 그 열쇠는 추가납입보험료에 있다는 것도 반드시 기억해야 한다.

변액보험 펀드 관리 면에서도 변액보험 가입자들이 답답해하기는 마찬가지다.

주식이나 일반 펀드와는 달리 초장기 상품인 변액보험은 기본적으로 타이밍을 길게 가져가는 것이 원칙이다. 10년, 20년, 30년을 투자하는 상품인데 이리저리 왔다 갔다 해서는 조바심 때문에라도 오래가기 힘들다. 일반적으로 많이 사용하는 변액보험 펀드 관리법 몇 가지를 소개하면 다음과 같다.

첫째, 주식형 펀드와 채권형 펀드에 각각 5:5의 비율로 분산한 후 펀드 자동 배분 기능을 통해 그 비율이 달라질 때마다 자동으로 조정되게 하는 방법이다. 예를 들어 펀드 자동 배분 비율을 5:5로 설정해놓았는데, 주식형 펀드의 수익이 좋아 그 비율이 6:4가 되었다면 자동으로 주식형 펀드 일부를 채권형 펀드로 옮겨 5:5로 맞춘다. 이러면 수익이 난 부분을 안전하게 돌려놓는 효과가 있다. 그 반대의 경우도 마찬가지다. 주로 보수적인 투자자의 경우에 적합하다.

둘째, 국내주식형 또는 해외펀드를 선택한 다음 그냥 내버려두는 방법이다. 이럴 때 국내주식형 펀드는 '인덱스주식형'이 성격에 맞다. 왜냐하면 인덱스주식형은 코스피지수를 따라가는 펀드로 코스피 시장 전체에 투자하기 때문이다. 반면 해외펀드를 선택한다면 '글로벌자산배분형' 펀드를 추천한다. 이름 그대로, 세계 각지에 투자하는 펀드로서 글로벌 시장 전체에 분산하여 투자한다. 만약 한 가지 펀드만 선택한다면 글로벌자산배분형 펀드를 추천한다. 펀드 자체적으로 투자 대상에 대한 비중 조절(자산별배분,지역별배분 등)을 알아서 잘 하기 때문에 장기간 묵혀둘 수만 있다면 이거 하나로도 충분하다.

셋째, 이거나 저거나 나는 모르겠으니 내가 가입한 변액보험이 도대체 어떤 펀드에 투자되고 있는지 관심 끊고 지내는 방법이다. 열심히 땀 흘려 번 돈을 어디에 두었는지 몰라도 상관없는 사람에게 적합하다. 이 경우 딴 곳으로 돈이 새지 않아, 장기간 유지에 따른 목돈 형성만으로도 의미가 있다. 그러나 채권형 펀드에만 넣어두는 것은 절대 피해야 한다. 변액보험과 같은 초장기 투자 상품을 채권형으로 운용한다는 것은 정말 어이없는 선택이다. 자칫 수수료도 건지지 못할 수 있다. 그럴 거면 차라리 은행 예·적금을 이용하는 것이 낫다. 단기 투자는 안정성을 중요하게 생각해야 하지만 장기 투자는 수익성을 우선으로 해야 한다는 점은 앞에서 충분히 설명했다.

제 3 장

₩어떻게 불릴까? 2

[금융회사 활용하기]

금융회사의 추천상품을 조심하자

"저는 잘 몰랐지요. 그 사람들이 좋은 거라 해서 가입했거든요."

상담을 하다 보면 수익률이 크게 망가진 펀드나 보장 내용이 부실한데도 보험료만 비싼 보험, 이자가 많은 것 같아 가입했는데 알고 보니 그게 그거였던 은행적금 등 자신이 가입했던 상품에 대한 불만을 호소하는 경우가 많다. 그런 사람들에게 "그런데, 이건 어떻게 가입했나요?"라고 물으면 십중팔구 이런 대답이 나온다.

증권회사의 경우 거의 매달, 매주, 매일 좋은 펀드라며 추천하는 상품들이 있다. 상품 주기가 상대적으로 긴 보험회사 역시 새로 출시된 상품 위주로 정말 좋은 상품이라면서 자신들이 가입시켰던 기존 상품마저 해약하고 새로운 상품으로 갈아탈 것을 권유하기도 한다. 그러면서 다른 보험회사 상품에 가입한 고객들에겐 말할 나위도 없이 기존에 가입한 상품을 은근히 깎아내리면서 자기 회사

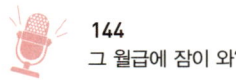

의 추천상품으로 갈아탈 것을 강권하다시피 한다.

물론 최종 선택은 고객들의 몫이다. 사실 고객들은 잘 모른다. 인터넷을 통해 나름대로 비교해보기도 하지만 비교 기준이 워낙 많고 복잡하다 보니 제대로 된 결론을 내리기가 쉽지 않다. 그래서 주변에 아는 사람을 소개받거나 인터넷 검색을 통해 나름대로 괜찮아 보이는 회사와 전문가에게 상담을 받아본다. 하지만 그 사람들도 객관적인 정보만 제공한다는 보장이 없다 보니 그 일조차 썩 내키는 것은 아니다.

결론부터 말하면, 당신이 찾는 객관적인 금융회사는 물론 객관적인 전문가도 없다.

그 이유는 지극히 현실적이고 이해 가능하다. 심지어 타당하기까지 하다. 왜냐하면 대부분의 금융업계 종사자들의 소득이 상품 판매를 통한 수당이 가장 많은 비중을 차지하고 있기 때문이다. 은행이나 증권회사, 보험회사에서 정규직원으로 근무하면서 고정급 월급을 받는 사람들도 예외는 아니다. 그들 역시 내부적으로는 끊임없는 실적 압박에 시달리고 있다. 말하자면, 판매에서 자유로운 전문가는 없다.

현실이 이러므로 금융회사들이 추천하는 상품들이 고객들에게 꼭 좋은 상품이 아닐 수 있다는 얘기다. 다시 말해, 고객의 이익이 아니라 그것을 파는 금융회사에게 더 많은 이익을 주는 상품일 수도 있다. 실제로 그 같은 추천상품들 가운데 문제가 된 상품들도 많다. 증권회사에서 팔았던 ELS(Equity Linked Security, 주가연계파생

결합증권) 때문에 소송이 벌어지기도 하고, '연금 타는 종신보험'이라며 대대적으로 홍보하여 팔았던 보험상품들이 모두 리콜 명령을 받기도 했다. 은행의 묻지 마 펀드 판매 역시 큰 홍역을 치른 것은 이미 잘 알려져 있는 사실이다. 최근에 어떤 보험회사가 정말 좋은 상품이라며 대대적으로 홍보하는 변액연금보험 상품은 터무니없어 보이는 최저보증이율 등 실현 가능성 면에서 의심되는 점들이 많았는데, "이렇게 위험해 보이는 상품을 만든 이유가 무엇인가?" 하고 물어보니 대부분의 고객들이 끝까지 유지하지 않고 도중에 해약하기 때문에 괜찮다는 어이없는 답변을 들었다. 그 회사는 그 상품을 판매하는 영업인들에게 해외여행권 등 탄성이 절로 나오는 판매촉진제도를 시행했다.

금융상품, 특히 대부분 10년, 20년 이상의 장기·초장기 상품인 보험상품을 판매하는 사람들은 미래에 대한 객관적인 전망을 가지고 해당 상품을 분석하고 판단하여 고객에게 추천해야 한다. 극단적으로 그 회사가 당장의 현금 확보, 즉 유동성을 높일 목적으로 회사에 부담되는 상품을 많이 판매하여 몇십 년 뒤 망하기라도 하면? 따라서 뭐든 너무 지나치다 생각되면 덥석 물기보다 먼저 그럴 만한 이유를 생각해보고 조금 거리를 두는 것이 좋다.

증권회사나 은행에서 추천하는 펀드도 마찬가지다. 실제로 추천펀드라고 해서 가입했는데, 그때부터 내리막인 경우도 많다. 그 같은 펀드를 추천하는 속내를 들여다보면 대체로 다음 두 가지 이유 때문이다.

첫째는 그 증권회사가 펀드를 만드는 자산운용회사와 계약할 때 다른 펀드에 비해 판매수당을 많이 받기로 한 펀드인 경우다. 자산운용회사는 펀드를 만들고 증권회사는 그 펀드를 대신 파는 일을 한다. 특히 같은 계열사의 자산운용회사가 만든 펀드는 당연히 추천펀드에 올라 있다.

둘째는 펀드 판매수당과는 상관없이, 또는 판매수당이 적더라도 해당 펀드가 이미 좋은 수익률을 기록하고 있고 언론에서도 좋은 펀드로 소개되고 있는 경우다. 한마디로 좋은 펀드, 이미 소문난 펀드를 추천하지 않을 이유가 없다. 그런데 그때 가입하면 오히려 떨어진다. 사람들의 가입이 급증하면서 기존 가입자들이 이익을 실현하느라 팔아치우기 때문이다.

예를 들어 2014년 하반기부터 2015년 상반기까지 중국 증시가 1년 동안 100% 가까이 올랐다. 그런데 중국 증시의 이 같은 상승을 사전에 미리 예측한 곳은 거의 없었다. 하물며 추천펀드에조차 중국 펀드가 담겨 있지 않았다. 오히려 수익률이 나쁜 리스트 상단에 노출되는 경우도 많았다. 하지만 2015년부터는 상황이 크게 바뀌었다. 금융회사들은 직전년도 수익률을 앞세우기 시작하면서 추천펀드에 중국 펀드를 1순위로 올려놓았다. 지금은 중국이 저평가되어 있지만 장기성장성을 고려하여 지금부터 투자해야 한다는 논리가 아니다. 최근 중국 펀드의 수익률이 좋으니 앞으로도 좋을 것 같다는 논리가 대부분이다. 그래서 가입한 사람들이 또 고점에 몰려 있다.

좋은 펀드는 펀드 운용 철학과 콘셉트가 명확하여 펀드매니저가 거의 바뀌지 않고 해당 펀드가 투자하는 기업을 자주 바꾸지도 않는다. 또한 일시적인 경제 이슈와 같이 이런저런 트랜드에 휩쓸리는 일도 거의 없다.

02
주식을 사려거든
ETF에 투자하라

난이도 ⓤ ㉡ ⓕ
수면도움 ☺ 😐 😖

"내가 예전에 주식 투자 해서 날린 돈만 따져도 집 한 채 값이야."

"주식 투자 하면 집안이 망해."

주식 투자와 관련해서 한번쯤 들어보았을 이야기들이다. 뭐든 잘 모르는 상태에서 듣는 부정적인 이야기는 우리의 공포심을 자극하면서 잘못된 첫인상을 남긴다. 뭐든지 모르면 두려운 법이다.

앞서 경제 이해도가 높을수록 자산 관리도 잘할 수 있다고 말했다. 물론 경제를 이해하기 위해서는 언론 등 각종 매체를 통할 수도 있지만 직접 주식 투자를 해보는 것도 효과적일 수 있다. 이론보다는 실전이 중요하듯 직접 경험하고 깨져봐야 더욱 잘 이해할 수 있기 때문이다. 또한 수업 차원에서라도 주식 투자는 훌륭한 경험이 될 수 있다. 물론 손해 봐도 크게 문제되지 않는 소액투자를 권한다.

먼저 주식의 본질에 대해 생각해보자.

주식이란 한 회사의 지분을 말한다. 따라서 주식을 구입했다는 것은 많고 적음을 떠나 그 회사의 주인이 되는 것이다. 이를테면 삼성전자 주식을 가지고 있다는 것은 삼성전자의 주인이 되는 것이며 삼성전자 회장과 동업자 관계가 되는 셈이다.

이렇게 되면 예전에는 관심 없었던 삼성전자의 실적이라든지 새로운 제품 소식 등 삼성전자와 관련된 뉴스들이 눈에 들어오기 시작하고 국내외 경제상황들이 삼성전자에 어떤 영향을 끼칠까 생각하게 된다. 이런 관심들은 주식을 보유함으로써 생겨나는 현상이다. 즉, 주식 투자를 통해 회사의 주인이 되기도 하지만 경제를 이해하는 능력도 조금씩 늘어난다. 그럼에도 주식에 직접 투자하는 것이 말처럼 쉽지는 않다.

이럴 때 상대적으로 안전하게 투자할 수 있는 방법을 추천한다면, 바로 ETF다. 'Exchange Traded Funds'의 약자인 ETF는 펀드와 주식을 혼합하여 만든 상품으로 상장지수펀드라고 불린다. 마치 펀드를 개별 주식(예: 삼성전자)처럼 주식시장에서 사고팔 수 있는 것이라고 생각하면 된다. 또한 펀드처럼 복잡한 가입 절차도 없어 편리하다.

ETF는 주로 어떤 종목을 담아두었느냐에 따라 반도체 ETF, 자동차 ETF, 건설 ETF 등 여러 종류로 나뉜다. 예를 들어 반도체 ETF에는 반도체 관련 기업들이 담겨 있다. 그렇다면 ETF는 직접 주식에 투자하는 것에 비해 어떤 장점이 있을까?

첫째, 주식이 가지는 개별 위험을 줄일 수 있다.

여기서 개별 위험이란 한 회사의 주식에 투자했을 때 그 회사의 경영상태나 실적 등과 같은 회사 내부요인에 의해 주식가격이 변동하는 위험을 말한다. 예를 들어 현대자동차 주식에 투자했는데, 현대자동차 공장에 불이 났다든가 노사 대립으로 장기 휴업에 들어가는 등 정상적인 경영이 힘들어지면 주식가격에 나쁜 영향을 준다.

이같이 개별 주식이 가진 위험을 줄이기 위해서는 한 종목이 아닌 여러 종목에 나누어 분산투자를 하면 된다. 그러면 각각의 회사에서 발생할 수 있는 위험이 분산되므로 만약의 사태가 벌어지더라도 손해를 줄일 수 있다. 이처럼 비슷한 성격의 여러 종목을 묶어 하나의 바구니에 담아놓은 것이 ETF다.

하나의 ETF 안에는 10개 이상의 종목이 들어 있고, 한 종목이 차지하는 비중이 전체의 30%를 초과하지 못하게 되어 있다. 이로 인해 결과적으로 위험이 줄어드는 효과가 있다.

둘째, 상대적으로 안전한 투자가 가능하다.

개별 종목이 아닌 전반적인 경기흐름의 큰 틀에서 각 산업군(건설, 자동차, 반도체, 원자재 등) 전체에 투자하는 것이기 때문에 개별 주식에 비해 상대적으로 안정적이다.

예를 들어 자동차 ETF에 투자한다고 하면 현대자동차, 기아자동차, 현대모비스, 기타 부품회사 등에 대한 정보를 다 분석할 필요가 없다. 전체적인 큰 틀에서 자동차 산업의 내수 분위기, 수출 동향 또는 중국과 일본의 영향으로 인한 자동차 산업의 미래에 대해 고민해보는 것으로 족하다. 다시 말해, 현대차, 기아차 등과 같은 개별 브랜드에 집착할 필요가 없이 국산차와 수입차 비율만으로도 대략적인 감을 잡을 수 있다.

셋째, 소액투자가 가능하다.

삼성전자는 한 주에 100만 원이 넘는다. 너무 비싸 소액투자가 쉽지 않다. 하지만 삼성전자가 포함된 반도체 ETF 한 주는 고작 1만 원으로 투자할 수 있다. 1만 원으로 삼성전자 주식을 사는 효과를 누릴 수 있는 것이다.

넷째, 종류가 다양하다.

만약 이상기후 영향으로 농산물 가격이 크게 오를 것 같다는 뉴스가 나오더라도 농산물 투자와 관련된 개별 회사 주식을 찾아 투자하기란 쉽지 않다. 이럴 때는 농산물 관련 종목들을 모아서 하나의 꾸러미를 구성한 농산물 ETF를 매수하면 된다.

또한 ETF는 농산물뿐만 아니라 원유, 채권, 바이오, 국가 등에도 다양하게 투자할 수 있다. 즉, ETF에 투자한다는 것은 종목, 섹터, 국경에 제한 없이 투자한다는 말과 같다. ETF를 통해 세계 어느 곳이든 원하는 투자가 가능하다. 그것도 소액으로 말이다.

하지만 주의해야 할 것이 하나 있다. 거래량 정도는 신경을 써야 한다.

시장에서 얼마나 거래가 되는지를 나타내는 지표가 거래량인데,

거래량이 적으면 내가 원하는 시점에 제값을 받고 팔기가 쉽지 않다. 아파트를 사고팔 때 많은 사람들이 관심을 갖는 좋은 지역이라면 내가 원하는 시점에 쉽게 거래할 수 있는 것과 마찬가지다.

따라서 ETF에 투자할 때는 거래가 잘되고 있는지를 반드시 확인해야 한다. 아무리 좋아 보여도 지금 사람들의 관심을 받지 못하면 나중에 팔려고 할 때도 다른 사람들의 관심을 끌지 못할 가능성이 높다.

투기가 아닌 회사의 주인이 된다는 생각으로 주식 투자를 한다면 좋은 경험이 될 수 있다. 이게 두렵고 쉽지 않다면, 대신 ETF를 통해 얼마든지 건전한 투자가 가능하다. 선진국에서는 ETF 투자가 많이 대중화되어 있다. 몇 번만 경험해봐도 장기적으로 내 돈을 불리고 경제를 이해하는 데 많은 도움이 된다.

03 그냥 두자니 짜증, 찾으면 손해나는
내 펀드 길들이기

난이도 ⑭ ⑭ ㊦
수면도움 😀 😑 😫

"이건 뭡니까?

"아, 그건 옛날에 가입한 펀드예요."

"그런데 금액이 얼마 안 되네요?"

"그때 계속 내려가기만 해서 더 이상 안 부었거든요."

"그래서 지금까지 그대로 둔 겁니까?"

"예, 찾으면 손해나잖아요."

한때 묻지 마 펀드 열풍이 나라를 뒤덮었던 때가 있었다. 그러다 된통 당한 다음에도 여전히 그 펀드를 유지하고 있는 사람들이 많다. 그런데 말만 '유지'일 뿐 실제로는 전혀 관리하지 않고 '방치'된 상태가 대부분이다.

이렇게 된 이유는 대부분 비슷하다. 그냥 두자니 짜증은 나지만 그렇다고 찾으면 손해 아니냐는 것이다. 그러나 상담 결과는 그 펀

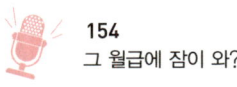

154
그 월급에 잠이 와?

드에서 돈을 빼는 것으로 마무리된다. 그렇다면 그 펀드에서 돈을 뺀다고 해서 정말 손해가 나는 것일까? 아니다. 바로 그런 오해가 그 펀드를 이러지도 저러지도 못한 채 방치하게 된 원인이었다.

첫째는 '찾는다'는 것에 대한 오해다.

물론 현재 손해나고 있는 펀드를 찾아서 소비에 사용해버리면 당연히 손해다. 정확하게 표현하면 손해가 확정된 셈이다. 그러나 그 펀드를 찾아서 다른 펀드에 투자하는 것은 어떨까? 비록 그 펀드에서는 손해가 났지만 그 돈을 소비해버리지 않고 다른 곳에 투자했으므로 여전히 진행형이다. 다시 말해, 그 돈은 펀드만 바뀌었을 뿐 손해가 확정된 것은 아니라는 뜻이다. 갈아탄 펀드에서 원금을 회복할 수도, 원금 이상의 이익이 날 수도 있다. 따라서 그 돈을 이미 찌그러진 깡통에 계속 두기보다 다른 대안을 선택하는 것이 좋다. 물론 어떤 펀드는 그때부터 오히려 많이 나아진 경우도 있다. 그러니 손해에 대한 기준을 제대로 이해한다면, 이처럼 오랫동안 속앓이하고 있을 이유가 없다.

둘째, 펀드에 돈을 투자하는 방법에 따라 달리 대처할 수 있다.

대체로 돈을 한 번에 넣고 기다리는 거치형과 매달 적금식으로 일정 금액을 정해진 날짜에 불입하는 적립식이 있는데, 일시금을 투자하는 거치형의 경우 펀드 그 자체의 절대적인 수익률 개선이 없는 한 원금 회복을 기대하기 곤란하다. 예를 들어, 가입 당시 그 펀드의 가격이 1만 원이었으나 현재 5,000원으로 반토막 난 상태라면 다시 1만 원 이상이 될 때까지 기다리거나 다른 펀드를 찾아

갈아타는 것이 좋다.

　그러나 매달 적금식으로 투자하는 적립식 펀드의 경우는 거치식에 비해 선택의 폭이 훨씬 다양하다. 예를 들어, 매달 100원씩을 불입해오다가 계속 내려가기만 해서 펀드 투자를 중단했다. 그때까지 총 투자금액이 1만 원이었다고 하면 현재 5,000원으로 반토막 난 상태라 하더라도 지금부터 다시 매달 100원씩을 불입해나가면 된다. 만약 지금부터라도 그 펀드가 조금씩 오른다면 적어도 다시 불입하기 시작했던 투자금은 수익을 얻을 것이고, 또한 덩달아 원래의 잔고 5,000원조차 조금씩 올라갈 것이기 때문이다. 물론 좀 더 좋아 보이는 다른 펀드로 갈아탈 수도 있다. 이를테면 지금 펀드에 있는 5,000원을 찾아 다른 펀드에 투자하고 그때부터 매달 100원씩 불입하는 것이다.

　참고로 앞의 거치식의 경우에도 지금부터 적립식 투자를 병행할 수도 있다. 이해를 돕기 위해 구분하여 설명했을 뿐이다. 따라서 현재 찌그러져 있는 펀드를 되살리는 가장 좋은 방법은 지금부터라도 투자를 다시 시작하는 것이다. 그런 방법을 일명 '물타기'라 한다.

　중요한 것은 현재 물타기를 할 수 있는 여윳돈의 유무에 달려 있다. 따라서 여윳돈이 있다면 펀드에 대해 분석한 후 기존 펀드든 아니면 갈아탄 펀드든 상관없이 물타기를 하는 것이 좋다. 반대로 여윳돈이 없다면 그냥 기다리거나 다른 펀드로 옮겨 기다리는 것뿐이다. 물론 이때도 펀드 분석이 필요하다.

일반적으로 펀드에 투자할 때는 적립식 펀드를 원칙으로 해야 한다. 적립식 투자의 장점은 매달 불입하는 금액이 시점을 달리하여 분산투자되기 때문에 잘못한 투자 타이밍으로 인한 투자 손실을 줄일 수 있다는 점이다. 예를 들어, 종합주가지수에 투자하는 인덱스펀드 유형의 경우 3년 동안 36회(매달 1회)를 불입했다면, 투자를 시작한 첫 달의 종합주가지수와 투자를 종료한 마지막의 종합주가지수가 거의 비슷하더라도 이익을 볼 수 있으며, 설사 투자를 종료한 마지막 달의 종합주가지수가 투자를 시작한 첫 달의 종합주가지수보다 조금 떨어졌더라도 손해를 보지 않거나 손해가 있더라도 대수롭지 않는 수준에 그칠 확률이 높다.

그 이유는 첫 달과 36개월이 되는 때의 종합주가지수만 비슷하거나 차이가 났을 뿐 나머지 기간의 주가는 오르내림을 반복했을 것이고, 그에 따라 전체적으로는 36번의 투자 성과가 합쳐지면서 플러스 수익을 거둘 가능성이 매우 높기 때문이다. 물론 마지막 달의 종합주가지수가 첫 달에 비해 높다면 일반적으로 훨씬 더 큰 이익을 나타낼 수 있다.

반대로 거치식은 주식에 직접 투자하는 것과 비슷한 수익구조이기 때문에 오직 한 번의 투자 결과, 즉 불입했을 때의 종합주가지수를 기준으로 수익 여부가 평가된다.

따라서 만약 지금부터 주가가 계속 오르기만 한다면 거치식 펀드가 유리하지만, 그렇지 않다면 당연히 적립식 펀드가 좋다. 특히 미래의 불확실성을 생각할 때 적립식 투자를 모든 투자의 기본이라고 생각해야 한다. 경우에 따라서는 거치식과 적립식을 혼합하여 투자할 수도 있다.

좀 더 유리한 적립식 펀드 투자를 위해서는 다음 세 가지 원칙을 지키는 것이 좋다.

첫째, 반드시 자동이체로 정해진 날짜에 정해진 금액을 불입한다.

적립식 펀드 투자에 실패하는 많은 사람들이 겪는 오류다. 주가가 오르면 불입하고 내리면 불입하지 않거나 금액을 줄이는 경우가 있는데, 그럴 땐 좋은 결과를 기대하기 어렵다. 왜냐하면 투자란, 현재가 아니고 미래에 투자하는 것이기 때문이다. 지금 오른다고 계속 오른다는 보장이 없으며, 반대로 지금 내린다고 계속 내린다고 장담할 수 없다. 따라서 적립식 투자의 시스템을 믿고 비가 오나 눈이 오나 상관없이 정해진 날짜에 꼬박꼬박 투자해야 한다.

둘째는 투자 기간이다.

투자는 내 돈을 시간에 묻어두는 것이다. 그 결과 시간이 지남에 따라 상승하는 자본주의 경제가 내 돈을 불려준다. 물론 항상 성장하기만 하는 것은 아니지만 길게 보면 절대적으로 성장하는데, 이것을 '추세적 성장'이라고 한다. 예를 들어 30년 전, 20년 전, 10년 전과 비교할 때 한국의 경제는 분명 성장했고 종합주가지수 역시 큰 폭으로 상승했다. 다만, 요즘은 세계 여러 나라의 경제 전망이 불투명하고 한국 역시 예외는 아니다. 하지만 이제는 세계 어느 나라에든 투자가 가능한 환경이므로 펀드 역시 글로벌 포트폴리오를 구성한다면 충분히 기대할 만하다. 왜냐하면 몇몇 국가의 경제 굴

곡에도 불구하고 세계 전체의 평균 경제는 지속적으로 상승해왔으며 앞으로도 마찬가지일 것이기 때문이다.

펀드든 뭐든 일단 투자를 시작했다면 3~5년은 꾸준히 유지해야 한다. 이때의 유지란, 특히 적립식 펀드의 경우 매달 빠지지 않고 불입하는 것을 뜻한다. 이런저런 사정으로 중간에 그만둘 가능성이 높다면 아예 시작하지 않는 것이 좋다. 중간에 멈춘다면 그건 유지가 아니고 앞의 경우처럼 '방치'다.

참고로 3~5년을 제시하는 이유는 변동성이 많은 투자환경에서 등락을 수없이 거듭하더라도 그 정도의 시간이면 웬만한 변동성을 흡수할 가능성이 높기 때문이다. 다음 그래표가 보여주듯이 1995년에서 2015년에 이르는 20년 동안 어떤 시점을 선택하더라도 그때부터 3년 또는 5년 뒤는 첫 달에 비해 대부분 성장해 있을 확률이 매우 높기 때문이다.

■코스피지수 변동 추이

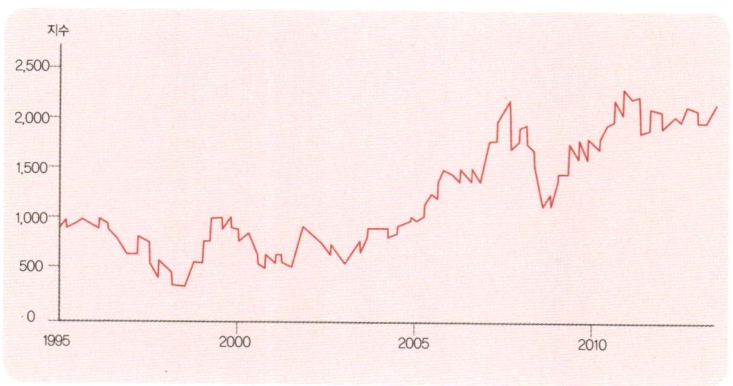

마지막으로, 목표수익률을 미리 정해두어야 한다.

사람들의 욕심은 끝이 없어서 목표수익률을 미리 정해놓지 않으면 이익을 실현해야 할 때를 놓쳐 오히려 손해 보는 경우가 많다. 따라서 앞의 두 가지 원칙을 지키면서 투자를 시작하되, 만약 목표로 정했던 수익률에 도달하면 되팔아 수익을 실현하는 것도 좋다.

04

내 돈 넣고 내 돈 빼먹는,
월지급식 금융상품의 함정

난이도 ⑤ ⑯ ⑰
수면도움 😄 😑 😴

　주변에서 '누구는 부동산 임대소득으로 한 달에 얼마씩 받는다'
는 이야기를 듣고는 부러워하는 사람들이 많다. 그러면서 '나도 나
중에 은퇴하면 부동산 임대소득을 받으면서 편하게 여행이나 다녔
으면 좋겠다'라는 생각을 하게 된다.

　많은 사람들이 이처럼 월급처럼 나오는 소득에 대한 꿈을 가지
고 있다. 또한 금융위기를 겪으면서 투자성향이 많이 위축되어 어
떤 형태로든 안정적으로 꾸준히 나오는 것을 찾는 사람도 많아졌
다. 노후에는 위험한 투자보다 안정적인 월세 수입을 선호하는 것
과 비슷한 현상이다. 이런 사람들을 겨냥하여 나온 상품이 월지급
식 금융상품이다. 이 상품의 포인트는 말 그대로 매달 일정 금액을
따박따박 주는 '월지급식'이다. 세입자를 구하는 노력조차 없이 그
냥 통장에 돈이 찍히는 것이다. 그러나 여기에 함정이 있다.

==내가 받는 월지급액은 이익금이 아니라 '원금+이익금'을 분할== ==하여 지급된다.== 월지급식 펀드를 예로 들면, 가입 초기에는 대부분 이익이 없다. 따라서 원금에서 먼저 지급하면서 나머지 잔고를 운용하여 줄어든 원금을 회복하는 방식이 월지급식 펀드의 기본 콘셉트다. 그러니 수익이 나면 좋지만 수익이 나지 못하면 내 지갑에서 돈만 빼먹을 수 있다. 실제로 월지급식 펀드의 투자설명서에는 분배금 지급과 관련하여 아래와 같은 위험을 언급하고 있다.

주식시장 및 시중 실세금리에 연동되어 수익이 변동되는 투자신탁의 특성상 분배금이 집합투자재산의 운용에 따라 발생한 이익금을 초과할 수도 있으며, 이 경우 분배금 지급으로 인한 투자원금이 감소될 수 있습니다. 또한 정기적으로 분배금을 지급함으로써 세금의 이연효과가 발생하지 않아 복리 운용의 효과 면에서 다른 투자신탁에 비해 불리할 수 있고, 보유 종목에 대하여 부도 발생 또는 현저한 거래 부진 등의 사유가 발생하는 경우에는 분배금 지급이 중단될 위험이 있습니다.

하지만 펀드를 가입하면서 투자설명서를 제대로 읽어보는 사람이 얼마나 될까? '월급 받기' '월급처럼'에 현혹돼 이자를 받으면서 원금까지 보장되는 것으로 오해해서는 안 된다. 적립식이 목돈을 만드는 저축 방식이라면 월지급식은 목돈에서 일정 금액을 받는 또 다른 방법일 뿐이다. 그나마 주식시장이 좋을 때는 큰 걱정이 없다. 발생된 수익으로 월급을 지급할 수 있으므로 원금이 줄어들 위험이 줄어들기 때문이다. 그런데 주식시장이 하락하는 경우라면 이야기가 달라진다. 이때는 사실상 원금에서 월지급금이 인출된다. 당연히 그만큼 원금이 줄어들기 때문에 주가가 떨어졌다가 오르더라도 원금 수준까지 회복하는 데 많은 시간이 걸린다.

세금 측면에서도 불리하다. 매달 분배금을 지급함으로써 지급받는 이익금에 대한 세금을 내야 하는데, 1년에 한 번 분배금을 지급하는 다른 상품들과 비교하면 과세 측면에서 불리할 수 있다. 즉, 매달 세금을 내야 하기 때문에 세금을 늦게 내는 '과세이연' 효과를 기대할 수 없다.

간혹 내지 않아도 될 세금을 내는 경우도 있다. 예를 들어 월지급식 펀드에 가입하고 몇 달 동안에는 수익이 발생하여 매달 분배금을 지급받으면서 세금도 냈다. 하지만 마지막 시점에 시장상황이 좋지 않아 전체적으로는 원금 대비 손실이 발생했다. 번 것이 없으니 당연히 세금도 없어야 하지만 이미 낸 세금을 돌려받을 수는 없다.

이처럼 월지급식 상품은 매달 고정금액을 받을 수 있는 장점이 있는 반면, 분배금 지급 방식으로 인해 상품의 수익성은 떨어지는 단점이 있다.

그렇다고 월지급식 상품이 무조건 나쁘다는 것은 아니다.

수익성과 세제 혜택 면에서는 불리하더라도 고정적인 현금흐름 자체를 선호하는 경우도 많다. 또한 이렇게 해서라도 목돈을 빨리 써버리는 것을 방지할 수 있다면 괜찮은 방법일 수 있다. 보험상품에도 월지급식이 있는데, 그것 역시 큰 수익을 기대하진 못하지만 중간 해지에 따른 벌칙 때문에 끝까지 유지하게 하여 목돈리스크를 줄이고 장기적인 현금흐름 및 노후 준비의 안정성을 확보하는 효과가 있다. 어쨌든 지금 월지급식 금융상품과 같은 지급 방식은 고령화 사회와 맞물리면서 이미 일반화되었다. 중요한 것은 상품의 본질을 이해하는 것이다.

몇 가지 불리함을 알지만 수수료를 지불하면서 내 돈에서 일정 금액을 꼬박꼬박 받는 걸 선택할지, 아니면 조금이라도 더 높은 수익률을 선택할지, 판단은 당신의 몫이다.

05

원금을 안전하게 갉아먹는
원금 보장 상품의 진실

난이도 ⓤ ⓜ ⓕ
수면도움 😀 😐 😑

    2008년 글로벌 금융위기로 인해 많은 사람들이 투자의 위험성을 직접 경험한 이후부터는 주식과 펀드를 아예 쳐다보지도 않았다. 그러나 은행 예·적금 금리가 계속 떨어지다 보니 다른 투자 수단을 찾기 시작했다. 그런데 원금 손실이 생길 수 있는 상품은 싫고, 원금이 보장되면서도 은행 예·적금 금리보다는 높은 수익을 찾는 사람들이 많아지면서 원금보장형 투자 상품들이 등장했다. 그러나 원금보장형 상품만 믿다가는 수익은커녕 금융회사에 끌려다닐 수도 있다.

    먼저, 투자와 관련한 사람들의 심리 변화를 알아보자.

    2007년부터 2009년까지 금융위기 전후의 실제 상황을 예로 들어 다음 그림을 이해해보자.

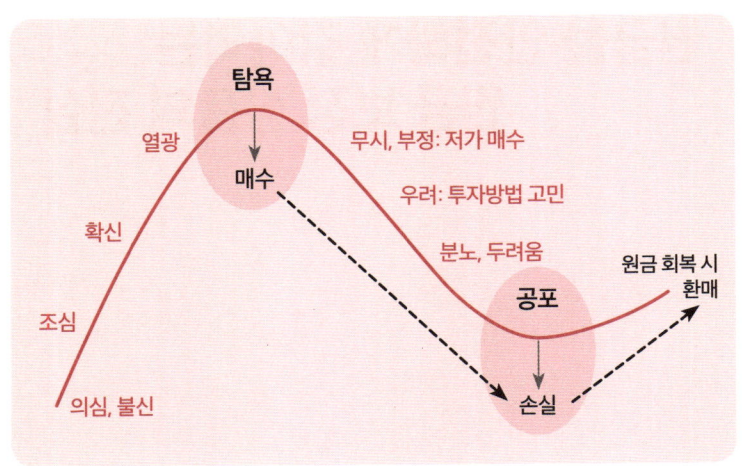

의심, 불신: 2007년도 초에는 사람들이 투자에 별 관심이 없었다.

조심: 경기가 점차 좋아지고, 다른 사람들이 주식이나 펀드에 투자하여 돈을 많이 벌었다는 이야기가 계속 들린다. 나도 한번 해볼까 하고 주식형 펀드에 조금만 가입해본다.

확신: 몇 달이 지나지 않아 두 자리 수익이 나는 것을 확인하게 된다.

열광: 그때 마침 그전에 가입했던 예·적금이 만기가 되어 돌아왔다. 이때다 싶어 적금 일부를 주식형 펀드에 넣었다. 며칠 만에 1년 동안 넣었던 은행 예·적금 이자만큼을 벌면서 투자의 즐거움을 만끽한다.

탐욕: 이미 많은 수익이 발생했지만, 각종 매스컴마다 앞다투어 투자에 대한 장밋빛 전망을 내놓자 더욱 큰 수익을 기대하는

사람들이 여유자금을 몽땅 투자한다.

무시, 부정: 하지만 얼마 지나지 않아 주가가 하락하면서 어느덧
원금에 가까운 수준까지 떨어졌다. 이때는 어느 정도 투자에
대한 자신감이 생겨 시장의 조정을 당연하게 받아들인다.

우려: 그런데 하락은 계속되어 마침내 두 자리 손실이 발생하면
서 불안은 증가하고 주식형 펀드의 불입을 중단한다.

분노, 두려움: 주가 하락은 계속된다. 이미 원금 회복은 물 건너갔
지만 나머지 돈이라도 지키기 위해 지금이라도 펀드를 팔아야
할지 심각한 고민에 빠진다.

공포: 이제 투자금은 반토막 났다. 매스컴에서는 투자에 대한 어
두운 전망을 잔뜩 쏟아낸다. 남은 돈이라도 지키겠다는 생각
에 펀드를 모두 팔아치우면서 손해를 확정짓는다. 그런데 이
때부터 주가는 하락을 멈추더니 조금씩 반등하기 시작한다.

주식 관련 투자에서 피할 수 없는 것 중 하나가 바로 이 같은 심
리적 위험이다. 미국의 전설적인 투자자 존 템플턴 경(1912~2008)
은 이렇게 말했다. "주식 투자를 염두에 두고 있는 개인 투자자들
이 듣는 얘기는 싸게 사서 비싸게 팔라는 것이다. 하지만 거의 전
부가 비싸게 사서 싸게 판다. 어리석기 짝이 없는 일이지만 이것이
인간의 본성이다." 심리적 위험은 인간의 본성이기 때문에 통제하
기가 힘들다. 많은 사람들이 그 같은 심리적 요인을 관리하지 못해
실패한다.

재미있는 현상은 금융회사들이 이런 심리를 잘 활용한다는 점이다. 이들의 목적은 고객의 자산을 불려주는 것보다 상품을 잘 팔아 판매를 통한 수수료 수입으로 회사의 실적을 높이는 것이다. 그렇다면 매번 바뀌는 투자시장에서 어떤 상품을 팔아야 효과적일까?

답은 위와 같은 심리적 요인을 활용하는 것이다.

주가가 떨어지면 사람들의 심리가 위축되면서 투자의 위험성을 다시 한 번 깨닫게 된다. 그러면서 원금보장형 상품을 점차 선호한다. 이때 원금 보장을 대대적으로 마케팅한다. 가령 그림에서 '공포' 구간을 전후하여 원금 보장 상품을 파는 것이다. 반대로 주가가 오르면 사람들은 투자에 대한 마음이 편해지고 원금 보장에 대한 관심도가 떨어진다. 이때 금융회사들은 고수익을 기대할 수 있는 상품들을 대대적으로 홍보한다. 그림에서 '탐욕' 구간을 전후하여 고수익 고위험 상품을 파는 것이다. 결과는 뻔하지 않겠는가?

이는 금융회사가 잘못됐다는 얘기가 아니다. 당연히 회사는 실적을 높이기 위해 사람들이 좋아하는 상품들을 내놓을 수밖에 없다. 햇볕이 쨍쨍한 무더운 날씨에 부채를 팔지, 우산을 팔 사람이 있겠는가.

실제로 포털 검색 사이트에서 과거 주식시장의 고점과 저점일 때의 금융상품 관련 뉴스들을 검색해보자. '탐욕' 구간에서는 원금 보장형 상품 광고를 찾아보기 힘들지만, '공포' 구간에서는 그 반대 현상을 확인할 수 있다. 우리의 뇌는 최신의 정보와 충격에 더 큰 영향을 받는다고 한다. 그래서 주식가격이 높은 고점에서는 미래의 장밋빛 전망으로 과거의 위험을 과소평가하게 되고, 반대의 경우에서는 비관적인 뉴스에 민감하게 반응하면서 위험을 과대평가하게 된다.

이렇게 뒷북치는 투자에서 벗어나려면 금융상품의 마케팅 포인트를 잘 이해하고 그와 반대로 행동하는 습관이 필요하다. 하지만 매번 고점과 저점의 정확한 타이밍을 잡는 것은 쉬운 일은 아니다. 그렇다면 금융회사의 마케팅을 어떻게 활용할까?

금융회사들이 원금보장형 상품을 많이 강조한다면 이때는 오히려 원금 비보장형 상품에 관심을 가진다. 반대로 금융회사들이 원금 비보장형 상품을 많이 홍보한다면 이때는 원금보장형 상품에 관심을 가지는 것이다.

창구에 가서 이렇게 물어봐라.

"예·적금 말고 괜찮은 거 없나요? 요즘 어떤 게 잘 나가요?"

그럴 때 아래와 같은 답변들을 통해 어떤 상품에 관심을 가져야 하는지 짐작할 수 있다.

"네, 요즘은 시장상황이 좋지 않아 원금보장형 상품을 많이 선호들 하십니다."

"네, 요즘은 시장상황이 좋아 주식 관련 상품들을 많이 선호하십니다."

또한 이런 내용들은 금융회사 홈페이지나 신문, 뉴스에서 자주 나오는 금융상품들을 봐도 대충 알 수 있다. 투자는 제로섬 게임이다. 내가 잃은 만큼 누군가는 따게 되어 있다. 나름 고수들은 돈을 벌 것이고 나머지 사람들은 돈을 잃는다.

당신은 돈을 따는 사람인가, 잃는 사람인가?

후자라면 이제부터 어떻게 해야 할지 답이 나왔다. 금융회사들과 반대로 움직이자.

06 저축인 듯 저축 아닌
투자형 예금

난이도 ⏳ 中 下
수면도움 😄 😐 😖

　은행 하면 먼저 생각나는 금융상품은 예금이다. 일반적으로 은행예금은 입출금이 자유롭고 이자가 적은 대신 원금이 보장되어 있다. 그러니 안정적인 종잣돈을 모으려는 사람이나 이런저런 자투리 돈을 모아두려는 사람, 그리고 언제든 쓸 수 있는 유동성 자금을 넣어두려는 사람이 사용한다. 그런데 버젓이 '예금'이란 간판을 달고 있으면서도 원금이 보장되어 있지 않고 심지어 예금자보호도 받지 못하는 금융상품이 있다는 것쯤은 알아두는 것이 좋다.

1. ELD

　주가지수연계예금, 즉 ELD(Equity Linked Deposit)는 원금의 대부분을 금리가 고정된 정기예금에 넣고 일부 금액을 주가파생상품에 투자하는 방식이다. 원금을 정기예금에 보관하기 때문에 당연히 원금 손해는 없다. 그러나 이것을 투자 상품으로 생각하는 것도 무리가 있다. 왜냐하면 총 납입금액에서 주식파생상품에 투자되는 비중도 적을뿐더러 실제 수익으로 연결될 확률이 낮기 때문이다. 그러니 ELD만큼 어중간한 상품도 없다. 날개는 있되 제대로 날지 못하고 다리도 있지만 제대로 뛰지 못하는 오리와 비슷하다. 그러면서도 오히려 ELD는 만기가 되기 전에 중도해지하면 손해를 볼 수도 있다. 투자에 관련된 이런저런 비용들을 중도해지수수료라는 이름으로 떼어가기 때문이다. 그래서 추천할 만큼 매력적이지는 않다.

ELD는 증권회사에서 파는 ELS(Equity Linked Security, 주가연계증권)와 비슷해 보이지만 완전히 다르다. ELD가 고객이 맡긴 원금은 보관한 채 그 이자로만 투자하는 상품인 반면 ELS는 그 전부를 투자하기 때문에 ELD에 비해 훨씬 높은 수익을 기대할 수 있다. 대신 원금은 보장하지 않는다. 따라서 ELD는 투자 상품이 아니라 저축상품으로 이해해야 한다.

2. 외화예금

외화예금은 한마디로 외국의 통화(예를 들어 달러화, 유로화, 위안화 등)에 투자하는 상품이다. 해외여행을 다녀온 사람이라면 출국하면서 원화를 여행지의 통화로 환전할 때 혹은 귀국하면서 여행지의 통화를 원화로 바꿀 때마다 손에 쥐는 돈이 달라지는 경험을 했을 것이다. 즉, 모든 통화가치는 주식과 마찬가지로 항상 바뀐다.

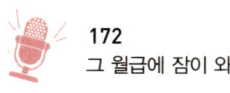

그것을 우리는 '환율'이 '변동'한다고 표현하며 그 같은 '변동'을 이용하여 우리가 주식에 투자하듯 다른 나라의 통화에도 투자할 수 있다. 즉, 외화예금은 환율 변동을 이용해 투자하는 금융상품이다. 따라서 이익을 볼 수도 있고 원금을 손해 볼 수도 있다. 이처럼 환율 변동을 이용하여 이익을 얻는 것을 '환차익'이라 하며, 그 반대의 경우를 '환차손'이라 한다. 그런데 우리가 알고 있는 거의 모든 은행 예·적금에는 이자소득세를 뗀다. 그러나 외화예금을 통해 발생하는 환차익에 대해 세금을 떼지 않는다. 왜냐하면 환차익은 이자가 아니기 때문이다. 대신 외국의 통화를 사고파는 과정에서 발생하는 환전수수료는 부담해야 한다.

일반적인 외화예금은 주로 미국의 달러화에 투자한다. 왜냐하면 달러가 그만큼 안정되어 있고 익숙하기 때문이다. 그러다 보니 외화예금은 미국 금리변동과 관련된 이슈에 따라 출렁거리는 때가 많다. 그 외 중국의 위안화나 유럽의 유로화에 투자하는 경우도 있다.

그러나 주식과 마찬가지로 환율 역시 아무도 예측할 수 없으며, 특히 글로벌 경기 변동 혹은 순환에 따라 민감하게 달라지는 것이 환율이다. 예를 들어 한때 위안화에 투자하는 외화예금이 폭증하다가 중국 경기가 위축되면서 썰물 빠지듯 빠져나가기도 했다. 따라서 외화예금은 투자 상품의 관점에서 자신의 전체 포트폴리오를 감안하여 구체적인 투자방법과 투자 대상 및 투자 기간 등을 잘 판단해야 한다. 아무 생각 없이 방문한 은행에서 창구 직원의 권유나 홈쇼핑의 달콤한 유혹에 덜컥 가입할 상품은 아니다. 특히 'FX

마진' 등과 같은 이름으로 적극적이고 잦은 환율 거래를 통해 돈을 불려주겠다는 사람들도 있는데, 주식보다 훨씬 더 민감하게 움직이는 환율 변동을 이용하여 실시간 거래를 통한 수익을 얻는다는 것은 밤하늘의 별 따기만큼이나 희박한 확률이다. 그건 정말 전문가들의 영역이다. 심지어 그 같은 유혹을 앞세운 금융사기꾼들도 있으니 조심해야 한다.

3. 금통장(골드뱅킹)

금통장도 마찬가지다. 고객이 맡긴 돈으로 그때 시세만큼의 금을 사두는 방식이다. 그래서 금통장에는 일반적인 예금통장처럼 원화 금액이 찍히는 것이 아니라 그 돈으로 구입한 금의 무게가 찍힌다. 예를 들어 1g, 1.5g, 10g······ 이런 식이다. 금통장은 소액 단위로 입출금이 가능하다. 그러나 일반적으로는 금통장에 최초로 예금을 할 때 그 당시 시세의 1g에 해당하는 돈을 예치하게 되고 그 이후부터 0.01g단위로 예금이 가능하도록 되어 있다(물론 은행마다 조금씩 다를 수 있다). 반대로 돈을 출금하면 그 당시 금 시세에 맞춰 통장에 찍힌 무게가 줄어들면서 돈으로 환산하여 지급된다.

금통장은 소액 단위로 금에 투자할 수 있을 뿐만 아니라 인출할 때 실물인 '금'으로도 인출할 수 있다는 장점도 있다. 그러나 금통장 역시 외화예금과 마찬가지로 원금이 보장되지 않는다. 또한 금 자체가 달러로 거래되기 때문에 환율 위험도 내포되어 있다. 그래서 금통장에 입출금할 때마다 각각 1%씩의 수수료를 공제한다.

따라서 기본적으로 2%의 비용이 붙어 있는 셈이다. 더 중요한 것은 외화예금과 달리 금통장을 통해 발생한 이익금이 배당수익으로 간주되어 이자소득세와 동일한 15.4%(주민세 포함)의 세금이 공제된다는 사실이다. 덧붙여 '금'으로 인출하는 경우엔 인출금액의 10%에 해당하는 별도의 부가세를 부담하게 된다는 것도 미리 기억할 필요가 있다.

그러나 금통장 역시 원금이 보장되는 안정적인 예금이 아닌 투자 상품이란 점을 꼭 기억해야 한다. 금 시세도 주식이나 환율만큼이나 자주 변동한다. 당연히 단기 투자는 금물이다. 특히 실물자산인 금은 달러화의 가치와 반대로 움직인다. 이를테면 달러화 가치가 높아지면 금값은 떨어진다. 그런데도 달러화가 오를 것이라며 외화예금에 가입하는 사람들 가운데는 지금 금값이 너무 떨어졌기 때문에 앞으로 금값이 오를 것이라며 금통장을 만드는 사람들도 있다. 특히 은행 창구에 가면 두 가지 상품을 한꺼번에 추천하는 웃지 못할 경우도 있다. 때때로 홈쇼핑을 이용한 자극적인 마케팅에 흔들리는 사람들도 많다. 따라서 금통장 역시 전체적인 투자 포트폴리오를 감안하여 장기적으로 판단해야 한다.

07 월복리,
장난하나?

난이도 上 中 下
수면도움 ☺ ☹ ☺

　"작년에 가입한 3년 만기 적금이 있어요. 그런데 다른 적금상품으로 갈아타야 할지 고민이네요. ○○은행에서 신규로 출시한 '월복리적금'이 있더라고요. 복리효과는 엄청나다고 은행 직원이 설명하던데. 월복리라니까 일반 적금보다는 좋지 않을까요? 어떻게 생각하세요?"

　최근에 한 지인에게서 받은 질문이다.

　저금리란 말은 워낙 많이 들어서 이제 낯설지 않은 단어가 되었다. 이런 익숙함 속에서 금리 0.1%에도 민감해하는 것은 당연한 현상이다. 그렇다 보니 주위에서 작은 금리 차이 때문에 어떤 상품을 선택할지 고민하는 사람들을 많이 본다. 하지만 기본적인 금융지식과 경험이 부족한 소비자에게 이런 상품들은 골치만 아플 뿐이다. 이득을 준다고 하면서 뭔가 애매하게 이야기하는 것을 보면 정말 이익을 얻을 수 있다는 건지 헷갈린다. 그러다가 자칫, 미끼 상품에 걸려들 수 있다.

많은 은행에서 출시하는 '월복리적금'이 대표적인 미끼상품이다.

'복리'란 아인슈타인이 세계 8대 불가사의라고 표현했을 만큼 대단한 것이다. 그래서인지 소비자들은 복리라는 말만 들으면 혹하는 마음이 생긴다. 하지만 뭐든 깊은 맛을 내려면 긴 숙성 시간이 필요하듯, 복리라는 것도 어느 정도 숙성 기간이 지나야만 실질 효과를 내는데, 그게 최소 10년 이상이다. 즉, 장기적으로 저축을 할 수 있어야 복리를 얻을 수 있다.

현재 시중에 나와 있는 월복리 상품들의 조건을 살펴보면, 가입 기간이 대부분이 3년으로 제한되어 있다. 또한 가입 금액도 월 30~50만 원이다. 즉, 월 불입액과 저축 기간에 상당한 제한을 두고 있으므로 복리효과는 거의 없다고 생각해도 된다.

비슷한 예로, 저녁시간에 식당을 찾던 중 평소에는 가격도 비싸고 관심도 별로 없었던 식당 입구에 현수막이 걸려 있다. '메뉴 30% 할인 이벤트.' 이에 혹해 식당으로 들어갔다. 하지만 막상 가서 보니 할인되는 메뉴는 몇 가지 되지 않고 할인이 적용되는 시간도 매우 짧아 처음에 기대했던 것과는 달랐다. 오히려 다른 음식들을 곁들이다 보니 실질적으로 내가 원치 않았던 음식을 추가로 먹게 되었고 밥값도 더 많이 나왔다. 당연히 짜증날 수밖에 없다. 많은 소비자들을 유혹하는 복리상품 중에도 이런 것들이 있다. 소문

난 잔치에 먹을 것 없는 것처럼, 이익을 많이 준다고 해서 가입하고 보니 온갖 옵션들 때문에 원래 기대했던 결과는커녕 되레 바가지를 쓰는 경우가 많다.

이렇듯 복리라는 상품에 현혹되기보다 차라리 금리가 조금이라도 더 높은 상품에 가입하는 게 더 나을 수도 있다. 게다가 그런 상품들은 만기까지 못 채우고 중간에 해약하면 처음에 약속한 이자를 주지도 않는다.

간혹 복리적금이라고 이야기하는 상품 가운데는 신용카드 실적이나 기타 특약 등의 조건을 모두 갖춰야만 우대금리를 주는 경우도 많으니 최대 연 ○○% 이자를 준다는 말에 주의할 필요가 있다.

적금은 그냥 적금일 뿐이다. 수익률보다는 이자가 적더라도 목돈을 만드는 것이 적금의 본질이다. 어차피 적금 금리는 한국은행에서 제시하는 기준금리를 기준으로 정해지기 때문에 대부분의 적금상품이 주는 이자는 비슷하다. 오히려 그 이자 조금 더 받으려고 이것저것 알아보고 먼 곳까지 시간과 교통비를 들여 해당 금융기관을 방문하는 노력이 더 큰 비용이 될 수 있다. 따라서 적금에 가입한다면 이자에 지나치게 신경 쓰는 것보다 만기까지 꾸준히 저축하며 목돈을 만들어가는 습관을 기르는 게 더 중요한 포인트다. 복리라는 단어에 현혹되지 말자!

08 보험에 쌍둥이는 없다

"그 사람하고 똑같이 해주세요."

낯선 사람이 다른 사람한테 소개를 받았다며 대뜸 전화를 걸어왔다. 서로 몇 마디 인사를 나눈 후 용건을 물었더니 자신이 가입해 있는 보험을 바꾸고 싶은데, 나를 추천했던 그 사람하고 똑같이 해달라고 한다.

"혹시 지금 전화 주신 분이 그 사람하고 똑같이 생기셨나요?"

"……?"

"혹시 지금 전화 주신 분이 그 사람하고 키도, 나이도, 가족도, 직업도, 재산도. 취미도, 건강도, 똑같으신가요?"

"네?"

그렇게 뜨악한 대화로 인연을 맺었던 그를 실제로 만난 것은 그로부터 3개월쯤 지나서였다. 그는 작은 무역회사를 경영하며 주로 중국과 거래를 했는데, 잦은 일정 변경으로 처음 약속했던 상담을 몇 번 연기했다. 그를 나에게 소개한 사람은 그의 거래처 직원으로, 전형적인 사무직 종사자였다. 다시 말해 그와 그 사람은 하는 일도, 성격도, 소득도, 취미는 물론 키와 나이, 몸무게, 그리고 가족과 건강 상태도 달랐다.

그런 그가 처음 통화하는 나에게 대뜸 "그 사람하고 똑같이 해주세요"라고 말한 것도 급하고 정신없는 그의 성격 탓이었다. 재정 관리 역시 낙제점, 분명 쉴 틈 없이 일은 하는데 들어오는 돈을 늘 흘리고 다녀 제대로 남아 있는 것이 없었다. 그는 아쉽게도 그 사람과는 엄청 다른 내용으로 보험에 가입해야 했다. 그의 건강 상태는 이미 제대로 된 보험에 가입할 조건이 아니었고, 지인의 부탁으로 가입한 기존의 보험들은 정상적인 가입 절차를 거치지 않아서 막상 보험금을 받아야 할 때 받을 수 있을지조차 장담할 수 없는 상태였다.

상담을 하다 보면 이런 사례들이 무수히 많다. 이렇게 된 이유는 보험에 가입하는 과정이 대체로 공급자 중심이기 때문이다. 다시 말해, 보험이 필요해서 보험설계사를 찾는 사람들보다 보험설계사들이 먼저 찾아가서 보험이 필요하다고 설득해서 가입하는 사람들이 훨씬 많다. 또한 보험이라는 상품 자체가 복잡하고 어렵다. 그렇다 보니 가입자에게 딱 맞는 보험상품으로 가입하는 경우보다 보험회사와 보험설계사들의 필요에 따라 가입되는 경우가 훨씬 많아진다. 앞의 사례들을 우리 주변에서 흔히 볼 수 있는 이유다. 재미있는 현상은 대체로 급여가 낮고 경제에 대한 이해가 부족한 사람들에게서 그런 사례들이 많다는 것이다. 모르면 당한다는 말이 그래서 있는 모양이다.

이제 우리는 보장성 보험상품에 가입하는 우선순위와 함께 자신의 나이와 상황에 따라 필요한 보험의 적정 수준 정도는 알아두는 것이 좋다. 먼저 보장성 보험에 가입하는 우선순위부터 정리해보자. 여기서 우선순위라고 표현하는 것은 개인의 소득 수준에 따라 가장 최우선으로 가입하면 좋을 순서를 말한다. 따라서 조금씩 여유가 생길 때마다 두 번째, 세 번째 순서로 보험 가입을 고려하는 것으로 이해하면 된다. 극단적으로 정말 돈이 없는 경우라면 최소한 아래의 첫 번째 보험만 준비하고 있어도 만약의 경우 큰 도움이 된다.

1. 의료실비보험

첫 번째는 우리가 실손의료비보험이라 부르는 의료실비보험이다. 아직도 이 상품에 대해 잘 모르는 사람이 있다면 틀림없이 '간첩'이다. 그만큼 의료실비보험은 몇 번의 이슈를 통해 대한민국 보험시장을 뜨겁게 달구었다. 여기서 의료실비보험에 대해 다시 한번 알아보면, 만약의 경우 다치거나 질병에 걸려 병원에서 치료받아야 할 경우에 써먹을 수 있는 보험이다. 국민의료보험인 건강보험에서 부담하는 치료비 외에 자기부담치료비를 정해진 기준에 따라 돌려받을 수 있다. 이때 정해진 기준이란 대체로 자기부담치료비의 80%, 90%, 100% 등 가입 시점에 따라 다르며 좀 더 구체적인 내용은 해당 약관과 가입 내용 및 치료 내용 등을 기준으로 개별적으로 적용해보아야 한다. 참고로 2015년 1/4분기 기준, 우리나라 건강보험 평균 급여율은 75% 수준이다. 가령 총 치료비가 100원이라면, 75원은 건강보험공단에서 지급하고 나머지 25원을 환자가 부담했다는 뜻이다. 그런데 만약 그 환자가 실손의료비 보험에 가입했다면 자기가 부담한 25원을 해당 보험회사에 청구하여 전액(100%) 또는 90%나 80%에 해당하는 돈을 돌려받을 수 있다.

2. 진단보험

　두 번째는 주요 질병에 대한 진단비를 지급받을 수 있는 진단보험이다. 여기서 주요 질병이란 우리가 흔히 알고 있는 암, 뇌졸중, 심근경색 등과 같이 치료비가 많이 들 뿐만 아니라 자칫 소홀히 하면 생명까지 잃을 수 있는 치명적인 질병을 뜻한다. 진단보험이란, 실제 입원이나 수술 등의 치료 여부와 상관없이 해당 질병을 진단받기만 하면 미리 정한 보험금(예: 2,000만 원)을 지급받을 수 있는 보험을 뜻한다. 요즘은 건강보험공단을 비롯하여 정기적으로 건강검진을 받을 기회가 많다 보니 치명적인 질병조차 초기에 진단받는 경우가 많다. 그러다 보니 진단은 받았지만 큰 수술 없이 치료되는 경우도 있는데, 그런 경우에도 정해진 보험금이 지급된다.

3. 장해보험

세 번째는 장해보험이다. 장해란 뜻하지 않은 사고로 크게 다쳐 치료는 받았지만 더 이상 일할 수 없게 되었거나 할 수 있는 일이 제한되는 경우로, 의사로부터 장해 진단을 받은 경우에 미리 정한 보험금(예: 1억 원)을 지급받을 수 있다. 이때 장해 진단이란 의사가 장해보험 약관에서 미리 정하고 있는 장해등급이나 장해율을 판정하는 것을 말하며, 그렇게 판정된 장해등급이나 장해율을 기준으로 미리 정해진 장해보험금의 전부 또는 일부를 받을 수 있다. 대체로 이러한 장해보험은 보험료가 저렴한 편이다.

4. 사망보험

네 번째는 사망보험이다. 이때 사망이란, 뜻하지 않는 사고로 인한 사망(재해사망)뿐만 아니라 각종 질병으로 인한 사망까지를 모두 포함한다. 이러한 사망보험이 앞의 세 가지 보험 종류와 다른 특징이 있다면, 보험금을 지급받는 사람이 자기 자신이 아니라는 점이다. 다시 말해, 사망보험은 가족 등 다른 사람을 위해 가입하는 보험이라는 특징이 있다.

5. 기타 보험

다섯 번째는 수술, 입원과 같은 기타 보험이다. 물론 경우에 따라 특정한 질병을 대상으로 하는 진단보험에 수술·입원이 패키지로 보장되는 경우도 있으며, 그것과 관계없는 일반적인 수술·입원을 대상으로 지급하는 보험도 있다.

우리가 알고 있는 태아보험, 어린이보험, 간병보험 등을 비롯하여 사람의 신체나 생명에 관한 모든 보험은 위에서 언급한 다섯 가지 보험들을 적당히 섞어 만든 상품들이다. 그러므로 위에서 정리한 우선순위들은 어떤 특정한 보험상품을 뜻하는 것이 아니라 보장 내용으로 이해하는 것이 좋다. 상품 이름과는 상관없이 구체적인 보장 내용을 따져 우선적으로 가입해야 할 순서가 잘못되진 않았는지 확인해보면 된다.

특히, 보험에 가입할 때는 다음 몇 가지를 유념해야 한다.

고령자가 아니라면 되도록 갱신형 상품은 피하자. 갱신형이란 정해진 기간이 지날 때마다 자동적으로 계약이 연장되지만 계약 내용은 바뀔 수 있는 상품이다. 특히 보험료가 인상될 가능성이 크다. 물론 치아보험처럼 아예 갱신형 상품밖에 없는 경우도 있지만, 대체로 그런 상품의 기대효과는 그리 크지 않다. 영양가가 없다는 소리다.

그러나 실손의료비보험처럼 법적으로 갱신형인 상품도 있다. 그 이유는 국민건강보험과의 관련성 때문이다. 즉, 사람들이 실손의료비보험에 가입한 것에 의존하여 병원 출입이 잦아지면 전체적인 치료비가 증가하고 당연히 국민건강보험에서 병원에 지출하는 돈도 많아진다. 그래서 자칫하면 국민건강보험이 적자 날 수 있고 월급에서 원천 공제되는 국민건강보험료가 증가될 수 있다. 물론 실손의료비보험을 판매한 보험회사도 적자 날 수 있다. 그래서 일정 기간마다 실손의료비 보험료를 다시 산정할 수 있도록 하여 자동 정화 기능은 물론 국민건강보험공단과 보험회사의 재정 적자를 예방할 수 있도록 했다.

또한 간병보험처럼 보험금을 지급받을 수 있는 조건이 까다로운 상품은 피하는 것이 좋다. 보장성 보험은 만약의 경우 보험금을 받기 위해 가입하는 상품이다. 매달 꼬박꼬박 보험료를 내느라 머리가 빠질 지경이었는데 막상 보험금을 받으려 할 때 이런저런 조건을 들이대며 'NO' 한다면? 안타깝게도 그런 일이 부지기수다. 기본적으로 보험 가입 절차를 잘 따져 제대로 가입해야겠지만 지급 조건이 많고 복잡한 상품에는 아예 가입하지 않는 것도 지혜로운 선택이다.

이른바 CI보험으로 이름 붙여진 상품들도 그런 경우에 속한다. 일반적인 질병보험에 비해 보험금을 지급받기 위한 추가 조건이 있다. 그런 보험에 가입하는 것보다 차라리 지급 조건이 단순한 보험을 늘리는 게 낫다. 뭐든 어렵고 복잡할수록 그만큼 보험회사에게 좋은 것으로 생각하면 그리 틀리지 않다.

다음은 이외에 질문을 자주 받는 몇 가지 보험상품을 정리해보았다.

치아보험: 30대를 기준으로 월 보험료는 3~5만 원 수준이다. 보장 기간은 5년이며 만기가 되었을 때 갱신도 가능하다. 이럴 때 기대

효과를 따져보자.

5년 동안 총 보험료는 150~200만 원 정도다. 그러나 보장받을 수 있는 기대효과는 가입 당시 멀쩡했던 치아(반드시 멀쩡해야 한다. 그래야 보험에 가입할 수 있으니)가 갑자기 나빠지기 시작하여 5년 안에 임플란트 시술을 하고 치료비가 200만 원 이상 나올 때 그나마 효과를 볼 수 있다. 그럴 가능성이 별로 없다면 패스! 차라리 치아보험에 들어가는 돈으로 적금에 가입해서 필요할 때 쓰는 것이 현명하다.

실버보험: '실버'라는 단어만 보고 평소 제대로 효도하지 못한 자녀들이 무턱대고 감동하는 경우가 많다. 그러나 중요한 것은 보장 내용이다. 대부분의 실버보험은 정작 필요한 질병 보장보다는 발생확률이 적은 상해 또는 사망으로 보장이 제한되는 경우가 많다. 특히 사망의 경우 그때까지 불입했던 보험료보다 적은 보험금이 지급되는 경우도 있다.

간병보험: 고령화로 인해 이런저런 간병보험이 많이 나온다. 그러나 현재 추천할 만한 상품은 하나도 없다. 보험료는 비싼 반면 막상 간병보험금을 받으려면 이런저런 조건이 많다. 내 돈 들여 보험들고 나중에 보험회사랑 먹살 잡고 싸울 가능성이 가장 높은 상품이다.

상조보험과 상조 서비스: 상조보험은 손해보험회사에서 판매하는 보험상품이지만 상조 서비스는 보험회사가 아닌 상조회사에서 운영한다. 그러나 상조보험과 상조 서비스의 내용이 서로 비슷하고 똑같이 '상조'라는 표현을 사용하다 보니 헷갈릴 때가 많다. 상조회사는 일종의 조합이다. 가입자로부터 언젠가 필요한 돈을 미리 받은 다음, 그렇게 모아진 돈을 운용하여 발생하는 수익을 합쳐 가입자들에게 상조 서비스를 해준다. 따라서 상조보험과 상조 서비스는 다르다.

첫째, 상조회사는 누구든 가입할 수 있다. 건강 조건도 따지지 않는다. 반면 상조보험은 가입연령을 대체로 80세까지로 제한하고 있으며 건강 조건도 따진다. 왜냐하면 상조보험은 보험이기 때문이다.

둘째, 상조회사에 가입하면 정해진 상조회비를 다 내지 못하고 중도에 사망하는 일이 있더라도 나머지 금액을 완납해야 한다. 그래서 상조보험과 달리 건강 조건을 따지지 않는 것이다. 그러나 상조보험은 보험이기 때문에 상조보험료를 단 1회만 납입하고 사망하더라도 나머지 보험료를 납부할 필요가 없다. 참고로 몇몇 상조회사는 이른바 '프리미엄'이라고 해서 상조회비를 납입하는 중도에 사망하더라도 보험회사처럼 나머지 회비를 받지 않는 경우도 있다. 대신 일반 상조상품보다 비싸고 가입 조건도 제한되어 있다.

셋째, 상조회사는 상조 서비스를 직접 하는 회사다. 따라서 회사만 잘 살펴보고 가입을 판단하면 된다. 그러나 보험회사는 상조보험을 판매만 할 뿐, 직접 서비스하는 것이 아니다. 만약 상조 서비스를 해줘야 할 일이 생기면 보험회사가 제휴하고 있는 상조회사에게 맡긴다. 따라서 상조보험에 가입할 때는 보험회사뿐만 아니

라 상조 서비스를 맡고 있는 제휴 회사가 어딘지도 잘 따져보아야
한다.

　최근, 상조회사의 부실이 문제가 되면서 가입자들이 돈을 떼이
는 사태가 많아졌다. 따라서 상조회사에 가입하기 전에 그 회사의
자본금 등을 꼼꼼하게 따져보아야 한다.

나이와 상황에 따른 보험 설계 가이드

난이도 ㊤ ㊥ ㊦
수면도움 😊 😐 😫

이제부터는 앞에서의 우선순위를 참고하여 보험 가입자의 나이와 상황에 따라 필요한 보험은 무엇인지, 그리고 구체적으로 어떻게 가입하는 것이 좋을지 알아보자. 그러나 보험 가입은 공짜가 아니기 때문에 현실적으로 우선되어야 할 기준은 소득 수준이다. 자신의 재정적인 안정 또는 계획에 지나친 부담을 초래하면 곤란하다. 예를 들어 나이와 직업에 상관없이 재정적인 형편이 되지 않는다면, 실손의료비보험과 같은 꼭 필요한 최소한의 보험에만 가입해야 할 수도 있다.

1. 어린이(태아 포함)

대체로 어린이보험은 태아 때부터 가입한다. 태아보험이지만 출생 이후에는 어린이보험으로 자동 전환된다. 물론 출생 이후 가입할 수도 있다. 그런데도 태아 때 가입하는 경우는 출생에 따른 위험, 즉 조산으로 인한 인큐베이터 비용이나 만약의 경우 기형 출산 등의 위험 때문이다. 어린이보험은 여러 가지 보장을 하나의 상품으로 묶은 패키지 형태(종합보험)로서, 보장 만기는 성인 보험과 마찬가지로 가능하면 넉넉하게 정하는 것이 좋다. 왜냐하면 아이들이 성장하는 과정에서 건강상 여러 변수가 생길 수도 있는데 만기를 짧게 정해두면 재가입이 곤란할 수 있기 때문이다.

어린이보험에서 가장 중요한 보장 내용은 실손의료비, 소아암, 장해 보장이다. 기타 이런저런 잡다한 내용들은 그리 중요하지 않다. 적정 보험료 수준은 3~5만 원 정도.

2. 사회 진출

드디어 돈을 벌기 시작했다. 지금까지는 주로 부모가 보험료를 내왔다면 지금부터는 본인이 낼 수 있다. 이제 본격적인 성인 보험으로 갈아탈 때다. 실손보험을 기본으로 하고 이에 추가로 2 > 3 > 4 > 5 에 대한 보장 내용을 업그레이드할 수 있다. 또한 건강 상태가 좋기 때문에 우량체 기준으로 가입하면 더 저렴하게 준비할 수 있다. 이때 만기는 되도록 길게 설정하는 것이 좋다.

그러나 이때부터는 저축과 투자를 시작해야 하는 만큼 여유가 있지 않은 한, 보험료의 적정 수준을 넘어서면서까지 나중에 필요한 보험을 앞당겨 가입할 이유는 없다. 전체적인 보험료 적정 수준은 10만 원 내외이지만 현실적인 소득 수준이 중요하므로 보험료보다는 보장금액을 기준으로 판단하는 것이 좋다. 예를 들어, 같은 금액의 사망보장금 1억 원을 종신보험으로 가입할 때와 60세까지 보장되는 정기보험으로 가입할 때의 보험료는 크게 차이가 난다. 물론 가능하면 정기보험을 추천한다. 그런 방법으로 만기가 긴 건강보험과 사망 보장을 위한 정기보험을 각각 분리하여 준비하면 전체적으로 10만 원 이내에서도 충분하다.

3. 결혼 이후 40세까지

결혼으로 가정을 꾸렸다는 것은 인생의 큰 전환점이다. 아직까지는 자기 자신만 책임지면 되었지만 이제 비로소 누군가를 책임져야 하기 때문이다. 따라서 앞 장에서 설명한 가입 우선순위의 1, 2, 3번과 함께 4번의 사망보험을 고려해야 한다.

이때 사망 보장에 대한 준비 역시 앞의 '2. 사회진출'을 참고한다. 즉, 특별히 가족병력 등의 문제가 없다면 평생 보장되는 종신보험보다는 보장금액은 동일하지만 보험료가 훨씬 저렴한 정기보험으로 설계하는 것이 좋다. 대체로 동일한 사망보장금액(예: 1억 원)을 평생 보장되는 종신보험으로 설계할 때와 60세까지 보장되는 정기보험으로 설계할 경우 나이에 따라 최소 2배에서 최대 5배까지 차이가 난다.

이 같은 정기보험은 일반적으로 만기환급형과 완전소멸형이 있는데, 자동차보험처럼 완전소멸형이 낫다. 왜냐하면 정기보험에 가입하는 이유가 보장은 동일하면서 보험료를 줄이겠다는 것인데,

만기환급형의 경우 그 효과가 크게 떨어진다. 물론 만기환급형으로 설계하면 만기 이후 일부 금액을 돌려받을 수 있지만, 만기환급형과 완전소멸형과의 보험료 차이만큼 저축이나 투자를 통해 불리는 것에 비할 바가 아니다.

4. 40세 이후 50세까지

40세, 이런저런 유혹에도 쉽게 흔들리지 않는 불혹의 나이다. 이제부턴 은퇴 이후를 적극적으로 준비해야 한다. 동시에 자녀들의 교육비도 천천히 압박 요인이 될 수 있다. 자녀교육비에 대한 지출 수준을 다시 점검해보아야 한다. 사회적으로는 후배들과 직장 상사들 사이에서 스트레스를 많이 받을 시기이기도 하다. 그로 인해 각종 성인병 등 건강에 이상이 생길 수도 있다. 따라서 보장성 보험은 다시 가입하기 힘들다는 전제를 가지고 검토하는 것이 좋다. 보험료 수준도 눈에 띄게 높아지는 연령대이기도 하다. 가능하면 40세가 되기 전에 보장보험료 적정성 여부를 종합적으로 판단해야 하는 이유다.

가입 우선순위 1, 2, 3, 4는 이제 더 이상 선택이 아니라 필수다. 다만, 사망보험의 경우 그때까지의 재산 상태와 월간 현금흐름 및 자녀들의 성장 상태 등을 토대로 적정 보장금액에 대한 효율적인 분석이 필요하다. 평균수명이 길어지면서 사망보험금을 연금으로 사용할 수 있는 상품도 등장했다. 얼핏 생각하면 마치 카멜레온처럼 좋게 느껴질 수 있지만 꼭 그런 것만은 아니다. 여태껏 보장성

보험과 저축투자성 보험을 결합하여 성공한 상품은 별로 없다. 달걀을 한 바구니에 담지 말라는 속담처럼 장기성 상품들을 한 바구니에 같이 담아두면 만약의 경우 두 가지 모두 중도해약되거나 망가질 수 있다. 따라서 가능하면(설사 비용이 더 비싸더라도) 성격이 다른 상품들은 별도로 가입하여 관리하는 것이 원칙이다. 그러나 수명 연장에 따른 다양한 보험상품들이 등장하기 때문에 구체적으로 따져볼 필요는 있다.

또한 여유가 있다면 질병 진단 보험을 확보해둘 것을 권장한다. 어쩌면 유리한 조건으로 가입할 수 있는 마지막 기회일 수 있기 때문이다.

5. 50대 이후

자, 이제 50대가 되었다. 사실상 보장성 보험을 새로 가입하기에는 어려움이 많다. 보험료가 비쌀 뿐만 아니라 설령 그만한 보험료를 부담할 형편이 되더라도 건강 문제로 인해 가입이 거절될 가능성이 매우 높다. 이른바 묻지도 따지지도 않는다는 보험도 있지만 보장금액도 거의 형식에 가깝고 그에 비하면 보험료는 비싸다.

은퇴 준비도 당장 목전에 닥쳤다. 50세 이전의 재산 상태, 은퇴 준비가 어떻게 되었느냐에 따라 50대 이후의 삶이 크게 달라질 수밖에 없는 이유다. 부자라면 증여나 상속에 연계할 수 있는 보험 플랜을 잘 준비해야 한다. 그게 잘못되면 인생에서 가장 큰 후회거리를 만들 수 있다.

반대로 만약 많은 것들이 부족하다면, 자녀들은 물론 가족 전체의 협력이 매우 중요하다. 보장성 보험 역시 가입 우선순위 1, 2, 3번을 중심으로 다시 한 번 점검한다. 최소한 실손의료비보험은 꼭 준비하거나 가입하고 있었다면 반드시 유지한다.

10

을이 아닌 갑이 되는
신용 관리 노하우

난이도 ㊤ ㊥ ㊦
수면도움 😊 😐 😔

　　현대사회에서 개인의 신용은 자산이다. 하지만 정작 자기 자신의 개인신용등급에 대해 관심을 가지는 사람들은 많지 않다. 안다고 해서 당장에 큰 변화도 없을뿐더러 누가 일부러 알려주지도 않기 때문이다. 하지만 다음의 경우들을 보자.

- 큰맘 먹고 새 차를 구입하려고 한다. 직장도 안정되어 있고 고정수입도 있으니, 일부를 현금으로 결제하고 나머지는 대출을 이용하려 한다.
- 전셋값이 2년 전보다 너무 많이 올랐다. 집을 사는 것은 아직 부담스럽고, 전세금을 올려서라도 재계약하려고 하는데 부족한 돈은 전세자금대출로 메꾸려 한다.
- 갑작스런 회사 사정으로 권고사직 또는 조기 명퇴를 하게 되

었다. 창업을 생각하고 있는데 부족한 돈은 대출을 알아볼까
한다.

• 부모님이 쓰러져 큰 수술을 했다. 그런데 당장 병원비가 부족
하다. 그나마 가지고 있던 금융상품을 깨서 급한 불은 껐지만,
간병비용 등 아직도 필요한 돈이 많다. 아무래도 대출을 알아
봐야겠다.

• 먹고사는 데는 큰 지장이 없다. 하지만 금리도 낮고 투자하기
좋은 시점인 것 같아 대출을 받아서라도 투자해봐야겠다.

내일 일을 알 수 없는 세상에서 어쩔 수 없이 돈을 빌려야 하는
상황이 벌어질 수 있다. 이때는 그동안 쌓여왔던 신용도에 따라 대
출 가능 여부와 대출금액은 물론 대출이자가 결정된다. 대출을 받
는 금액이 대체로 적은 돈은 아니므로 평소 신용 관리가 필요하다.

평소에 대출도 없고 내 돈으로 착실히 생활하면 신용도가 좋아
지지 않을까 하고 생각하는 사람들이 많다. 하지만 신용도는 과거
의 거래 기록으로 미래를 예측하는 기준이기 때문에 과거의 거래
기록이 너무 적거나 신용거래를 전혀 하지 않으면 그 사람을 판단
할 수 있는 자료가 없어 오히려 신용도가 낮게 평가될 수 있다. 따
라서 금융기관과 적당하고 꾸준하게 거래하는 것이 좋은 신용등급
을 받는 지름길이다.

보통 금융거래 실적이 없는 경우 전체 10등급의 중간쯤인 6등급
에서부터 신용등급이 시작된다. 이후부터는 내야 할 돈 잘 내고 갚

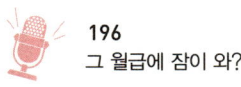

아야 할 돈 잘 갚으면 신용등급이 점점 높아지고(1등급에 가까워지고), 그 반대라면 떨어진다. 신용등급이 높을수록 대출받을 때 적용되는 이율은 내려가고 대출받을 수 있는 한도는 올라가기 때문에 대출이 필요할 경우 활용도를 높일 수 있다.

그렇다면 신용은 어떻게 평가될까?

주로 연체나 대출금 등 여러 가지 평가 요인에 따라 변동되는데, 신용등급 관리에 대한 정보 부족 및 관리 소홀로 인해 원치 않는 결과가 나오는 경우가 많다. 예를 들어 자산이 많으면 신용등급이 높고 자산이 적으면 신용등급이 낮다고 생각하는데, 자산의 크기가 신용 평가에 영향을 끼치지는 않는다. 다시 말해, 예금액이 1억 원이냐 10억 원이냐에 따라 신용도가 크게 달라지는 것은 아니라는 얘기다. 재산보다는 부채 내용, 즉 부채 규모와 대출 빈도가 더 큰 영향을 준다. 예를 들어 재산은 적은데 돈을 계속 빌리고 있으면 신용등급은 낮아진다. 그 밖에도 타인에게 보증을 섰다거나 신용카드 사용, 할부거래 정도, 대출 기간 등이 주요 평가 기준으로 고려된다.

신용을 평가하는 기준 가운데 가장 중요한 것은 연체 이력이다. 이러한 연체에는 금융기관의 대출금 이자나 상환금 연체, 각종 세금과 과태료 같은 벌금, 국민연금보험료·건강보험료, 공과금과 휴대폰 이용료 같은 각종 결제 금액이 모두 포함된다. 납입해야 할 의무가 있는 돈들이 제대로 결제되고 있는지가 반영되는 것이다. 단, 개인적으로 가입한 보험료나 예·적금, 펀드투자금 등은 해당

되지 않는다.

많은 사람들이 쉽게 생각하는 것 중 하나는 휴대폰 이용료와 같은 소액 결제들이다. 이런 것들이 지속적으로 연체되면 신용도에 악영향을 끼친다. 예를 들어 아무리 적은 금액이라도 30만 원 이하 소액 연체가 3건 이상일 때에는 '은행연합회'에 신용불량자로 등록되며 은행과 카드회사 등이 자료를 공유한다. 이처럼 신용 평가에는 연체금액보다는 연체 횟수와 기간이 더 크게 반영된다는 점을 주의할 필요가 있다.

신용사회에서 한 번 추락된 신용도는 회복하기가 매우 어렵고 많은 시간이 소요된다. 따라서 신용을 관리하는 데 의식적으로 노력해야 한다. 신용 관리를 잘하기 위한 방법들을 간단히 정리하면 다음과 같다.

1. 주거래은행 이용하기

은행별로 여러 개의 통장을 가지고 거래하는 경우가 있다. 이런 사람들의 공통점은 돈 관리가 잘 안 된다는 것이다. 금융상품은 여러 개로 분산하는 것이 중요하지만, 은행 거래는 한 곳에 집중하는 것이 좋다. 은행 거래를 한 곳으로 집중하라고 하니 통장 쪼개기와 헷갈리는 사람들도 있을 듯한데, 통장을 여러 개 만들더라도 한 은행에서 만들어야 한다는 얘기다.

한 은행과 거래하면 전체적인 자산 관리가 편리할 뿐만 아니라, 각 은행들은 자체 신용평가 시스템을 보유하고 있어 거래실적이

많고 우수한 고객에게는 신용을 높게 평가하여 각종 우대 혜택을 제공하기 때문이다.

혹시 현재 거래하는 주거래은행을 다른 금융기관으로 바꾸고 싶은데 통장에서 자동이체되는 각종 보험료나 공과금 등을 옮기는 것이 귀찮아 포기하고 있다면 금융결제원에서 운영하는 자동이체 통합관리서비스인 페이인포(www.payinfo.or.kr)를 이용하여 한 방에 해결할 수 있다. 이것은 여러 금융회사에 등록되어 있는 본인의 자동이체 등록정보를 일괄 조회하고 자동이체 해지는 물론 다른 금융기관으로 변경할 수 있는 통합서비스다.

2. 자동이체로 연체 방지

현금흐름 관리에서 중요한 포인트는 본인이 신경 쓰지 않아도 잘못되는 일이 없도록 시스템화되어 있어야 한다는 것이다. 보통 바쁜 업무 때문에 결제를 깜박하는 경우가 많은데, 이를 방지하기 위해 주기적으로 결제되어야 할 것들은 무조건 자동이체를 신청하자. 또한 가능하면 결제나 지급 통장을 하나로 통일하는 것이 편리하다. 예컨대 7월 공과금은 A통장에서, 8월 공과금은 C통장에서, 이런 식으로 하지 말라는 얘기다.

휴대폰 요금뿐만 아니라 세금, 수도세, 건강보험료, 국민연금보험료, 과태료 등 모든 연체가 신용등급에 나쁜 영향을 주기 때문에 각종 공과금 등도 반드시 자동이체를 신청해두는 것이 좋다. 자동이체일은 되도록 월급 등 정기적인 수입이 들어오는 다음 날로 정하여 계좌 잔고가 바닥나지 않도록 조심해야 한다.

3. 신용카드 잘 사용하기

지인들에게서 신용카드 한 장만 만들어달라는 부탁을 받는 경우가 많은데, 이때에도 가능하면 예의를 갖춰 거절하자. 우리나라 성인 기준으로 1인당 카드 보유수가 약 4장인데, 이를 초과해 카드를 소지하면 신용등급에 불이익을 받을 수 있다. 카드가 많으면 그만큼 연체 가능성도 높아진다고 판단하기 때문이다.

체크카드도 많이 발급받지 말자. 물론 체크카드는 통장 잔액 내에서만 결제가 가능하기 때문에 신용카드와는 전혀 상관이 없지만, 간혹 신용카드로 간주되어 신용점수가 떨어진다는 이야기도 있다. 또한 신용카드 결제는 되도록이면 일시불로 결제하자. 할부가 늘어나면 쓰는 것도 별로 없는데 늘 돈에 허덕이고 시간이 지나면서 그달 결제한 금액과 합쳐져 크게 불어난 결제금액 때문에 쫓기는 경우가 허다하다.

만약 당장 현금이 없더라도 신용카드의 현금서비스나 리볼빙서비스는 되도록 이용하지 말자. 비싼 이자도 걱정되지만 신용등급에 악영향을 끼치기 때문이다. 마찬가지로 신용카드가 너무 많으면 지출 관리가 안 될 가능성과 결제가 미뤄질 가능성이 높아지므로 1~2개를 집중적으로 사용하는 것이 유리하다.

카드 사용액이 평소 사용액보다 갑자기 증가하면 신용 평가에 나쁜 영향을 줄 수도 있으니 일정한 비율로 꾸준히 사용하는 게 좋다.

4. 대출 상환 잘하기

간혹 대출을 받은 상태에서 대출 상환을 한꺼번에 하기 위해 저축을 하는 사람들이 있다. 의외로 많은 사람들이 4%짜리 대출이자를 지불하면서 3%짜리 적금을 들고 있다.

그러나 이건 가만히 앉아 돈을 까먹는 일이다. 왜냐하면 대출이자가 예·적금 이자보다 더 높아 대출이자와 예금이자의 차이만큼 손해가 발생하기 때문이다. 이런 경우 당장 대출을 갚는 것이 유리하다. 또한 중도상환수수료를 이유로 중도 상환을 미루는 경우도 있는데, 중도상환수수료는 대체로 1~2% 정도의 소액으로 대출금리보다 낮다. 따라서 빨리 갚는 것이 비용 부담을 줄이는 지름길이다.

또한 여유자금이 충분하지 못한 상태에서 무조건 빚을 없애거나 줄여야 한다는 생각으로 매달 발생하는 여유자금의 대부분을 대출 상환에 사용하는 경우가 있는데, 대출금액이 적다면 추천할 만하나 고액이라면 오히려 여유자금이 부족해 또다시 대출을 받아야 하는 상황이 벌어질 수도 있다. 따라서 여유자금이 충분치 않다면 대출 상환도 장기적으로 조금씩 분할 상환하는 것이 현명하다. 다시 말해, 막연하게 당장의 대출을 상환하는 데 집중하기보다 장기적인 관점에서 본인의 재무상태 및 현금흐름에 대한 계획을 수립해야 한다.

혹시 마이너스 통장을 가지고 있다면 실제 활용 여부를 잘 따져 가능하면 없애는 것이 좋다. 왜냐하면 마이너스통장은 실제 사용하지 않고 가지고만 있어도 대출금액으로 인정된다. 예를 들어 1,000만 원짜리 마이너스 통장에서 실제 100만 원만 사용하고 있더라도 대출액은 1,000만 원으로 인정된다. 따라서 100만 원을 상환할 수 있다면 상환과 동시에 마이너스통장을 해지하는 게 좋다.

5. 본인의 신용정보를 정기적으로 체크하기

연체가 없도록 주의하는 것 못지않게 평소에 본인의 신용정보를 꼼꼼하게 확인하는 일도 중요하다. 연 1~2회 정도는 신용평가 사이트를 통해 자신의 신용거래가 정상적으로 등록되어 관리되고 있는지, 혹시라도 본인의 의사와 상관없는 거래가 시도되었는지, 잘못 등록된 정보는 없는지 등을 포함한 신용등급을 살펴볼 필요가 있다.

조회 기록이 많아지면 신용 평가에 나쁜 영향을 끼쳐 이용하기가 꺼려진다고 걱정하는 사람들도 있는데 전혀 걱정할 필요가 없다. 본인이 직접 조회하는 것은 신용등급에 아무런 영향을 끼치지 않는다. 그러나 다른 사람이 조회할 때는 영향을 끼친다!

"대출 가능 금액을 알아보세요"라는 대출업체의 말에 솔깃하는 경우가 있는데, 큰코다칠 수 있으니 조심해야 한다. 대출업체가 신용정보를 조회하기 때문이다. 마찬가지로 시중은행에서 대출을 알아볼 때도 단기간에 여러 곳을 방문하여 대출 여부를 집중 조회하면 신용에 마이너스 요인이 될 수 있으니 주의해야 한다.

만약 대출이 필요하면, 먼저 자신의 신용등급으로 얼마만큼을

어떤 조건으로 받을 수 있는지 인터넷 등을 통해 필요한 정보를 미리 알아본 후 은행을 방문하는 것이 좋다. 이런 사이트로는 한국이지론(www.egloan.co.kr) 등이 있다. 참고로 최근에는 대출모집인을 통한 대출 상담이 많아지는 현상을 틈타 다른 사람의 명의를 도용하는 대출 사기도 빈번하게 발생하고 있으므로 대출모집인을 통해 대출 상담을 진행하는 경우에는 대출모집인 통합조회시스템(www.loanconsultant.or.kr)을 통해 사진과 얼굴을 대조해 본인 여부를 반드시 확인해야 한다. 대출모집인 조회는 등록번호와 휴대전화번호를 모두 입력해야 가능하며 성명, 사진, 계약 금융회사, 계약 법인 등의 정보를 확인할 수 있다. 만약 대출모집인 통합조회시스템에서 정보가 조회되지 않을 경우 대출모집인을 사칭한 불법 브로커일 가능성이 크므로 절대 대출 상담, 서류 제출 등에 응하지 말아야 한다.

6. 휴대전화번호 또는 주소 변경 시 거래 중인 금융기관에 알리기

대출 연체 정보는 문자 등으로 해당 금융기관에서 바로 알려준다. 따라서 주소나 전화번호가 변경되었다면 해당 금융기관에 바로 등록하여 혹시라도 연체 사실이나 각종 변경 정보를 통지받지 못해 불이익을 받는 일이 없도록 주의해야 한다.

신용도에 여유가 있는 사람이면 언제든지 금융기관을 자기 뜻대로 선택할 수 있다. 그리고 공식적인 이자율이 정해져 있긴 하지만 협상을 통해 최대한 낮출 수도 있다. 에누리 없는 장사는 없는 법이다. 본인이 고객이라는 점을 기억한다면 갑의 위치에서 금융기관을 활용할 수 있다는 얘기다.

이처럼 신용등급은 본인이 원하는 수준으로 관리할 수 있다. 갑이 될까, 을이 될까? 당신 하기에 달렸다!

ETF는 직접 주식에 투자하는 것에 비해 어떤 장점이 있을까?

첫째, 주식이 가지는 개별 위험을 줄일 수 있다.

둘째, 상대적으로 안전한 투자가 가능하다.

셋째, 소액투자가 가능하다.

넷째, 종류가 다양하다.

하지만 주의해야 할 것이 하나 있다. 거래량 정도는 신경을 써야 한다.

보장성 보험에 가입하는 우선순위

1. 의료실비보험

2. 진단보험

3. 장해보험

4. 사망보험

5. 기타 보험

보험에 가입할 때 유의사항!

고령자가 아니라면 되도록 갱신형 상품은 피하자.

간병보험처럼 보험금을 지급받을 수 있는 조건이 까다로운 상품은 피하는 것이

좋다.

제4장

₩ 어떻게 쓸까?

[지출]

통장 쪼개기에도
플러스 알파가 필요하다

난이도 ⓛ ⑭ ⑭
수면도움 😀 😐 😞

대부분의 재테크 책에는 한결같이 '통장 쪼개기'란 내용이 나온다. 통장 쪼개기란, 이런저런 용도에 맞춰 여러 개의 통장을 만들어 관리하라는 뜻이다. 그런데 언뜻 이런 의문이 들 수도 있다.

"통장을 왜 쪼개?"

지갑에 카드가 여러 장 있으면 간혹 헷갈릴 때가 있는 것처럼 통장도 여러 개 있으면 불편한 것은 사실이다. 스마트한 시대의 원스톱 서비스와도 맞지 않는다. 통장 하나에 월급도 넣어두고 교통카드, 직불카드는 물론 신용카드 결제통장으로도 사용하면 편리한데, 왜 그걸 굳이 쪼개라고 할까? 아무리 인터넷으로 간단하게 쓱싹 만들 수 있는 것이 통장이라지만, 그래도 이 바쁘고 복잡한 세상에 여러 개의 통장을 만드는 것도, 그렇게 만들어진 통장계좌들을 관리하는 일도 그다지 만만하게 느껴지진 않는다. 통장마다 정

해두어야 할 비밀번호 같은 것들도 짜증스럽긴 마찬가지다.

그렇다면 질문 하나,

새로 사귀려는 애인과 헤어지려는 애인을 같은 차에 태우고 여행을 떠나면 어떤 일이 일어날까? 아마 그 여행은 여행이랄 수도 없는 끔찍한 결말로 이어지기 십상일 것이다.

통장도 마찬가지다.

하나의 통장에 들어오는 돈(소득)과 나가는 돈(소비)이 함께 있으면 그 둘은 항상 싸울 수밖에 없다. 그리고 대부분 나가는 돈이 이긴다. 왜냐하면 소비는 당신의 욕망과 맞닿아 있기 때문이다. 그런 욕망은 끊임없이 당신에게 속삭인다.

"통장에 돈 있잖아……."

심지어 그 욕망은 통장 잔고가 부족할 때에도 이렇게 부추긴다.

"괜찮아, 다음 달에 또 들어오잖아……."

그런 일이 되풀이되면서 당신을 소비에 둔감하게 하고 마침내 버는 돈보다 더 많이 쓰는 빚쟁이로 만든다.

통장 쪼개기를 구체적으로 정의하면, '의도된 불편'을 통해 '재정적 목표'를 달성하려는 '계획'으로 표현할 수 있다. 그러니까 핵심 키워드가 '불편·목표·계획'인 셈이다. 이것은 흔히 제한급수나 수돗물 공급이 끊긴다는 예고방송을 들었을 때의 지혜로운 준비에 비추어 설명할 수도 있다.

예를 들어 만약 오늘 받은 수돗물을 갖고 사흘을 버텨야 한다면 그 수돗물을 하나의 욕조에 담아두고 한꺼번에 사용하는 것보다 샤워, 빨래, 음식 등 각각의 용도에 필요한 만큼을 미리부터 각각 다른 용기에 담아두고 쓰는 편이 훨씬 절약할 수 있다. 또한 그것을 1일치, 2일치, 3일치로 나누고 해당 날짜마다 샤워, 빨래, 음식 등의 용도별로 다시 나누어두면 더욱 좋을 것이고, 거기에 가족들마다 자기가 쓸 수 있는 분량을 따로 나눌 수 있다면 더더욱 좋을 것이다. 물론 그렇게 구체적으로 나누면 나눌수록 더 많은 그릇과 공간이 필요하고 그만큼 더 '불편'하겠지만, 수돗물을 사흘 동안 쓰기(재정적 '목표') 위한 원래의 '계획'이 성공할 가능성은 높아진다.

일반적으로 통장 쪼개기는 급여통장, 지출통장, 비상금통장 등 3개를 권장한다. 그러나 이 세 가지 통장을 기본으로 별도의 저축투자통장을 따로 만들거나 저축투자의 용도(예: 전세금통장, 교육비통장, 결혼자금통장, 여행비통장, 휴가비통장 등)에 따라 더 세분하여 관리할 수도 있다. 물론 소비통장 역시 그 종류(예: 직불카드통장, 신용카드통장 등)에 따라 나누면 나눌수록 원래 계획한 재정적 목표 달성을 앞당길 수 있다.

예를 들어 한 달 동안 쓸 수 있는 지출 목표액을 소비통장에 넣어둔 다음, 오직 체크카드만 사용하여 지출하는 습관을 들이면 어느덧 당초 목표로 정했던 금액 범위 내에서 지출된다. 만약 중간에 통장에 돈이 떨어지면? 물론 쓰지 않고 인내하는 것이 가장 좋지만 가족행사, 경조사 등과 같이 어쩔 수 없는 상황이라면 꼭 필요한 만큼의 돈을 비상금통장에서 이체시킨 다음 사용한다. 이런 용도로 비상금통장에는 약 3~6개월치에 해당하는 생활비 정도를 항상 남겨두도록 한다. 그 과정에 자연스럽게 자신의 소비습관에 대한 점검이 이루어진다.

별도의 소비통장을 만들지 않고 월급통장에 돈을 그대로 둔 채 신용카드를 사용하는 사람들은 대부분 통장에 돈이 늘 부족하고 월급이 들어오자마자 각종 카드 대금 결제로 다 빠져나간다. 그러다 보면 당연히 돈에 끌려다니는 노예로 전락할 가능성이 높다.

중요한 것은 단지 통장을 쪼개는 것만으로는 그 같은 문제들이 해결되지 않는다는 사실이다. 다시 말해, **소유하려는 욕심을 의도**

■현금흐름 관리 예시

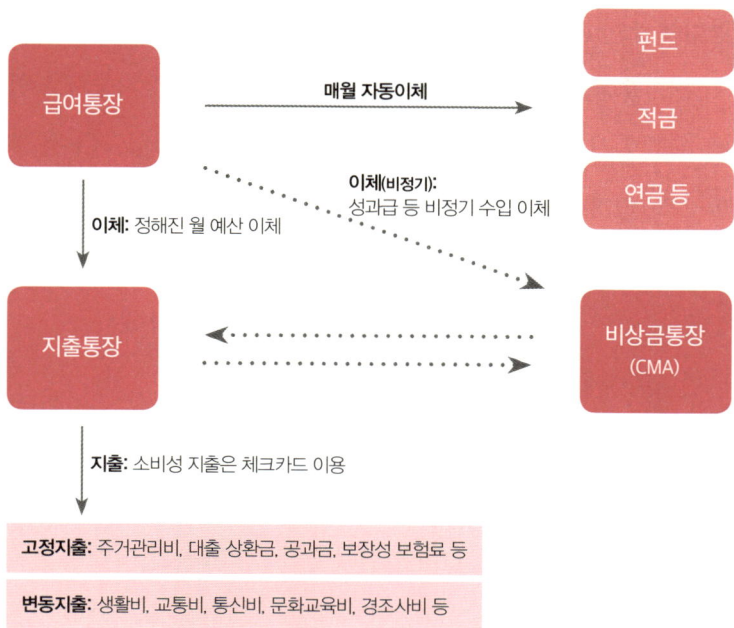

적으로 줄여나가야 한다! 소비는 우리의 관심과 시선을 끊임없이 밖으로 향하게 한다. 예를 들어, 지금 당신이 자동차를 사야 한다고 생각해보자. 그때부터 당신의 관심은 온통 자동차에 가 있을 것이다. 인터넷에 접속해 자동차를 검색하고 주변 사람들에게 자동차에 관해 물어볼 것이며, 자동차 전시장 여러 곳을 방문하여 직접 살펴보기도 할 것이다. 그렇게 해서 자동차를 구입하면 이번에는 드라이브 계획을 세울 것이다. 어디가 좋을까? 무엇을 먹을까? 당신의 관심과 시선은 끊임없이 밖에서 떠돌게 된다. 교통안전공단 조사에 따르면, 자가용 자동차를 보유하고 있는 기간 동안 자동차를 사용하는 실제 시간이 채 10%도 되지 않는다고 한다. 나머지 90%의 시간은 어딘가에 주차되어 있다는 것이다. 이는 우리가 자동차에 소비한 돈(구입비, 유류비, 보험료, 자동차세, 수리비, 주차비 등)의 90%는 쓸데없이 허비되고 있다는 것을 뜻한다. 또한 자동차로 인해 우리가 신경 쓰는 시간 역시 무시하지 못한다. 구입 과정은 말할 것도 없거니와 보험 만기가 되었을 때 여기저기서 날아오는 보험료 비교견적, 주차 문제를 둘러싼 갈등, 뜻하지 않는 고장과 사고 등 우리의 관심과 시선을 빼앗는 시간 역시 만만치 않다.

　반대로 자동차를 구입하지 않는다면 어떻게 될까?

　필요할 때마다 렌트를 하든 카셰어링을 하든 할 것이다. 즉, 필요할 때마다 차를 타는 시간은 비슷하다. 물론 자동차를 보유하고 있으면 더 많이 사용할 테지만, 실제 필요를 기준으로 따지면 별반 차이가 없다. 그런데 이때 우리가 지불하는 돈은 자동차 사용 시간과 거의 100% 일치한다. 또 우리의 관심과 시선을 빼앗는 시간 역시 자동차를 사용하는 시간에 한정된다.

따라서 가능하면 소유의 이익보다 무소유의 이익이 더 크다는 사실에 눈을 뜨는 것이 좋다.

혹시 헬스클럽 연회원에 가입했던 경험이 있다면 잘 알겠지만, 연간회원 가입비는 한 달 사용권에 비해 훨씬 싸다. 그래서 이리저리 따져보다 연간회원에 등록하지만, 결과적으로는 더 많은 돈을 허비하는 사람들이 많다. 이유는 자동차를 소유하는 것이 좋을까, 렌트하는 것이 좋을까의 사례와 비슷하다. 다들 쉬쉬하며 밖으로 알려지는 것을 꺼려하지만, 헬스클럽 연회원에 가입한 사람들 가운데 70%, 심하게는 90% 이상이 휴회 중이라고 한다. 돈이 아까워 처음 몇 번은 열심히 다니지만, 이런저런 사정이 생기면서 한두 번 빠지다 보면 어느덧 휴회 중인 자신을 어렵지 않게 발견할 수 있다.

이 같은 헬스클럽을 포함한 회원제 멤버십 비즈니스의 수익 모델을 이른바 '낙전수입(落箭收入)'이라고 한다. 구입은 했으나 실제 사용하지 않아 이익이 생긴다는 뜻이다. 요즘은 환불할 수 있도록 법이 바뀌어 낙전수입이 많이 줄어들었지만, SNS가 대중화되지 않았던 소셜커머스 초기만 해도 사용하지 않은 쿠폰을 환불해주지 않아 낙전수입이 상당했다고 한다.

02 돈 버는 소비, 돈 잃는 소비

난이도 ⊥ ⊕ ⊤
수면도움 😄 😐 😖

소비의 질도 따져보는 것이 좋다. 이른바, 돈의 주인 되는 지출 습관이 몸에 밴 사람들은 돈을 쓰는 이유도 다르다. 다시 말해, 돈에 쫓기는 사람들과는 달리 돈을 다스리며 사는 사람들은 주로 생산적인 곳에 더 많이 소비한다.

고객들을 상담하기에 앞서 간단한 양식의 현금흐름표를 작성해 달라고 해서 이메일로 미리 받아보는데, 그 이유는 고객의 소비성 향을 알아보기 위해서다. 돈을 어느 곳에 주로 사용하느냐를 살펴보면 그 사람이 어떤 사람인지, 주된 관심사는 무엇인지, 돈을 다스리며 사는 사람인지 아니면 쫓기며 사는 사람인지 등을 대강 짐작할 수 있다. 예를 들어 책이나 각종 강의·강좌에 지출을 많이 하는 사람이 있고, 영화와 미술 관람 등 문화예술 분야에 지출을 많이 하는 사람이 있으며, 여행비 지출이 많은 사람이 있고, 이것저

것에 다양하게 지출하는 사람도 있는 반면, 아예 정리 자체가 안 되어 있는 사람도 있다. 그런 내용들을 살펴보면서 어떤 내용의 상담이 필요할지를 미리 정리해본다.

물론 생산적인 곳에 더 많이 소비하는 사람들과는 상담하기도 쉽고 상담 시간도 짧다. 반면 그러지 않는 사람들과는 더 많은 이야기를 나누어야 하고 당연히 상담 시간도 길어진다. 고객들은 크게 두 가지 부류로 나뉘는데 하나는 어떻게 해야 하는지를 알고 있으면서도 실천하지 못하고 있는 경우이며, 다른 하나는 어떻게 해야 하는지를 몰라 못하고 있는 경우다. 앞의 경우는 방법만 찾으면 되기 때문에 쉽다. 그러나 후자의 경우는 전체적인 이해가 필요하기 때문에 어렵다.

결론적으로, 어떻게 해야 하는지를 알고 있고 돈을 생산적인 곳에 주로 소비하는 사람들과의 상담은 아주 쉽다. 이때는 주로 생산적인 소비활동을 좀 더 효율적인 결과로 만들기 위한 방법들을 고민한다. 반대로 어떻게 해야 하는지를 잘 모르면서 비생산적인 소비가 많은 사람들과의 상담은 아주 어렵다.

생산적인 소비란, 일종의 투자 성격의 지출이다. 생산적인 소비 사례들을 대략 정리해보면 다음과 같다.

- 저축이나 투자를 위해 지출한다.
- 교육이나 자기계발을 위해 지출한다. 도서 구입비도 여기에 해당된다.

- 건강 관리를 위해 지출한다. 그러나 지나칠 정도의 건강보조 식품 등은 제외한다.
- 영화, 연극, 관람, 공연 등 문화예술에 지출한다. 물론 이것도 수입에 비해 너무 지나치면 비생산적이다.
- 여행에 지출한다. 생각할 여유와 힐링이 가능한 개인적인 여행을 의미하며, 떠들썩한 단체관광 비용은 제외한다.

이상과 같이 생산적인 소비란 주로 나 자신의 내외적 성장을 위해 지출하는 돈이다. 물론 그것들은 각각, 또는 전체적으로 자신의 현재 소득과 앞으로의 여러 가지 재무적인 목표(목돈이 필요한 내용)와 균형을 이루는 것이 중요한데, 상담은 주로 그런 내용을 중심으로 진행된다.

반면 비생산적인 소비는 소비 그 자체로 끝날 뿐만 아니라 자칫 다른 손실까지 초래하는 지출 형태를 뜻한다. 예를 들어 지나친 흡연은 담배를 구입하는 비용뿐만 아니라 건강까지 잃게 만들 수 있다. 비생산적인 소비의 구체적인 형태들은 위의 생산적인 소비의 반대 개념으로 생각해보면 어렵지 않게 상상할 수 있다.

비생산적인 소비에 익숙한 사람들은 대체로 그 돈이 자신을 위해 쓰는 돈이라 여기지만 냉정하게 생각하면 다른 사람들 때문에 쓰는 경우가 많다. 그렇다고 자선이나 기부를 한다는 뜻이 아니고 다른 사람의 시선을 의식하는 소비가 많다는 의미다. 예컨대, 지나친 비교로 인한 경쟁 비용이다. 경쟁은 물론 나쁜 말은 아니다. 그러나 다른 사람들과의 무분별한 비교가 유발하는 경쟁은 결코 생산적이지 않다. 예를 들어 여행이 필요해서 미리 계획하고 떠나는 것이 아닌 다른 사람이 간다니까 급하게 따라 나서는 여행, 다른 사람이 사니까 나도 사는 쇼핑, 이웃 자녀가 영어유치원에 다닌다니까 내 아이도 보낸다거나 특히 방학 때 아이들을 해외 어학연수에 보내야만 뭔가 뒤처지지 않는다고 생각하는 것 등이다.

그런데 사람들은 그리 한가하지 않다. 물론 다른 사람이 무엇을 하는지가 중요한 사람도 있지만 대부분의 사람들은 자기에게 닥친 문제들을 해결하며 살기에도 바쁘다. 그러니 힐끗 한번 쳐다보는 것에 위축될 필요가 없다. 다시 고개를 돌리면 그 역시 자신의 삶을 살아가느라 정신이 없다. 예를 들어 어떤 사람이 무심코 내뱉은 말 한마디에 크게 상처를 입고 아무 일도 못하는 경우가 있다. 그런데 정작 당사자는 자기가 무슨 말을 했는지조차 모른다. 그만큼 사람들은 각자의 인생을 살아내는 것만으로도 벅차다. 간혹 자랑질이 취미인 사람도 있다. 그렇다면 그의 취미를 존중해주든가 아니면 그와의 교제를 끊으면 될 일이다. 그런 데 휩쓸리다 보면 내 통장만 구멍 나기 십상이다.

03

패를 잘 써야
돈이 남는다 (현명한 카드 사용 팁)

난이도 上 中 下
수면도움 😊 😐 😞

'무이자 3~6개월 할부'

한 번쯤은 이 같은 문구에 현혹되어 신용카드를 긁어본 경험이 있을 것이다. 지갑이 저절로 열리는 파괴력 있는 유혹이다. 다른 때는 사고 싶은 물건이 있어도 가격이 부담스러워 지나치다가도 저런 플래카드만 마주치면 지름신이 강림한다. 이런 일들이 하나 둘 쌓이다 보면, 월급날 통장에 들어왔다는 돈은 만져보기도 힘든 사이버머니가 되고 만다.

실제로 많은 사람들이 지출 관리에 불편함을 호소한다. 특히 상당수의 급여생활자들은 자신의 한 달 지출금액조차 제대로 파악하지 못하고 있다. 그래서 많은 전문가들은 신용카드를 쓰지 말 것을 조언한다. 그러나 마일리지니 포인트니 여러 가지 혜택을 들이미는 신용카드의 유혹을 뿌리치기란 그리 만만치 않다. 하지만 어쩌

218
그 월급에 잠이 와?

겠는가? 쥐꼬리만 한 월급에도 숙면을 취하려면 신용카드 사용 문제는 반드시 짚고 넘어가야 한다. 우선 신용카드가 소비생활에 어떻게 영향을 끼치는지 살펴보자.

'물건을 현금으로 사면 속이 쓰리죠, 하지만 신용카드로 사면 아무런 느낌이 안 듭니다.'

이렇듯 신용카드는 언제든 빚을 질 수 있는 기회를 제공한다.

첫 번째 이유로, 우리의 뇌는 신용카드로 결제하는 돈을 진짜 돈으로 여기지 않는다는 것이다. 여기, 실제 화폐와 신용카드를 다르게 생각하는 현상을 증명하는 실험이 있다.

대학생들을 대상으로 미국 NBA의 인기 팀 '보스턴 셀틱스'의 경기 티켓을 경매에 붙였다. 이때 대학생들을 두 그룹으로 나누어 한 그룹은 현금으로, 다른 그룹은 신용카드로 계산하게 했다. 그 결과 신용카드로 계산하는 학생들이 현금으로 계산하는 학생들보다 거의 두 배 이상의 가격을 부른 것으로 나타났다.

—《부자들의 생각법》 중에서

행동재무학에서는 신용카드로 물품을 구매하면 지불해야 하는 금액을 떠올리는 동반효과가 약화된다고 한다. 보통 현금을 사용하는 소비자는 돈을 지불해야 하는 고통을 경험하게 된다. 이때 돈을 지불해야 하는 고통만큼 소비의 즐거움이 감소된다.

예를 들어 택시를 타고 갈 때 요금기에 숫자가 올라가는 걸 계속 지켜보면 택시를 탄 즐거움이 줄어든다(행동경제학 중 프릴렉과 로웰스타인의 보고서 인용). 더욱이 꽉 막힌 도로에서 요금이 계속 올라가는 것을 보고 있노라면 한숨이 절로 나온다.

이처럼 동반효과란, 사람들이 어떤 물건을 사면서 비용을 지불해야 한다는 생각을 동시에 떠올리는 현상을 말한다. 소비가 주는 즐거움을 생각하는 동시에 비용을 지불해야 한다는 고통이 같이 떠오르는 것이다. 동반효과가 강하면 강할수록 소비의 즐거움은 그만큼 줄어든다고 한다. 그런데 신용카드로 결제를 하면 비용을 지불하는 것이 나중 일이 되면서 현재의 소비와 비용을 연결시키는 고리가 약화되는 것이다(주소현, 《재무설계를 위한 행동재무학》에서 인용).

신용카드는 이처럼 동반효과를 약화시키고 소비에 수반되는 비용 지불의 고통을 줄여준다. 그래서 사람들은 신용카드를 사용할 때 더욱더 큰돈을 지불할 의사를 나타내고, 소비 규모 역시 커진다.

따라서 우리가 신용카드를 사용할 때 지출 통제가 힘들어지는 것은 내 소비 습관의 문제일 수도 있지만, 그보다는 오히려 비합리적인 인간 본연의 본성 때문이라는 것이다. 실제로 현금을 들고 다닐 때와 카드만 들고 다닐 때의 씀씀이는 달라진다. 현금이 줄어드는 것은 눈에 보이기 때문에 적게 써야겠다는 마음이 저절로 생겨난다.

'자동차에 기름을 넣을 때 ○○카드로 결제하면 할인되는데'

'○○카드로 결제하면 적립금이 많이 쌓이는데' 등 특정 카드를 사용하여 얻을 수 있는 이득을 우선하는 사람들이 많다. 이들의 논리는 공짜로 돈 버는데 뭐가 잘못되었냐는 것이다.

물론 같은 가격이라면 현금보다 신용카드로 결제할 때 여러 가지 혜택이 있는 경우도 많다. 그러나 동반효과로 인해 실제로는 더 많은 돈을 쓰게 되는 것이 문제다. 그래서 결과적으로 신용카드 사용에 따른 혜택보다 지출이 늘어남으로써 발생하는 비용이 더 커진다. 그렇다면 이제부터는 어떻게 하는 것이 좋을까?

1. 현금 사용 원칙

꼭 필요한 경우가 아니라면 현금으로 결제하는 것은 물론 현금을 가지고 다니는 습관을 들이자. 눈에 보이면 손이 가기 때문에 원천적으로 차단하는 것이 좋다. 또한 현금을 사용하면 카드 사용에 비해 돈이 지출될 때의 고통이 증가하여 앞에서 설명한 동반효과가 약해지는 것을 방지하는 효과도 있다. 특히 요즘은 현금으로 결제하더라도 현금영수증 처리가 되기 때문에 소득공제 혜택도 받을 수 있다.

2. 예산을 설립한다

돈이 잘 모아지지 않는다고 호소하는 사람들의 대부분은 지출통제가 잘 되지 않는 사람들이다. 또한 이런 사람들의 공통점은 매달 얼마를 써야 하는지 예산조차 세우지 않는다는 사실이다.

한 달에 써야 할 돈을 미리 정해두어야 한다. 물론 가능하면 빠듯하게 느껴질 정도의 예산을 세우는 것이 좋다. 또한 그렇게 정해진 예산을 초과하지 않도록 의식적으로 노력해야 한다.

3. 체크카드를 사용한다

써야 할 돈을 미리 정했다면, 정해진 돈만큼만 체크카드 통장에 넣어두자. 보통 체크카드를 결제하면 사용내역이 문자로 바로 확인되는데, 여기에 추가로 콜센터를 통해 '잔고확인서비스'를 신청해두면 좋다. 그렇게 하면 매번 카드를 긁을 때마다 사용내역뿐만 아니라 잔액이 얼마 남아 있는지도 같이 확인할 수 있다. 그 결과 한 달 예산을 40만 원으로 정해두었는데 일주일이 지난 뒤 잔액이 20만 원밖에 남지 않았다는 문자를 받으면 의식적으로 소비를 줄이려고 노력하게 된다.

4. 돈을 작은 단위로 나눠 생각한다

예를 들어, 가방을 사는 데 30만 원을 결제한다고 하면, 우리는 이 돈을 하나의 결제단위로만 생각한다. 그러나 이 30만 원으로 할 수 있는 것들을 작은 단위로 나눠서 생각해보자. 가족과 외식, 스마트폰 케이스, 옷, 신발, 안경 등 작게 나누면 나눌수록 사실은 그 30만 원이 하나의 결제단위가 아니라 여러 작은 것들이 합쳐진 것처럼 느껴지면서 결제를 한 번 더 생각하게 만든다.

5. 신용카드는 할부용으로 1~2개 정도만 가지고 있자

때로는 신용카드가 필요한 경우도 있다. 목돈이 들어가는 가전제품을 구입할 때는 무이자 할부와 카드 할인 혜택을 받는 게 유리할 수도 있다. 신용카드는 딱 이런 용도로 1~2장 정도면 충분하다.

명심하자.

신용카드가 많을수록 지출 관리는 더욱 힘들고 통장이 구멍 날 확률은 높아진다. 정말 돈을 모으고 싶다면, 신용카드부터 없애자!

04 결혼은 또 하나의 재테크 돌파구

난이도 上 ⊕ ⓣ
수면도움 ☺ ☺ ☹

"빨리 결혼해야 돈을 모으지……."

내가 미혼이었을 때, 결혼을 재촉하던 주변 어른들이 수없이 건
넸던 말이다. 그땐 그 말이 정말 이해되지 않았다. 아니, 빤한 월급
에 혼자 써도 빵구 나는데, 결혼해서 둘이 쓰면 어떻게 돈이 모아
지냐고! 결혼한다고 월급이 저절로 올라가는 것도 아니고.

그런데 막상 결혼하고 나니 거짓말처럼 돈이 모아졌다. 맞벌이
를 한 것도 아니고 결혼하자마자 쉴 새 없이 만든 아이가 셋씩이나
되는데, 그래도 돈이 모아졌다. 단칸방이 두 칸으로 넓어졌고, 다
시 세 칸 독채로 이사한 다음에는 마침내 내 집을 장만했다. 물론
월급은 조금씩 올랐다. 그러나 2년 터울로 입 하나씩이 더 생겼는
데, 그 돈을 감당할 만큼은 아니었다. 그런데도 어쨌든 어느 날 내
명의로 된 아파트 등기가 떡하니 생긴 것이다.

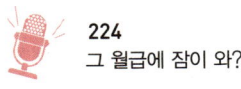

비결은 이랬다.

결혼하고부터 친구들의 호구 신세에서 벗어났다. 물론 더 이상 그럴 수도 없었다. 월급이 입금되는 통장이 아내 손에 건네진 순간부터 그동안 만끽했던 경제적 자유가 박탈되었다. 사랑했기 때문에 가능했다. 사랑하는데 아까울 게 뭐 있나? 그러니 사랑 때문에 결혼하면 돈이 남는다. 간혹 사랑과 통장은 별개라는 사람도 있다. 글쎄? 통장도 못 맡기면서 사랑은 무슨? 그리고 아내를 정말 사랑하면 집에 일찍 들어간다. 외벌이가 유일하게 돈 모을 수 있는 비결은 집 밖에서 오래 방황하지 않는 것이다. 그런데 요즘은 맞벌이가 대세다. 아무리 사랑해도 집에 일찍 들어가지 못하는 사람들이 많은 이유다. 집에서 지내는 시간이 많지도 않으면서 집 장만부터 하는 것은 참 아이러니다. 맞벌이 부부의 재정 관리는 다음 꼭지에서 자세하게 다루었다. 그러나 맞벌이든 외벌이든 돈 모으는 비결의 첫 번째가 사랑이란 사실은 꼭 기억하면 좋겠다.

그다음은 책임이었다. 애들이 하나 둘 생겨나는데 신기하기도 하고 뿌듯하기도 했다. 그러나 그만큼 어깨가 무거워졌다. 그때 회사에 사표를 던졌다. 아무리 아껴 쓴다 하더라도 월급만 가지고는 안 되겠다는 생각에서였다. 월급쟁이가 싫어서 회사를 나왔던 게 아니라 순전히 책임감 때문에 도전을 선택했다. 나에게 아이들이란, 기꺼이 도전을 선택할 만큼의 책임이었다. 그때부터 늘 도전의 연속이었다. 그리고 가능하면 내가 좋아하는 일에 도전했다. 잘못되기도 하고 다시 일어서기도 하면서 여기까지 왔다.

==마지막으로, 신뢰였다.== 각오는 했지만, 막상 회사를 나와보니 쉽지 않았다. 얼굴에 걱정이 가득한 채 집으로 들어가는 날이 허다했다. 그러나 아내는 지금까지 단 한 번도 나의 결정을 원망하거나 탓하지 않았다. 오히려 당신을 믿는다고 격려해주었다.

사랑, 책임, 신뢰.

결혼을 해서 가정을 꾸리면 돈이 모아지는 비결이다. 독자들에 따라서는 진부한 이야기로 비쳐질 수 있다. 그러나 만약 결혼했는데도 여전히 돈 문제에서 허덕이고 있다면, 당신 가정에 이 세 가지가 어디에 있는지부터 점검해보아라.

물론 내가 결혼해서 돈을 모았던 시절과 지금은 크게 다르다. 그러나 시대는 언제나 다르다. 앞으로는 지금과 또 다를 것이다. 그러니 다르다는 것이 이유가 될 수 없다. 시대는 다르지만 변하지 않는 것은 있다. 이제부턴 그것들을 다시 생각해보자.

==첫째, 사랑은 인정이다.==

사랑하면서 결혼을 못하는 이유, 몇 해를 사귀다가 갈라서는 이유의 대부분은 뻔하지만, 돈이다. 집 살 돈은커녕 전세금도 없다. 결혼식은 또 어떻게 하나? 상대 부모는 호텔을 원하는데 호텔은커녕 전문 결혼식장 비용도 자신이 없다. 더구나 생각도 못했던 이런저런 비용도 한두 푼이 아니다. 맞다. 그런 현실, 분명히 인정해야 한다.

그러나 정말 사랑한다면, 그 현실보다 먼저 내가 사랑하는 사람은 그런 것들을 할 수 없다는 것을 인정해야 한다. 상대방의 처지

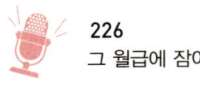

를 인정할 수 없다면 얼른 헤어져라. 그건 사랑이 아니다. 그러나 상대방의 처지를 인정하는 순간 많은 것이 달라진다. 도저히 해결할 수 없다고 생각했던 현실들을 해결할 수 있는 다른 방법이 생긴다.

때론 부모가 반대할 수도 있다. 그러나 내가 사랑하는 사람을 부모도 같이 좋아할 확률은 결코 높지 않다. 아무리 부모자식 사이라도 서로 다른 시대를 살아왔기 때문에 사람을 보는 기준이 다른 것은 당연하다. 그래서 자녀의 사랑을 인정하는 것이 가장 이상적이지만, 그게 쉽지 않은 경우가 많다. 그럴 때 해결방법은 간단하다. 선택! 그것 역시 당신 몫이다.

어디 방 한 칸 없을까! 그렇게 생각하면, 원빈처럼 110만 원으로 결혼해볼 수도 있겠고, 어느 영화에서 본 장면처럼 작은 성당이나 시골 교회에서 목사님과 친한 친구 몇 명만 불러 소박한 결혼식을 올릴 수도 있다.

"지금 장난해? 그게 말처럼 쉬워? 당신이라면 그게 쉽겠어?"

"쉽다. 인정하기가 어려울 뿐 인정하고 나면 쉽다. 내가 그랬거든."

"이런, 이따위 주관적인 경험으로 책을 썼다고? 모두가 공감하는 객관적인 방법을 알려줘야지."

"모두가 공감하는 사람과 하는 것은 사랑이 아냐. 그러니 사랑은 당연히 주관적이지."

"그래도 좀 더 현실적인 방법을 알려줘야지. 객관적인!"

"가장 현실적이고 객관적인 방법? 그럼 헤어지든가."

둘째, 책임은 변화다.

책임은 사실 결혼 후 아이들이 태어나면서 생기는 것이 아니다. 그렇게 결혼을 하면 책임은 당연히 생긴다. 처음에는 그게 오기인지 헷갈리기도 한다. 그러나 분명 책임이다. 그러면서 아이들이 생겼다. 책임은 당연히 더 커진다. 그렇게 커진 책임이 요구하는 것은 변화다.

변화. 친구들에게 더 이상 호구가 되지 않은 것은 결혼하면서 박탈된 경제적 자유 때문이 아니라 스스로 선택한 변화의 결과였다. 말하자면 내 스스로 통장을 넘기면서 경제적 자유를 구속시켜버렸다. 그 외 생활습관과 관련된 다른 변화들도 많았다.

그다음 변화는 창업 준비였다. 나는 길지 않은 직장생활 동안 늘 창업을 염두에 두고 있었다. 배워야 할 것들, 알아두어야 할 사람들을 사귀는 데 인색하지 않았다. 지금까지도 밥값은 내가 먼저 낸다. 몇 번의 실패 때문에 빚에 쫓겨 살 때에도 그랬다. 밥값은 내가 베풀 수 있는 가장 작은 호의였지만 상대방의 기억엔 의외로 오래 남는다.

셋째, 변화는 신뢰 없이 불가능하다.

누구나 안정을 원한다. 그것은 대부분의 사람들이 갖고 있는 기본적인 욕구이며 본능이다. 아내, 특히 전업주부들은 더욱 그렇다. 따라서 창업을 꿈꾸는 사람이라면 당연히 신뢰부터 얻어야 한다. 가족의 지지와 응원 없이 창업과 같은 큰 변화는 쉽지 않다. 통장

을 넘기는 것, 아니 넘긴다는 것보다 경제적인 문제들에 부부가 서로 투명하다는 것은 신뢰의 기본이다. 통장은 빼고 다른 것들은 모두 믿어달라는 말처럼 모순이 없다. 그건 거짓이다.

그래서 신뢰란, 곧 돈이다. 개인이든 가정이든 기업이든 정부든 간에 신뢰지수가 높을수록 비용은 줄어든다. 벌써 20여 년 전에, 선진국가들의 클럽이라는 OECD에 가입해놓고서도 지금껏 우리가 선진국이란 소리를 듣지 못하는 이유는 부패지수가 높고 신뢰지수가 낮기 때문이다. 부자는 신뢰가 만든다. 가정에서 신뢰를 못 얻은 사람이 집 밖에서 신뢰를 받을 가능성은 낮다.

부부라면,
대화가 필요해

난이도 上 中 下
수면도움 😆 😐 😞

"이건 남편은 몰라요. 친정에 돈 빌려준 걸 알면, 좀 그래서요."

"이 마이너스 통장은 와이프가 몰라요. 와이프한테 말하기가 좀 그래서요."

"제가 알아서 결정하면 돼요. 남편은 이런 거 귀찮게 생각하거든요."

"투자는 제가 알아서 다 해요. 아내는 이런 거 복잡해서 싫어해요."

부부상담을 하다 보면 심심찮게 이런 이야기를 듣는다. 남편이든 아내든 어느 한쪽이 주도형이거나 은닉형인 경우다. 그런데 재미난 현상은 내가 다 알아서 한다는 주도형 사람치고 제대로 처리하는 사람이 드물다는 사실이다.

이때 '제대로'의 의미는 돈 관리를 제대로 잘한다는 의미가 아니

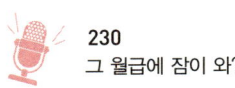

라 그렇게 호언장담했으면서도 번번이 배우자의 기대에 훨씬 못 미치는 경우가 많다는 뜻이다. 그 순간 주도형에서 허풍형으로 전락한다. 버는 사람이든 쓰는 사람이든 돈은 모두에게 다 중요하다. 재벌이 아니고서야 벌기만 하고 쓰는 것에 관심 없는 사람이 없듯이, 쓰기만 할 뿐 어떻게 관리하는 것이 좋을지에 관심 없는 사람도 없다.

그래서 유능한 재무컨설턴트들은 기혼가정의 경우 어느 한쪽이 다 알아서 한다는 말을 믿지 않고 부부가 함께 상담받고 의논하여 결정할 것을 권유한다. 나는 남편이든 아내든 혼자 오겠다는 사람하고는 상담을 아예 진행하지 않는다. 어쨌든 요즘엔 그런 부부들이 많이 줄어들어 되도록 서로 시간을 맞춰 함께 오는 것에 익숙해지고 있다. 그만큼 돈의 중요성이 더 커졌다. 뒤집어 표현하면, 살아가기가 더 팍팍해졌다.

특히 대체로 맞벌이 부부들 중에서 각자 관리를 선택하는 커플이 많다. 요즘은 배우자를 찾는 단계에서부터 노골적일 정도로 상대방의 직업부터 살펴본다. 그렇게 결혼하는 커플이 많아서일까? 처음부터 이기적인 통장을 만들려는 경향들도 많아졌다. 물론 이유는 있다. 각자 돈을 벌다 보니 각자 써야 하는 돈이 있다. 내 통장에 돈이 있으니 배우자와 의논하기 애매한 상황에서는 일단 질러놓고 본다. 그렇게 지를 수 있는 힘이 있을 때, 통장은 서서히 금이 가기 시작한다. 그런 일들이 하나 둘 쌓이다 보면 어느덧 비밀이 생기고 상대방에게 어딘가 모를 찜찜함을 느끼며, 나에 대한 상대방의 찝찝함 역시 커져간다.

물론 나는 맞벌이 찬성론자다. 설령 버는 돈보다 그 일을 지키기 위해 써야 하는 돈, 예컨대 양육비·교통비·자기관리비 등으로 더 많이 지출되더라도 남자든 여자든 일을 중단하지 않으면 좋겠다. 100세 시대는 일 자체가 인생의 필수 옵션이기 때문이다. 그러나 <mark>맞벌이를 하는 것과 통장을 따로 관리하는 것은 전혀 다른 문제다.</mark> 그건 효율성의 문제이면서 자칫 신뢰 문제로 확대될 수 있기 때문이다.

<mark>효율성 측면에서 보면 당연히 비효율적이다.</mark> 특히 지출에 대한 의사결정을 포함, 기혼가정에서 돈 관리에 필요한 대화가 사라진다. 중복 쇼핑이 일어날 수도 있고, 금융상품 가입도 부부간의 라이프 사이클이 배제된 플랜이 수립될 수도 있다. 그러다 보면 연말정산에서 공제 가능한 카드 사용 한도를 포함, 각종 공제 혜택에서 불이익을 받기도 한다. 따라서 비록 일상생활을 위해 지출되는 하나하나의 자잘한 비용까진 아니더라도 한 달 동안의 필요 소비금액, 결제방법, 금융상품 가입 등 맞벌이 부부 가정의 전체적인 현금흐름에 대해서는 대화와 가이드라인이 필요하다.

그리고 일상 생활비 외의 지출, 예컨대 미리 정해둔 필요 소비금액을 초과하는 비일상적인 구매나 소비, 다른 사람(부모, 형제, 친구, 지인 등)에 대한 호의적 배려 등도 부부가 미리 의논하여 결정한 범위 내에서 이루어지는 것이 좋다. 반대로 그런 지출들이 배우자와 사전 동의가 없는 상태에서 일어나면 배우자 역시 비슷한 행위를

할 수 있다. 어떤 사람들은 큰돈이 아니기 때문에 의논하지 않았다고 하지만, 그런 일이 반복되다 보면 결국 큰돈이 들어가는 일에서도 똑같은 일이 일어날 수 있다. 또한 그 과정에 신뢰에 문제가 생기면서 부부간의 갈등지수가 높아진다.

해마다 이혼이 증가한다. 그렇다면 자기 소득과 지출을 따로따로 관리해왔던 부부의 이혼 확률은 얼마나 될까? 이에 대한 통계는 없지만, 돈이 가는 곳에 마음도 간다는 속담처럼 돈을 따로 관리한다는 것은 마음 또한 따로일 가능성이 높지 않을까? 반대로 각자의 자기계발을 서로 응원하면서 돈 관리 역시 대화를 통한 역할분담으로 효율을 꾀한다면 부부가 꿈꾸었던 미래에 한결 수월하게 다가설 수 있다.

맞벌이 부부의 돈 관리를 위해 몇 가지 제안한다.

첫째는 시스템이다. 맞벌이 부부들에겐 당연히 통장도 많다. 급여가 들어오는 통장은 다르더라도 소득은 되도록 통장 하나에 모아둔다. 지출은 크게 자기관리 등 각자의 형편에 맞는 개별 지출이 있고 생활비 등 공동 지출이 있다. 개별 지출은 체크카드와 연계된 각자의 지출통장으로 관리하되 매달 정해진 금액을 소득통장에서 이체하면 된다. 마찬가지로 공동 지출에 연결된 지출통장에도 매달 정해진 금액을 이체한 다음 공동 지출용 체크카드를 만들어 각자 소유한다. 예·적금이나 펀드, 각종 보험료 등으로 빠져나가는 돈은 하나로 모아진 소득통장이나 별도의 투자통장을 만든 다음 이체되게 한다. 이때 펀드나 보험 등의 장기적인 상품들은 연말정산의 소득공제와 관련하여 종합적으로 따져 판단한다.

　둘째, 돈을 관리하는 책임자를 선정한다. 앞서 말했지만 돈 관리는 한 사람이 맡아서 하는 게 좋은데, 디테일이 떨어지고 스케일이 큰 남자보다는 디테일은 강한 반면 스케일이 작은 여성이 더 적합하다고 생각한다. 다만, 돈 관리에 대한 책임은 함께 져야 한다. 실무 처리는 아내가 하더라도 총 수입에 대한 지출과 저축의 전반적인 사항은 부부가 상의하여 공동으로 결정해야 한다는 뜻이다.

　셋째, 재산 명의와 관련된 문제다. 집은 물론 자동차 및 각종 예·적금이나 펀드, 보험상품 등의 명의는 그 각각의 유형에 따라 공동 또는 각각으로 구분해두어야 한다. 맞벌이든 아니든 결혼 이후 만들어진 재산들은 원칙적으로는 공동명의가 맞다. 물론 전문직이나 사업자 등 소득이 꽤 높거나 맞벌이 가정의 어느 한쪽의 소득이 다른 한쪽의 소득보다 월등하게 많아 재산 형성 기여도에서 크게 차이가 난다면 그에 따라 명의자를 정하면 된다. 그러나 금융상품은 소득공제를 포함한 각종 세금 문제와 각자의 라이프 사이클 등을 고려하여 별도 가입한다. 특히 다른 금융상품과 달리 보험상품을 가입할 때는 계약자, 피보험자, 수익자와의 독특한 관계를 잘 이해하는 것이 좋다. 그러한 관계 설정을 어떻게 하느냐에 따라 보장받는 혜택이나 기간, 세금 등 크고 작은 여러 가지 차이가 발생한다.

　넷째, 머니데이를 지정한다. 가능하면 한 달에 한 번, 그것이 귀찮으면 계절별(분기별) 한 번, 그것조차 잘 안 된다면 일 년에 하루는 머니데이로 지정하여 부부가 함께 돈의 흐름을 살펴보면서 계획과 결과를 비교하고 평가하며 앞으로의 방향을 의논해야 한다. 이때 월별로는 주로 가계부 콘셉트의 소비지출 부분, 분기별로는 불규칙한 소득(성과급 등)이나 지출(휴가비 등), 연간 기준으로는 투자성과 관리는 물론 자녀교육·주거·자기계발 등을 포함하는 종합적인 점검에 우선순위를 둔다. 이때는 되도록 외부 전문가의 분석과 조언을 함께 진행하면 좋다.

머니데이를 마치 시험지 채점하는 날로 생각하면 위험하다. 인생의 어떤 분야든 마음먹은 대로 결과가 나오지는 않는다. 특히 돈관리는 우리의 기대치를 벗어날 가능성이 훨씬 높다. 그래서 머니데이는 사실관계를 공유하되 그것이 목적이 아니어야 한다. 오히려 돈에 지친 서로를 보듬고 격려하며 이해하고 응원하는 시간이 되어야 한다.

그날은 사실관계를 공유하되 가벼운 의견을 나누는 정도가 좋다. 공유된 사실에 대해 마치 채점하듯 옳고 그름을 따지기 시작하면 자칫 갈등으로 이어질 수 있고, 그래서는 머니데이를 지속하기 힘들어진다. 판단과 평가가 필요한 부분은 제3자, 즉 전문가의 도움을 받는 것이 훨씬 객관적이고 설득력이 높다. 그래서 그날은 먼저 사실관계를 공유한 다음 부부가 함께 멋진 곳에서 데이트도 즐기고 맛난 식사도 하고 재밌는 영화도 보는 것이 좋다. 머니데이, 그날은 돈 쓰는 날이다.

06 \공부 잘해봤자

월급쟁이?

난이도 ⓛ ⓜ ⓕ
수면도움 😊 😐 😞

    많은 부부들이 자녀교육비 때문에 갈등을 겪는다. 물론 그런 갈등에는 다 이유가 있다. 남들 다 한다는데, 우리 애만 시키지 않으면 불안하다는 '안심효과'도 있고, 사교육 안 시키면 같이 놀 친구도 없다는 '불가피론'도 있다. 그러나 이런저런 이유를 떠나 재무관리 관점에서 냉정히 생각해야 할 포인트는 잊지 말아야 한다.

    <mark>첫째, 투자 효과다.</mark>

    교육비만큼 모호한 투자가 없다. 기대한 결과를 얻는다는 보장이 없기 때문이다. 심지어 많은 사람들이 대학에서 전공한 분야와 다른 직업을 선택하는 현실에서는 유치원은 물론 초·중등시절의 교육 효과가 기대와 달라질 가능성이 훨씬 더 크다. 그런 사실을 확인하는 것은 전혀 어렵지 않다. 당장 부모인 나 자신의 지나온 삶을 돌아보는 것만으로 충분히 알 수 있는 일이다. 내 자녀는 나

와 다를 것이라는 생각, 그건 더욱 어처구니가 없다.

둘째, 환수 가능성이다.

여러 여론조사에서 확인되고 있듯이, 부모를 부양하겠다는 자녀는 거의 없다. 반대로 부모 역시 자녀에게 부양받을 기대는 하지 않는다. 환수는커녕 부모에게 손 내밀지 않을 날이 하루라도 앞당겨지기를 바랄 뿐이다.

셋째, 지속성이다.

불안한 미래는 앞날이 구만리 같은 자녀들보다 부모들에게 닥친 현실이다. 지금은 끄덕없는 내 직장이 어느 날 잘못되면 어떻게 될까? 지금 끄덕없는 내 자리가 어느 날 사라지면 어떻게 될까? 지금 지출하는 교육비를 앞으로도 계속 감당할 수 있다는 보장이 없다.

넷째, 제한된 자원이다.

다급한 정부가 서둘러 복지정책을 내놓고 있지만 턱없이 부족하다. 영유아보육비, 무상급식 등 잔뜩 힘주어 시작한 정책들도 오래 못 가 흔들거린다. 적어도 가정을 가진 성인 경제활동 인구, 특히 연봉 5,000만 원 정도의 연령대라면 자신의 복지는 자신의 소득으로 충당해야 한다는 생각이 현실적이다. 반대로 급여 안정성과 영속성은 갈수록 떨어진다. 벌어들일 소득이 한정적이라면 그 돈을 어디에 얼마나 써야 할지에 대한 우선순위는 매우 중요하다. 정부도, 정치인들도 허구한 날 싸우는 주제가 바로 재정 지출 우선순위다. 가정 역시 마찬가지다.

다섯째, 늘어나는 수명이다.

수명은 점점 늘어난다. 써야 할 돈이 많아진다는 소리다. 실제로 2014년 기준 우리나라 가정의 저축율은 6.1%, 세계적으로 거의 꼴찌 수준인 것으로 나타났다. 그나마 경제 침체로 소비심리가 얼어붙으면서 조금 증가한 것이 그 정도라고 한다. 주변 사람들에게 물어보아도 저축다운 저축을 하고 있다는 가정은 드물다.

그런데 이런 형편에서도 사교육비는 꾸준히 증가하고 있다. 2015년 5월 4일 서울시에서 발표한 통계웹진에 따르면 사교육을 받는 학생들이 지출하는 1인당 사교육비는 35만 원으로 관련 통계를 작성하기 시작한 이후 최고였으며, 2014년에 비하면 무려 20% 가까이 증가했다. 이는 그야말로 평균일 뿐이고, 서울 지역의 경우 실상은 한 아이당 50만 원 수준이 보통이다. 특히 영어유치원 등 영유아 사교육비가 더욱 큰 폭으로 증가하고 있다. 2015년 4월 22일, 시민단체인 '사교육걱정없는세상'은 2014년 1년 동안 영유아 사교육비가 무려 6,000억 원이나 증가했다는 조사 결과를 발표했는데, 이런 형편에서 자녀를 가진 가정들이 제대로 저축할 수 없는 것은 당연하다.

일반적으로 사교육비에 대한 집착은 남편보다 아내 쪽이 더 많은 편이다.

한 달 소득이 700만 원 정도인 맞벌이 부부가 처음 상담하러 왔을 때, 그 가정의 월 저축액은 60만 원에 지나지 않았다. 물론 두 아이를 돌봐주는 부모님에게 드리는 두둑한 용돈과 어쩔 수 없이 잦은 외식, 그리고 출퇴근을 위한 자동차 두 대 등 전반적인 생활비가 많은 것도 한몫하고 있었지만, 무엇보다 주된 원인은 3살, 5살 두 자녀에게 들어가는 사교육비였다. 그 가운데 영어유치원을 다니는 5살 큰아이한테만 무려 150만 원, 3살짜리 둘째까지 포함하면 매달 200만 원이 넘는 돈이 교육비로 지출되고 있었다. 그런 경우, 자녀교육 문제로 부부간의 갈등도 심해진다. 어릴 때는 되도록 많이 놀게 해주는 것이 좋지 않겠느냐는 남편과, 배우면서 놀게 하겠다는데 뭐가 잘못되었느냐는 아내가 티격태격 자주 말다툼을 벌이다가 그럼 판결이라도 받아보자는 심정에서 작심하고 찾아오는 경우가 많다.

이런 종류의 상담이 가장 곤혹스러울 수밖에 없는 까닭은 자녀에 대한 교육관의 충돌은 곧 삶에 대한 가치관의 충돌이기 때문이다. 연애 3년, 결혼 7년, 도합 10년을 함께 지내온 부부조차 못해내는 가치관의 이해와 융합을 생판 처음 보는 낯선 내가 해결할 수 있겠는가. 또한 아무리 상담을 원해 찾아왔더라도 미성년 자녀에 대한 교육결정권은 그 부모에게 있으니 내가 이래라저래라 할 처지도 아니다. 그런데 직업이 재무컨설턴트이다 보니 그런 곤혹스런 상황에 처할 때가 한두 번이 아니다. 그래서 언제부터인가 딱 정했다. 재무컨설턴트로서 자녀의 사교육비가 재정에 끼치는 영향과 자녀세대의 미래 변화를 추측할 수 있을 만한 정보들을 알려준 다음 선택은 고객들이 하는 것으로! 당연히 당신도 선택해볼 수 있다.

매달 사교육비 50만 원을 연복리 5%로 20년 동안 투자한다면?

= 약 193,000,000원

그 돈을 자녀가 독립하는 25세(여성) 또는 27세(남성)까지 5년 내지 7년 동안 연복리 5%로 다시 굴린다면?

= 약 240,000,000원(5년), 260,000,000원(7년)

IT기술의 비약적인 발전으로 영어를 배울 필요가 갈수록 줄어들고 있다. 실제로 2015년 5월 12일, 마이크로소프트의 스카이프는 영어와 한국어를 포함해 주요 50개 국어를 실시간으로 자동 통역해주는 영상과 음성 채팅 서비스를 시작했는데, 이것이 스마트웨어 기술과 결합하면 사실상 영어공부를 할 필요가 없어진다.

또한 지금 현재의 직업 대부분은 빅데이터 기술 등 컴퓨터 및 그와 관련되는 첨단기술로 대체될 것이다. 예를 들면 각종 질병 및 그에 대한 처방 자료가 축적된 빅데이터는 의사의 진료 및 처방 업무를 크게 감소시켜 지금의 80%에 달하는 의사를 실업자로 만들 수 있다.

기자도 마찬가지다. 2030년이 되면 모든 뉴스의 90%를 컴퓨터가 쓰게 된다고 한다. 실제로 AP연합통신은 지금도 매 분기당 3,000개의 기사를 컴퓨터가 작성하고 있다. 심지어 회계사나 세무사 업무도 컴퓨터가 대체하게 된다고 한다. 그렇다면 미래에 살아남을 직업은 컴퓨터가 잘할 수 없는 영역일 것인데, 그것들은 대체로 감성과 창의적인 사고력을 요구한다. 말하자면, 지금처럼 외우고 수없이 반복하여 얻는 지식 분야로는 더 이상 경쟁력이 없다는 얘기다.

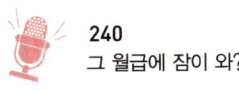

무엇보다 여섯째, 앞으로 최소한 10년이나 20년, 그리고 30년 후 자녀의 미래를 위한 투자를 현재 또는 부모세대의 과거 경험을 기준으로 판단하는 것은 매우 위험하다. 그 위험한 투자에 2~3억 원의 돈을 쏟아붓는다고 생각해보자.

군이 현실적으로 따져보아도 일곱째, 좋은 대학 나와서 대기업에 취직하는 것이 현재의 사교육이 기대할 수 있는 최고의 결과다. 문제는 사교육을 시킨다고 해서 대기업에 취직한다는 보장은 없다. 2014년 기준으로 대기업 입사율은 단 3%였다고 한다. 100명이 지원해서 단 3명만 합격했다는 얘기다.

그렇다면 여덟째, 사교육으로 기대할 수 있는 확실한 보상은 시쳇말로 '돼지엄마'처럼 학부모들 사이에서 정해지는 서열이 자녀들 성적순으로 매겨지고 있는 인정효과뿐이다. 혹시 당신은 자녀를 앞세워 부모의 허영을 채우고 있진 않은가? 다른 사람들에게서 내 아이가 나이보다 똑똑하다는 소리를 듣기 위해 앞으로도 무려 2억, 3억씩이나 되는 돈을 뿌리려는 것은 아닐까?

그래서 아홉째, 차라리 그 돈으로 자녀들과 더 많은 시간을 보내는 데 쓰는 것은 어떨까? 여행이든, 문화 체험이든 여러 가지 경험을 통해 내 아이의 다른 점을 찾아보는 것은 어떨까? 사람이라면 서로 달라야 하는 것이 정상인데, 왜 우리는 너나 할 것 없이 학교에서 1등을 하고 명문대학 가는 것만을 정상적인 교육이라고 우기는 것일까?

열째, 학교 성적은 그저 그렇더라도 매달 사교육비 50만 원씩을 모아 자녀가 독립할 때 2억, 3억 원씩을 독립자금으로 준비해주는 것은 어떨까? 그것이 어찌 될지 모르는 불확실한 미래를 생각할 때 오히려 더 합리적이지 않을까? 보장되지 않은 대기업 명함을 기대하는 것보다 훨씬 더 나은 방법이 아닐까?

마지막으로 열한 번째, 공부 잘해봤자 월급쟁이다. 30년 전에도 그랬고, 지금도 그런데, 앞으로도 그럴걸?

정리해보자.

자녀교육비가 부모의 은퇴 준비를 방해해선 안 된다. 그건 정말 위험한 도박이다. 자녀세대의 미래를 예상하면 그건 자녀들에게도 바람직하지 않다. 자칫 한 번의 기회를 위해 모든 것을 쏟아붓는 결과가 될 수 있다.

다른 대안으로 일본의 가족기업도 고려해보자. 나는 내 아이들이 많이 배우고 경험해서 우리 가족들에게 잘 맞는 아이템을 찾아 함께 경영하면 좋겠다. 실제로 그 일을 위해 조금씩 마스터플랜을 짜보고 있기도 하다. 내 아이들 교육의 목표는 대기업 취직이나 사회적인 성공이 아니며, 자기가 좋아하는 일을 찾고 그 일을 하면서 다른 사람들과 잘 어울리는 것이다. 그것을 나는 가족기업을 통해 이루어가면 좋겠다는 바람이 있고, 아이들 역시 잘 이해하고 있다.

선택은 당신 몫이다.

물론 사교육비는 완전히 쓰지 않거나 왕창 써야 하는 'ALL or

NOTHING'의 문제는 아니다. 다만, 사교육 관계자나 사교육에 꽂혀 사는 학부모들 무리에서 한발 뒤로 물러나 좀 더 장기적인 관점에서 생각해볼 것을 권유한다. 당연히 부부 사이의 열린 대화는 필수적이며 부모가 먼저 예상되는 미래 변화에 대한 폭넓은 시야를 쌓아가는 것이 중요하다.

07

세 살 버릇 백 세 가는
자녀 경제교육

난이도 ⓤ ⓜ Ⓕ
수면도움 😄 😐 😣

    학교 1등이 사회 1등은 아니라는 말이 있다. 자녀가 아무리 공부를 잘하더라도 사회성과 자립심이 부족하면 성공하기 어렵다. 선진국에서는 어려서부터 자립심을 길러주는 경제교육의 영향으로 만 18세가 넘어서까지 부모에게 지원받는 것을 부끄럽게 여긴다고 한다. 그러나 우리의 현실을 돌아보면 캥거루족, 헬리콥터맘 등의 신조어가 날로 늘어나는 것과 비례해서 자녀들이 부모에게 경제적으로 의존하는 비중이 점점 더 커져만 가고 있다. 이로 인해 노후 준비는커녕, 다 큰 자식 뒷바라지하느라 근심걱정만 쌓여간다.

    세 살 버릇 여든 간다는 속담이 있다.

    어른들도 한번 늘어난 소비는 다시 줄이기가 정말 어렵다. 자녀들도 마찬가지다. 잘못 길들인 소비습관은 평생을 쫓아다니면서 자녀들을 괴롭힐 것이다.

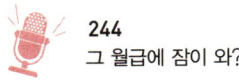

《내가 정말 알아야 할 모든 것은 유치원에서 배웠다》라는 책도 있듯이 처음으로 소비생활을 접하는 유치원 시기부터 소비습관이 정착되는 초등학교, 중학교 시기에 올바른 소비습관을 들이지 않으면 커서는 바로잡기가 어려워진다. 소수인종인 유대인들이 미국 경제를 장악하고 세계경제를 주무를 수 있는 원동력도 어려서부터 배우는 경제교육에 있었다. 늦기 전에 일찍부터 소비습관을 바로 잡아주는 자녀 경제교육이 필요하다.

자녀도 용돈을 받아 생활한다는 관점에서 보면 월급쟁이랑 비슷하다. 월급쟁이가 돈을 모으는 데 가장 중요한 것은 현금흐름에 대한 관리다. 현금흐름 관리 원칙은 간단하다. 수입을 늘리고 지출을 줄이면 된다.

아이들도 마찬가지다. 현금흐름을 관리하는 방법을 어릴 때부터 가르쳐야 한다. 현금흐름 관리가 수입과 지출에 대한 관리인 것처럼, 자녀에게도 수입에 해당하는 용돈과 지출 관리 교육을 해야 한다.

1. 소비교육(지출 관리)

자녀 경제교육에서 가장 먼저 가르쳐야 할 것은 올바른 소비습관이며, 훌륭한 교육 현장은 부모들이 자주 가는 대형 마트다. 대형 마트에 어린 자녀를 데리고 온 부모들의 모습을 보면, 우선 애들을 카트에 앉힌다. 그리고 나서 마트를 둘러보며 물건들을 하나씩 카트에 쌓아간다.

그런데 부모가 계획성 없이 쇼핑하는 모습을 보는 자녀들은 어떻게 될까? 자식은 부모의 거울이다. 그대로 배울 수밖에 없다. 꼭 필요한 일과인 쇼핑이 즐거운 놀이로만 인식되게 해서는 안 된다. 따라서 쇼핑 목록을 미리 준비해서 계획된 소비를 하는 모습을 자녀에게 보여주어야 한다. 그리고 많은 사람들이 있는 마트나 백화점에서 자녀가 뭘 사달라고 떼쓰는 경우가 있다. 참 난감한 상황이지만, 떼쓰기에 밀리면 절대 안 된다. 떼를 쓴다고 해서 물건을 사주다 보면 자녀는 항상 떼를 써서 부모의 마음을 조정하려고 한다. 아동전문가의 말에 따르면, 아이가 떼쓰는 이유는 자기가 원하는 물건을 갖지 못해서라기보다 자신의 마음을 몰라주기 때문이라고 한다. 따라서 아이가 떼를 쓸 때는 아이의 마음을 다치게 윽박지르지 말고 먼저 아이가 사달라고 하는 이유를 묻고 그 마음을 이해해준 다음에 상황 설명을 잘 해주어야 한다.

2. 용돈교육(수입 관리)

소비교육이 잘 정착되면 용돈교육으로 이어간다. 자녀한테 용돈을 줄 때 많은 부모들이 헷갈려 한다. 그러다 보니 또래 아이를 둔 주변의 부모들에게서 정보를 얻어 비슷하게 따라하는 경우가 많다. 부모가 자녀의 용돈과 관련하여 주로 고민하는 내용들을 정리해보았다.

Q 용돈교육은 언제부터 시작해야 할까?

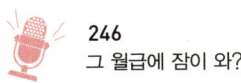

A 너무 어려서부터 돈을 알면 좋지 않다고 해서 초등학교나 심지어 중학교에 가서야 용돈을 지급하는 사람들이 많다. 그러나 경제학자들은 자녀들이 돈의 크기를 구분할 줄 알면 바로 용돈교육을 시작하라고 말한다.

돈이 필요할 때마다 부모가 그때그때 주면 자녀가 돈에 대해 어떤 인식을 갖게 될까? '돈은 내가 원하기만 하면 언제든지 얻을 수 있는 것이구나'라는 인식을 갖게 된다. 그러나 용돈교육은 자녀에게 한계 상황을 만들어주고 그 한계를 넓혀가는 교육이다. 따라서 자녀가 셈을 할 줄 알게 되면서부터 적은 금액에서 출발해 용돈교육을 시작해도 된다.

Q 용돈은 누가 주는 것이 좋을까?

A 부모 가운데 누구라도 상관없겠지만 일관성 있는 용돈교육을 위해서 꼭 한 주머니에서 지급해야 한다. 그런데 이런 원칙에 방해되는 돈들이 있다. 명절이나 가족모임에서 할아버지, 할머니, 친척들이 주는 돈이다. 이러한 돈들을 대신 관리한다는 명분으로 종종 부모가 자기 호주머니에 넣는 경우가 있다. 하지만 이 돈은 자녀한테 부모가 삥 뜯으면 안 되는 자녀의 돈이다. 물론 그렇다고 그 큰돈의 처분권을 자녀에게 그냥 넘겨줘도 안 된다.

자녀와의 합의하에 자신의 미래를 위해 직접 저축할 수 있도록 유도해야 한다. 이때 친척들에게 "맛있는 것 사 먹어라"라는 말보다 "너 대학 갈 때 보태 써라"라고 얘기하도록 부탁하는 것이 좋다.

Q 용돈은 매일, 매주, 매달 중 어떻게 주면 좋을까?

A 자녀가 아직 어린 나이라면 짧은 주기로 매주 주는 것이 좋겠고, 점점 더 격주나 월 단위로 용돈 지급 시기를 늦추는 것이 좋다. 그런데 요즘 애들은 1주일치 용돈을 주면 하루 만에 다 사 먹고는 "엄마, 용돈~" 하고 손을 벌린다. 그럴 경우 다음 주의 용돈을 미리 당겨서 주면 절대 안 된다. 용돈교육은 그저 용돈을 주는 게 아니라 돈을 잘 나누어 쓸 수 있는 힘을 길러주는 것이다.

반대로 부모가 깜빡 잊고 다음 날, 다음 주에 주는 것도 바람직하지 못하다. 월급쟁이한테 월급 들어오는 날짜가 뒤죽박죽이면 어떻겠는가? 계획된 생활이 쉽지 않다. 마찬가지다. 꼭 정해진 날, 정해진 시간에 주는 것이 효과적이다.

Q 용돈은 얼마를 주는 것이 좋을까?

A 얼마를 줄 것인가에 대해서는 각 가정에 따라 다르겠지만 원칙은 반드시 빠듯하게 줘야 한다는 것이다. 그러고 나서 그 부족분을 아이가 스스로 해결하도록 해야 한다. 용돈을 너무 풍족하게 주면 돈의 귀중함을 모르게 되고, 너무 부족하게 주면 돈 다루는 법을 배울 수가 없다. 자녀를 강하게 키우기 위해서는 어렸을 때부터 한계상황을 자꾸 만들어주라고 한다. 그 같은 한계상황을 슬기롭게 극복함으로써 성인이 되어 어떤 어려움이 닥쳐도 당황하지 않고 슬기롭게 헤쳐나갈 수가 있다.

Q 용돈을 어떤 용도에 쓰게 하는 것이 좋을까?

A 돈을 다룬다는 것은 돈을 잘 나누는 것을 의미한다. 스스로의 힘으로

소비하고, 모으고, 기부하는 식으로 나누어 관리하게 해야 한다. 한번 준 용돈에 대해서는 부모가 너무 세세하게 간섭하는 것은 바람직하지 않다. 용돈은 인생의 수업료다. 일단 지급한 용돈에 대해서는 용돈의 사용처가 마음에 들지 않더라도 시행착오를 거쳐 스스로 깨닫게 하고 올바르게 사용할 수 있도록 일상생활을 공유하는 대화의 도구로 활용해야 한다. 이런 과정을 거쳐 한정된 돈에서 계획을 세우고 대비하는 능력이 생겨난다.

Q 비싼 물건을 사달라고 하면 어떻게 하는 것이 좋을까?

A 자녀가 조금 비싼 물건을 사달라고 할 때는 용돈을 모아서 살 수 있도록 유도해야 한다. 그렇게 되면 자녀 스스로 용돈을 쪼개 일정 부분 저축을 하는데, 이때 저축과 투자에 이름표를 붙이도록 하면 효과적이다. 예를 들면 자녀가 비싼 장난감을 사달라고 하면 편지봉투에 장난감 이름과 목표 금액을 적고 매주 또는 매달 용돈을 모을 수 있도록 유도한다. 그러면 저축의 목적이 생기고 목표를 달성하면 성취감도 맛보게 된다. 초기에는 부모가 일정 부분을 보조해주면 효과가 훨씬 더 좋다.

예를 들어 1만 원짜리 장난감을 사달라고 하면 절반인 5,000원만 지원하고 나머지는 본인이 모으게 하는 방식이다. 그러면 자기 돈도 지출되기 때문에 무리한 부탁을 하지 않게 된다.

자녀가 목표를 달성해 성취감을 느낀 뒤로는 점점 더 장기적이고 높은 목표를 세우게 된다.

돈으로 행복을 살 수는 없다. 하지만 내 자녀가 돈의 노예가 된다면 행복의 문턱도 밟아보지 못할 것이다. 돈의 주인이 되는 방법은 간단하다. 돈을 다루는 방법을 알려주면 된다. 별도의 교육비가 드는 것도 아니다. 작은 관심과 실천만으로도 충분하다. 물고기를 잡아주는 것보다 물고기 잡는 법을 알려주면, 나중에 만선으로 돌아와 부모를 기쁘게 할 것이다.

08

은퇴생활비, 얼마나 있어야 하나?

난이도 ⓛ ⓜ ⓣ
수면도움 😀 😐 😟

40대에 들어서면 누구랄 것도 없이 은퇴에 대해 생각한다. 더러는 50대가 되기 전의 조기은퇴를 꿈꾸기도 하지만, 대부분의 사람들은 조기은퇴의 기대는 포기한 채 어떻게 하면 편안하게 은퇴할수 있을까 걱정한다.

"얼마나 준비해야 할까요?" 이런 질문을 하는 것은 지극히 당연하고 때론 절실하며, 무엇보다 중요하다!

내 생각부터 말하자면, 은퇴생활에 적당한 돈은 정해져 있지 않다. 준비된 돈에 맞춰 살든지, 살고자 하는 삶에 맞춰 준비하든지 둘 중 하나다. 우스꽝스런 것은 자기가 나의 은퇴를 대신 살아줄것도 아니면서 이만큼 또는 저만큼 필요하다는 식으로 말하는 사람들이다. 물론 금융회사와 그 판매인들의 이야기다. 그리고 그같이 친절한 사람들의 결론은 언제나 연금보험과 같은 금융상품에 가입하는 것이다. 나는 그런 상품이 필요 없다는 것도, 그런 친절이 잘못되었다고 말하는 것도 아니다. 나의 은퇴는 내가 계획하고 결정할 수 있다. 그러니 쉴 새 없이 쏟아지는 상업적인 친절 또는 공포에 고마워하거나 위축될 필요는 없다.

그렇다면 과연 우리의 은퇴생활비, 얼마나 있어야 할까?

강원도 원주 근교에서 허름한 옛집을 수리하여 살고 있는 70대 초반의 은퇴 부부에게 한 달 들어오는 수입은 100만 원 정도인데, 남편의 국민연금과 아내의 기초연금, 그리고 도시에 살고 있는 두 자녀가 각각 10만 원씩 다달이 보내주는 돈이 전부다. 그 부부는 날마다 텃밭에서 거두는 채소로 식탁을 차리며, 남은 채소들을 자녀들에게 보내기도 한다. 시를 읽고 쓰기를 좋아하는 남편은 원주 시내까지 다니며 시를 즐기는 사람들과 어울린다. 손재주가 좋은 아내는 동네 아낙들과 함께 지천에 널린 들꽃으로 어디에 내놔도 손색 없는 꽃바구니를 만들어 지인들에게 선물하고, 이따금 운수 좋은 날엔 가까운 읍내 장에 내다 팔기도 한다. 그렇게 한 달을 살아도 통장에 들어온 100만 원 가운데 20~30만 원 정도가 항상 남는다. 그 돈으로 부부는 새마을금고에 1년짜리 적금을 붓고 있다. 그렇게 생긴 목돈을 들고 도시에 사는 아들 딸 집에 들러 손주들 용돈도 주고 며느리나 딸 호주머니에 슬그머니 찔러주기도 한다. 다행히 아직은 크게 아픈 데가 없어 병원에 돈 쓸 일은 없다. 혹시 병이라도 생길까 봐 그게 제일 큰 걱정이다. 그래서 되도록이면 매일매일 움직이며 노동을 한다.

한편, 같은 연령대의 한 부부는 서울 강북에 있는 아파트에 산다. 남편은 아직도 집 근처에서 외과병원을 운영하는 의사다. 그들에겐 강남에 다세대주택 한 채가 있고 그곳에 사는 세입자는 12가구다. 임대로 내어준 주택에서 이런저런 문제가 생길 때면, 남편의 BMW를 타고 부부가 함께 세입자 가정을 방문하여 솜씨 좋은 남편이 대부분 직접 수리한다. 그들 부부에겐 딸이 둘 있는데 일찍이 모두 미국에 유학했고, 그곳에서 만난 배우자들과 가정을 꾸려 살고 있다. 그들 부부는 2년마다 한 번도 어김없이 집세를 올렸다. 조금만 깎자며 사정하는 세입자들에게 그들은 번번이 비슷한 말을 했다.

"그래도 사정을 봐서 다른 집보다 적게 올렸어요."

"세금이 너무 많아 어쩔 수가 없어요."

"미국에 있는 딸이 이번에 집을 사게 됐어요."

12가구의 세입자들 가운데 두 번 이상 계약을 갱신한 사람은 없다. 그러니 부부는 그 빌라에 자주 들락거린다. 빈집을 청소해야 하고 새로운 세입자를 입주시켜야 하며 집수리할 일이 계속 생기기 때문이다. 그렇게 자주 그 부부를 만나는 세입자들의 기억에는 부부의 행복한 모습은 없고, 늘 돈에 쫓기듯 사는 사람들로 남아 있다.

우리 집 근처에 사는 82세 할머니 이야기도 함께 나눌 만하다.

그 할머니는 세 살 더 많은 할아버지와 함께 살고 있다. 할머니 부부에겐 아들 하나, 딸 둘이 있는데, 그 가운데 큰딸에게서 매달 30만 원의 용돈을 받는다. 아들과 둘째 딸은 그럴 만한 형편이 못 된다고 했다. 할머니 부부의 수입은 할아버지 할머니가 받는 기초연금 15만 원과 큰딸이 주는 용돈을 합쳐 45만 원 정도다. 할머니는 가끔 폐지를 모아서 팔기도 하는데, 그래서 얼마나 버는지는 알 수가 없다.

원래 할머니는 집을 아들에게 상속하려 했다. 그런데 2년 전 할아버지가 심장병이 심해져 병원 출입이 잦아지면서 생활비가 더 필요해졌다. 여름 어느 날 퇴근길에 폐지 리어카를 끌고 가는 할머니를 만나 같이 밀고 오면서 그런 이야기를 듣고 주택연금에 대해 설명해드렸다. 그랬더니 며칠 뒤 큰딸에게서 전화가 왔고, 좀 더 자세하게 이야기를 나눈 후 몇 차례 상담과 가족들의 의논을 거쳐 주택연금에 가입했다. 주택연금으로 매달 130만 원 정도를 받게 되어, 할머니 부부의 한 달 총 수입은 약 145만 원이 되었다.

그때부터 할머니는 나만 만나면 어디서 구해두었는지 캔 음료 하나를 꺼내준다. 괜찮다며 손사래를 쳐도 막무가내다.

은퇴생활비, 얼마나 있어야 할까?

주변에 은퇴한 사람들을 많이 보게 된다. 교사, 군인, 공무원으로 오래 재직해서 다른 사람보다 비교적 많은 연금으로 넉넉하게 살아가는 사람이 있는 반면, 그렇지 못한 사람들도 많다. '잘나갔던 사람'의 말년, 즉 경제활동기와 은퇴 이후의 삶이 너무나 다른

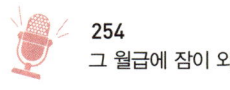

사람들도 종종 눈에 띈다. 일상에서 쉽게 만날 수 있는 이 세 부부의 사례를 통해 사실적인 내용과 정서적인 문제를 구분하여 정리해보자.

먼저 사실적인 내용이다.

은퇴를 준비할 때 필요한 세 가지는 돈, 의료, 그리고 일이다. 여기서 돈과 의료는 개인과 기업, 그리고 정부가 머리를 맞대어 의논하고 협의해나가야 할 부분이다. 개인으로서도 국민연금 등 이미 제도화된 정책들이 좀 더 많은 사람들에게 실질적인 도움이 될 수 있도록 적극적인 관심을 가지고 참여해야 하는 이유다. 특히 형식 여부를 떠나 실질적인 소득활동이 극히 제한될 수밖에 없는 은퇴생활에서 연금은 절대적이고 필수적이다. 많든 적든 죽음에 이를 때까지 받을 수 있는 국민연금이나 기초연금은 웬만한 자식보다 낫다. 따라서 현재 또는 미래의 소득을 어떻게 연금화할 것인지에 대한 고민과 실행 계획이 절실하다.

우선, 국민연금제도에 많은 관심을 가져야 한다. 특히 수백조 원의 기금을 유지하는 것이 얼마나 도움이 될지에 대해서도 냉정히 생각해보아야 한다. 자칫 곳간에 돈을 쌓아둔 채 가난에 시달리는 노후 문제가 발생할 수 있다. 독일을 비롯한 많은 선진국들이 생각이 짧아 기금 적립 방식을 포기하고 부과 방식을 선택하진 않았을 것이다.

반대로 은퇴 문제만 나오면 그 결말에 빠지지 않고 등장하는 보험회사의 연금보험을 받고 있다는 사람들은 없다. 강제 가입으로 적립되는 국민연금과는 달리 언제든 해약할 수 있는 민영 연금보험을 처음 계획대로 끝까지 불입하고 유지하는 사람이 그만큼 드물기 때문이다. 초장기 상품이 가진 단점이다. 따라서 초장기 상품을 선택할 때는 되도록이면 최대의 유연성을 바탕으로 상품을 선택하고 설계하는 것이 좋다.

은퇴 후에도 일을 하는 것은 개인이 준비해야 하는 부분이다. 물론 그 일이 소득과 연결되면 좋겠지만 나이가 들수록 그럴 가능성은 희박하다. 그렇더라도 일을 해야 한다. 왜냐하면 100세 인생에서 60세 이후의 삶은 40년이며, 70세 이후를 따져봐도 30년이다. 그 시간은 10대, 20대가 50대가 될 때까지 걸리는 시간과 같다. 그래서 나는 50대 이후의 고객들을 만나면 꿈이 무엇인지 물어본다. 처음에는 대부분 뭔 새삼스런 질문이냐는 듯 낯설어하지만 그 이유를 조금만 설명해주면 이내 고개를 끄덕인다. 차라리 아이들과 청년은 꿈조차 없이 살아갈 수 있다. 어쨌든 그들은 세상의 주인공이기 때문이다. 그러나 60세 넘은 노인이 꿈조차 없이 살아간다면 앞으로 남은 긴 시간이 끔찍할 뿐이다.

그래서 은퇴를 준비하는 본질적인 문제는 돈이 아니라 꿈이다. 나는 은퇴 이후 과연 어떤 삶을 살 것인가의 문제다. 그것을 어떻게 준비하느냐에 따라 은퇴를 위해 필요한 돈도 달라진다. 앞의 세 부부의 사례에서 자신이 기대하는 모습을 생각해보면 좋겠다.

'은퇴생활비, 얼마나 있어야 할까?'에 대한 대답은 은퇴 이후의 삶을 어떻게 준비할 것인가에 달려 있다.

09 은퇴 이후의 돈은 어떤 모습일까?

난이도 ⑤ ⑭ ⑰
수면도움 😊 😐 😫

자, 이제는 은퇴 이후의 돈에 대해 이야기해보자.

부모를 비롯하여 실제로 은퇴 이후의 삶을 살아가는 사람들을 보자. 나이가 들어서도 일을 찾아다닌다. 그리고 퇴직금 또는 그동안 모아두었던 돈으로 부동산을 사서 월세를 받으려고 여기저기 알아보고 다닌다. 좀 더 여유가 있다면 주식이나 펀드에 투자한다. 연금은 일부 공무원, 군인, 교사 출신을 제외하면, 대부분 쥐꼬리만큼 받고 있다. 이런 사람들의 모습을 보면 어떤 생각이 드는가? 혹시 우리의 은퇴 이후의 삶도 이렇게 준비하고 있진 않은가?

나이가 들면 누구에게나 편하게 지내고 싶은 마음이 있다. 그 때문에 '젊어 고생은 사서도 한다'는 말이 생겨났지 않을까 싶다. 그러나 한편으로는 젊었을 때의 고생을 너무 당연시하는 것은 아닐까 하는 생각도 든다. 어떻게 보면 은퇴 준비는 불확실한 미래를 위해 현재를 희생하는 것과 같다. 더구나 갈수록 수명이 길어져 이젠 100세 단어가 어색하지 않으니 우리가 준비해야 할 은퇴 이후의 시간도 점점 더 길어지고 있다. 그러나 우리에게 주어진 오늘, 지금의 시간도 행복하게 지내야 하기 때문에 좀 더 현명해질 필요가 있다. 특히 젊었을 때의 건강한 육체는 내게 플러스 자산이지만, 은퇴 이후엔 자칫 통제조차 힘든 마이너스 자산이 될 수도 있다.

구분해보면, 젊었을 때는 내가 일을 해서 나의 행복을 지키지만, 나이가 들어서는 돈이 일을 하게 해서 나의 행복을 지켜야 한다. 다시 말해, 내 몸과 상관없이 돈이 나올 수 있는 구조를 만드는 게 중요하다. 따라서 은퇴 이후의 돈은 목돈보다 월급처럼 꾸준히 나올 수 있는 형태의 소득원을 확보해나가는 것이 좋다. 이 같은 소득원은 준비해야 할 우선순위가 있다.

첫째, 연금소득이다. 가장 기본이 되는 국민연금, 그리고 최근 세제혜택을 통해 적극적인 관심과 투자를 유도하고 있는 개인연금저축과 퇴직연금이 그것이다. 은퇴한 사람들이 가장 부러워하는 친구는 꼬박꼬박 연금 받는 친구라는 말이 있다. 이 같은 연금들은 장기간에 걸쳐 준비하면 목숨을 다할 때까지 받을 수 있다. 또한 만들어놓기만 하면 지급에 대한 보증이 되어 있기 때문에 나중에 어떤 일이 있더라도 꾸준히 받을 수 있다. 따라서 연금은 은퇴 이후의 소득원으로 다른 어떤 것보다 우선순위가 되어야 하고, 이를 통해 최소한 기본 생활비 이상은 준비해야 한다.

둘째, 기초생활을 연금으로 준비할 수 있다면 그다음에는 금융소득을 만들어야 한다. 금융회사와 상담을 해보면 은퇴 준비를 위해 연금상품에 가입해야 한다는 제안을 많이 받는다. 예를 들어 40세 직장인이 60세에 3억 원을 만들려고 하면, 연 6% 수익을 가정할 때 그때부터 매달 60만 원 정도를 20년 동안 불입해야 한다. 그래서 연금상품으로 월 60만 원을 제안하는 식이다. 물론 매달 60만 원으로 준비해나가야 한다는 것은 정확한 제안이다. 그러나 60만 원을 몽땅 왜 연금상품으로만 준비해야 할까? 이건 금융상품을 판매하는 측의 논리일 뿐이다. 연금소득은 은퇴 이후에 필요한 소득원 가운데 하나일 수는 있지만 전부일 필요는 없다. 또 다른 금융소득이 필요하다.

여기서 또 다른 금융소득이란 연금을 제외한 은행에서 받는 이자, 주식에서 나오는 배당, 투자형 상품에서 나오는 정기적인 배당금 등이다. 은퇴 이후에도 갑자기 목돈이 필요한 때가 있지만 대부분의 연금상품들은 연금 외 다른 용도의 인출이 제한되어 있다. 따라서 은퇴자금 전부를 연금으로 준비해야 한다는 것은 효율적이지 못하다. 연금자산을 기본으로 일정 부분은 언제든 찾아 쓸 수 있는 금융자산으로 준비하는 것이 좋다.

셋째, 금융자산이 준비가 됐다면 이젠 임대소득에 관심 가질 필요가 있다. 월세를 받는 건물주가 되어 은퇴생활을 편하게 누리는 것은 모든 샐러리맨들이 바라는 은퇴 이후의 모습이다. 하지만 임대소득만으로 생활하는 사람들에게는 남모를 고민이 있다는 사실도 꼭 기억해두어야 한다.

대표적인 고민이 공실, 즉 입주자가 없어 비어 있는 방이다. 물론 몇 달이 지나 채워질 수도 있겠지만, 그런 방들이 많아지면 골치가 아프다. 특히 재정적으로 여유 있는 은퇴자들이 하나같이 임대소득에 뛰어들면서 경쟁도 심해졌다. 근처에 들어선 새 건물에 세입자들을 빼앗기지 않으려면 내 건물도 돈을 들여 리모델링을 해야 한다. 특히 상권은 약 5년마다 한 번씩 바뀐다고 한다. 내 의지와 상관 없이 주변 환경의 변화로 인해 차질이 생길 수 있다. 이런 일이 반복되면 제대로 버텨내기가 쉽지 않다. 월세 수입이 불안정해지거나 끊긴다는 것은 샐러리맨의 월급이 들쭉날쭉하거나 끊어진다는 이야기와 같다. 기껏 몇 달은 버틸 수 있겠지만 이런 현

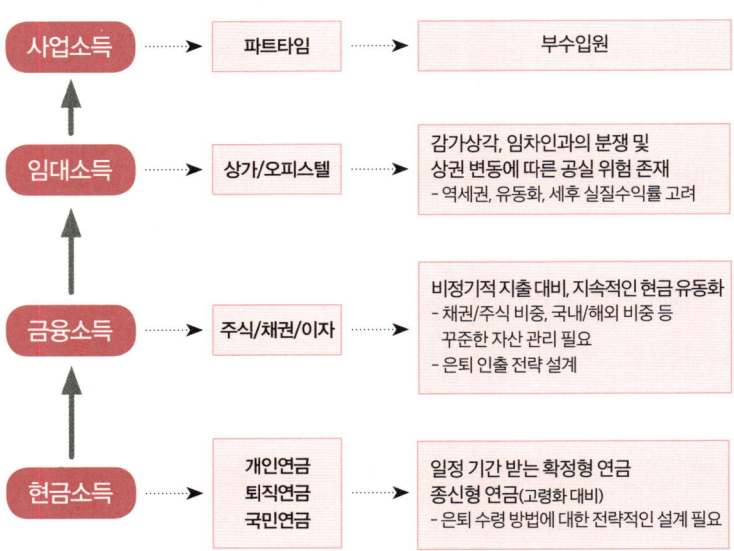

■ 은퇴 플랜 로드맵

사업소득	┈➤	파트타임	┈➤	부수입원
임대소득	┈➤	상가/오피스텔	┈➤	감가상각, 임차인과의 분쟁 및 상권 변동에 따른 공실 위험 존재 - 역세권, 유동화, 세후 실질수익률 고려
금융소득	┈➤	주식/채권/이자	┈➤	비정기적 지출 대비, 지속적인 현금 유동화 - 채권/주식 비중, 국내/해외 비중 등 꾸준한 자산 관리 필요 - 은퇴 인출 전략 설계
현금소득	┈➤	개인연금 퇴직연금 국민연금	┈➤	일정 기간 받는 확정형 연금 종신형 연금(고령화 대비) - 은퇴 수령 방법에 대한 전략적인 설계 필요

상이 반복되면 상황은 더욱 복잡해진다. 건물을 되팔기도 힘들 수밖에 없다.

또 다른 고민은 세입자와의 분쟁이다. 월세를 받는 입장이 되면 마냥 갑일 수만은 없다. 사용료를 내고 있는 세입자는 당연히 그에 따른 정당한 대가를 요구한다. 보일러가 안 된다, 물이 샌다, 문이 잘 안 열린다 등 요구하는 것들은 하나 둘이 아니다. 뿐만 아니라 월세를 제때 주지 않는 세입자도 많고, 계약기간이 끝났는데도 방을 비워주지 않아 언성이 높아지는 경우도 많다.

결정적인 고민은 건물이 계속 노후화된다는 것이다. 아파트와 달리 원룸과 같은 수익형 부동산의 건물은 5년 정도만 지나도 급격히 헌 건물이 되어간다. 옥상 방수도 해야 하고 건물 외벽 관리도 해야 하며 장판, 도배 등 시간이 지남에 따라 신경 써야 하는 곳들이 자꾸 늘어난다. 이런 것들이 편안한 은퇴생활을 방해한다. 무엇인가 계속 신경 쓰고 있어야 한다는 것 자체가 스트레스다. 임대소득으로 생활하는 사람들 가운데는 이 같은 불만을 호소하는 사람이 많다. 다만, 잘 알려지지 않을 뿐이다.

따라서 은퇴 이후의 소득을 임대소득으로만 준비하는 것은 큰 모험이 될 수 있다. 따라서 임대소득은 연금소득이나 금융소득보다 우선순위가 떨어지며 다른 소득원을 보완하는 차원에서 준비하는 것이 좋다.

넷째, 부족한 부분을 파트타임으로 충당할 수 있도록 준비해야 한다. 왜냐하면 지금 시점에서 볼 때 나이가 들면 뭐라도 해서 돈을 벌 수 있을 것 같지만, 막상 은퇴할 때가 닥치면 어떻게 될지 아무도 알 수 없다. 체력이 안 될 수도 있고 시대의 변화에 따라 내가 쌓아온 경험과 능력이 쓸 데 없어질 수도 있다. 따라서 시대 변화와 그에 따른 경력 업데이트에 지속적인 관심을 가져야 한다.

정리해놓고 보니 어떤가? 이 같은 우선순위를 기준으로 생각해보면 지금 우리 주변의 은퇴생활자들은 완전히 거꾸로 생활하고 있는 것 같지 않은가? 지금 당장 나의 은퇴 이후의 준비 상황을 점검해보자.

10

연금소득을 가장 효율적으로 준비하는, 비효율적 투자

난이도 ㊤ ㊥ ㊦
수면도움 😀 😐 😣

　앞에서 우리는 은퇴 이후의 소득원에 대해 알아보았다. 특히 그 가운데 매달 월급처럼 받아 쓸 수 있는 연금소득이 우선순위 첫째라고 했다. 그것에 동의하지 않을 사람은 많지 않을 것이다.

　의외로 많은 사람들이 연금소득을 만들어가는 것에 실패하는 경우가 많다. 알다시피 연금소득은 크게 국민연금 등과 같은 공적연금, 기업 임직원들이 준비할 수 있는 퇴직연금, 그리고 개인들이 스스로 준비하는 사적 연금 세 가지가 있다. 이를 통틀어 '3층 구조'라고 한다. 그러나 방법과 형태는 다르더라도 그것들이 가진 한 가지 공통점이 있다면 모두 '장기 또는 초장기 상품'이라는 점이다. 그렇다면 위 3가지 형태의 연금제도 가운데 지금 당장의 은퇴자들에게 많든 적든 도움이 되는 상품은 무엇일까? 당연히 국민연금, 공무원연금, 사학연금, 군인연금 등으로 나누어져 있는 공적

연금이다. 이런 공적 연금이 그나마 연금 구실을 하게 된 이유는 무엇일까? 여기서 한 가지 도움이 될 만한 실험을 소개한다.

지금 결정한 미래의 선택이, 막상 그 미래가 닥쳤을 때는 다른 선택으로 바뀌는 현상을 경제학에서는 '시간적 비일관성'이라고 한다. 예를 들어보자.

지금부터 30일 후 100유로를 받을 것인지, 아니면 31일 후 103유로를 받을 것인지를 물어보았다. 그랬더니 대부분 사람들이 하루를 더 기다리겠다고 말했다. 그렇다면 지금 당장 100유로를 받을 것인지, 아니면 내일 103유로를 받을 것인지 물어보았다. 그랬더니 이번에는 대부분 사람들이 지금 당장 100유로를 받겠다고 답했다(《부자들의 생각법》 참조).

이렇듯 사람들은 먼 앞날의 일은 올바로 선택할 가능성이 많지만, 단기적으로는 잘못된 선택을 하는 경우가 많다. 일상에서 흔히 볼 수 있는 금연 계획도 마찬가지다.

새해가 되면 담배를 끊겠다는 목표를 세운다. 물론 12월 말까지는 그 결심이 그대로 유지된다. 하지만 막상 새해가 되는 첫날부터 그 결심은 흐지부지, 여전히 담배를 피우고 있는 자신의 모습을 발견하게 된다. 즉, 금연의 필요성을 느끼면서도 다음으로 미루는 것처럼 단기적인 쾌락을 위해 장기적인 행복을 포기하는 것이다.

은퇴 준비 역시 시간적 비일관성이 우리를 힘들게 하는 영역이다. 대부분의 사람들이 은퇴 이후를 준비하기 위해 투자를 해야 한다고 생각한다. 그런데 생각해보니 시간이 아직 많이 남아 있다.

그래서 결심은 쉽게 하지만, 정작 시작하기로 했던 때가 닥치면 이런저런 핑계로 미루어버린다. 다음부터 하면 된다고 생각하는 것이다. 하지만 문제는, 미루면 미룰수록 더 심각해지는 것이 은퇴 준비라는 점이다. 간단한 계산으로 이를 확인해보자.

■60세에 은퇴자금 3억 원을 마련하려면

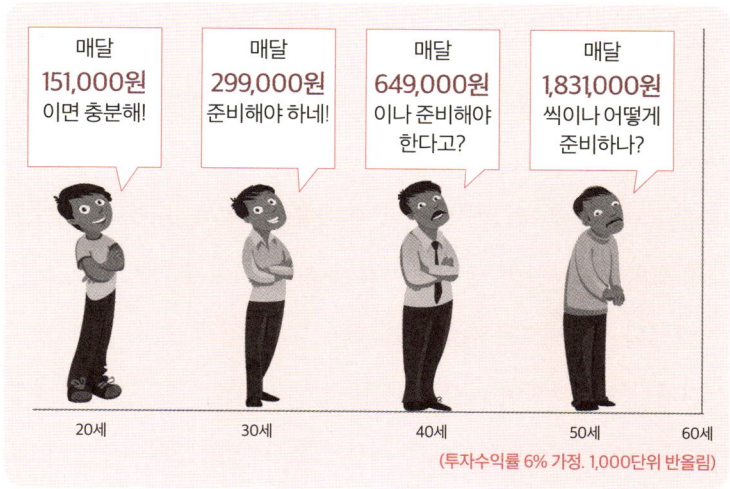

매달
151,000원
이면 충분해!

매달
299,000원
준비해야 하네!

매달
649,000원
이나 준비해야
한다고?

매달
1,831,000원
씩이나 어떻게
준비하나?

20세　　30세　　40세　　50세　　60세

(투자수익률 6% 가정. 1,000단위 반올림)

　위 그림을 보면 은퇴 시점에 필요한 돈을 준비하기 위해 투자를 시작하는 시간이 늦어질수록 똑같은 돈을 마련하는 데 투입되어야 할 돈은 점점 커진다는 것을 알 수 있다. 10년 늦어질 때마다 그 부담은 약 2배씩 커진다. 이 그림에서 알 수 있는 가장 단순한 원칙은 무조건 빨리 시작하는 것이다. 그러나 시간적 비일관성으로 인해 빨리 시작한다는 것이 말처럼 쉽지 않기 때문에 그것을 해결할 수 있는 다른 방법이 필요하다. 바로 강제투자로서, 글자 그대로 강제로 불입하게 하는 방법이다. 강제성이 높으면 높을수록 은퇴 준비는 그만큼 수월해진다. 국민연금을 비롯한 공적 연금이 다른 연금제도보다 효율성이 크게 뛰어날 수밖에 없는 이유가 이 같은 강제성에 있다. 따라서 이런 강제성을 퇴직연금이나 개인의 사적 연금에도 적용하면 은퇴 준비는 그만큼 수월해지며 효율성도 높아진다.

그래서 퇴직연금도 직장에 다닐 때에는 중간에 찾아 쓸 수 없도록 제한장치를 마련해두고 있으며, 직장에서 퇴직한 다음에는 그때까지 쌓아둔 퇴직금이 다른 곳에 사용되지 않고 IRP, 즉 개인형 퇴직계좌로 이전하여 계속 유지할 수 있도록 여러 가지 세제 혜택을 앞세워 적극적으로 유도하고 있다.

강제저축은 어쩌면 가장 비효율적인 투자방법이다. 특히 보험상품의 경우 다른 금융상품에 비해 초기에 발생하는 과도한 수수료가 문제가 되기도 하지만, 이로 인해 조기해약을 어렵게 하면서 오랫동안 유지하게 하는 효과가 있다. 그렇게 쌓여 목돈이 된다. 물론 이 같은 강제성은 적당해야 한다는 점은 앞에서 설명했다. 또한 폭넓은 가입 대상과 매력적인 세제 혜택으로 좀 더 많은 사람들이 일찍부터 은퇴를 준비할 수 있도록 모든 금융회사들이 취급하는 연금저축계좌가 중도 인출하거나 연금 목적이 아닌 다른 목적으로 사용하는 경우 또 다른 벌칙을 만들어둔 이유 역시 강제성 때문이다.

결론적으로 미래를 위한 상품을 찾는다면 자신의 형편을 잘 살펴 시간적 비일관성을 최소화할 수 있는 상품을 선택해야 한다. 대부분의 장기 상품들은 정도의 차이만 있을 뿐 어느 정도의 강제성이 필요하다는 사실도 반드시 인정해야 한다. 따라서 이러한 강제성을 스스로 부여할 수 있고 통제가 잘되는 사람들은 당연히 수수료가 적은 상품이 유리하다. 반대로 그렇지 못한 사람이라면 수수료를 조금 더 내더라도 강제성이 부여된 상품이 효율적이다.

11

주택연금,
노후 준비의 대안일까?

난이도 ㊤ ㊥ ⓣ
수면도움 😊 😐 😑

#사례 1

"애들 다 결혼시키고 나니 덜렁 집 한 칸 남았어요. 그런데 큰애 직장이 늘 불안불안해서……. 뭔가 새로운 것을 해보려는 모양인데, 돈이 부족한가 봐요. 대놓고 말하지는 않는데, 그런 눈치가 보여요. 어떻게 하면 좋을지 모르겠어요."

#사례 2

"부모님께는 늘 죄송해요. 용돈이라도 여유 있게 챙겨드리면 좋은데 저희 형제들 사는 형편들이 다 고만고만해서 제대로 모아드리지도 못해요. 그래서 지금 살고 있는 집을 이용해서 주택연금을 받으시라고 몇 번 말씀 드렸는데, 계속 싫다고만 하세요. 앞으로 자식들 어찌 될지 모르는데 당신들 편하자고 대출받을 수 없다고

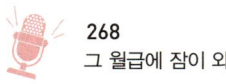

268
그 월급에 잠이 와?

요. 그리고 돈 쓸 데도 없다면서…….

  흔히들 베이비부머 세대로 일컫는 지금의 50대 대부분은 기껏
해야 집 한 칸밖에 없다. 물론 그 집도 적든 많든 대출이 깔려 있는
것까지 엇비슷하다. 그만큼 지난 몇십 년 동안 한국 사회에서 가장
확실한 재테크 수단은 아파트였다. 빚을 내서 집을 사고, 다시 그
집을 팔아 더 큰 집으로 옮기면서 돈을 불렸다. 아파트값이 계속
오른 덕분에 가능한 일이었다. 그런데도 막상 은퇴 시점이 되자 달
랑 집 한 칸밖에 남아 있지 않았다면, 그때까지 불렸던 돈은 다 어
디로 갔을까? 월급도 있었을 텐데 말이다.

  맞다. 대부분 자식들에게 다 쏟아부었다. 한국 부모들의 대단한
교육열, 그리고 끝없는 자식사랑은 다른 나라에 비해 분명 유별나
다. 그러나 65세 이상 한국 노인의 절반이 상대적 빈곤에 시달릴
정도로 그로 인한 대가는 심각하다. 그런데도 위 사례들과 마찬가
지로 부모들은 늘 자식 걱정이 먼저다.

  사례 1은 이미 연로한 고령의 부모가 창업을 생각하는 큰아들
걱정 때문에 그나마 남은 집을 팔아서라도 도와주어야 하지 않을
까 걱정하고 있다. 반면 사례 2는 부모를 경제적으로 부양하고 있
지 못한 자녀들이 주택연금을 이용해서라도 좀 더 편안하게 사실
것을 권유하지만, 그 부모는 여전히 자식 걱정이 앞서 그럴 엄두를
내지 못하는 상황이다.

  위 두 사례는 사실 하나의 사례, 즉 같은 이야기다. 지금 그 부모

는 주택연금에 가입하여 매달 120만 원 정도를 받고 있다. 그렇게 되기까지는 부모는 물론 자녀들에게도 몇 번 설명과 설득을 해야 했지만 지금은 자녀들과 부모 모두 만족하고 있다. 2015년 2월 기준으로 한국주택금융공사 사이트에 올라 있는 연금지급 예시액은 다음과 같다. 기타 주택연금제도에 대한 자세한 내용들은 한국주택금융공사 홈페이지를 방문하면 자세하게 설명되어 있다.

■일반주택(종신지급 방식, 정액형, 2015년 2월 1일 기준)

(단위: 천 원)

주택 가격	1억 원	2억 원	3억 원	4억 원	5억 원	6억 원	7억 원	8억 원	9억 원
50세	145	290	435	580	725	870	1,015	1,160	1,305
55세	170	340	510	680	850	1,020	1,190	1,360	1,530
60세	227	455	682	910	1,138	1,365	1,593	1,820	2,048
65세	272	544	816	1,088	1,360	1,632	1,904	2,176	2,448
70세	328	657	986	1,315	1,643	1,972	2,301	2,630	2,958
75세	403	807	1,210	1,614	2,017	2,421	2,824	3,172	3,172
80세	505	1,011	1,517	2,023	2,529	3,035	3,493	3,493	3,493

* 예시 : 70세(부부 중 연소자 기준), 3억 원 주택 기준으로 매월 98만 6,000원을 수령합니다.

그런데, 주택연금제도가 앞으로 은퇴를 준비하는 모든 사람에게 훌륭한 대안일까 하는 점에 대하여는 생각해볼 필요가 있다. 지금의 주택연금제도는 상당한 특혜에 가깝다. 처음 정해진 집값을 토대로 지급받을 연금액이 결정되고 나면 앞으로 집값이 하락하더라도 연금지급액이 줄어들지 않는다. 물론 그렇다고 집값이 오른다고 해서 많아지지도 않는다. 왜냐하면 주택연금은 이미 앞으로의 주택가격이 해마다 평균 3.3%씩 상승한다고 가정하여 만들어진 제도이기 때문이다. 그런데 향후 집값이 점점 하락될 것으로 예측하는 사람들이 많다. 나도 물론 같은 생각이다.

또한 주택연금은 종신토록 지급될 수 있도록 정부가 보증하는 상품이다. 앞으로의 주택가격 변동 리스크를 정부가 모두 떠안고 있는 셈이다. 심지어 주택연금을 지급받다가 나중에 사망해서 상속하게 될 때, 그때까지 지급한 주택연금과 대출금 이자를 합친 금액이 그 당시의 주택가격보다 많더라도 그 차액을 상속인에게 청구하지 않고 고스란히 정부가 떠안는다. 반면 그와 정반대 경우가 되면 그 차액만큼을 상속인에게 돌려준다. 돈이 남으면 돌려주고 모자라면 책임지겠다는 것이다.

이 같은 특혜는 노후 준비가 거의 되어 있지 않은 베이비부머 세대의 현실을 반영한 정부의 배려로 탄생했다. 국민연금이나 기초연금으로는 아직은 많이 부족하다. 따라서 정부의 이 같은 배려가 오래 지속되지 못할 수도 있다. 왜냐하면 갈수록 늘어나는 복지 지출과 예상되는 주택가격 하락이 현실화되면 주택연금으로 인해 정부가 떠안아야 할 부담도 크게 늘어날 것이기 때문이다.

따라서 주택연금제도는 당장 은퇴를 앞둔 세대들에겐 더할 나위 없이 좋은 상품이다. 특히 부모에게 집 한 칸 달랑 남아 있다면, 자녀들은 책임감을 갖고 그것만큼은 부모의 몫으로 온전히 지켜주어야 한다. 그러나 아직 은퇴 시기가 많이 남은 사람들이 지금의 주택연금제도를 은퇴의 대안으로 생각하는 것은 위험천만하다. 물론 그런 집 한 칸 온전히 장만하는 것조차 쉽지 않은 일이지만 말이다.

주택연금제도와 관련하여 농지연금이란 것도 있다. 도시 거주자들이 자신의 주택을 담보로 종신토록 받을 수 있게 만든 연금제도가 주택연금이라면, 농촌 거주자들이 자신이 소유한 농지(논, 밭, 과수원)를 담보로 종신연금을 받을 수 있는 제도는 농지연금이다. 주관기관(농지연금의 경우 한국농어촌공사)만 다를 뿐 혜택은 동일하다. 농지연금 역시 정부가 보증하기 때문에 연금 지급이 중단될 위험도 없다. 그러나 도시의 아파트에 비해 상대적으로 농촌의 순수 농지들이 시세, 즉 평가액이 크게 낮기 때문에 현실적으로는 한계가 있다. 따라서 순수 농지보다는 개발 가능성 있는 도시 주변 농지 등 비교적 높게 평가되는 농지 소유자들이 참고해볼 만하다.

그 월급에 잠이 와?

은퇴 준비

돈, 의료, 그리고 일 세 가지가 필요하다.

실질적인 소득활동이 극히 제한될 수밖에 없는 은퇴생활에서 연금은 절대적이고 필수적이다.

초장기 상품을 선택할 때는 되도록이면 최대의 유연성을 바탕으로 상품을 선택하고 설계하는 것이 좋다.

은퇴 후의 일은 개인이 준비해야 하는 부분이다.

은퇴 준비에서 본질적인 문제는 돈이 아니라 꿈이다.

은퇴 이후의 소득원

첫째, 연금소득.

둘째, 금융소득.

셋째, 임대소득.

넷째, 부족한 부분을 파트타임으로 충당해야 한다.

제5장

나를 위한 부의 완성 ₩

"Wealth Done for Me"

01

알면서도 당하는
상식전쟁

난이도 ⊕ 中 下
수면도움 😊 😐 😖

이 글을 시작하면서 나는 '상식전쟁'이란 표현을 사용했다. 즉, 어떻게 하면 돈을 잘 벌고, 잘 모으며, 잘 불리고, 잘 쓸 수 있을까 하는 고민들은 조개를 캐기 위해 바닷물이 쓸려나간 서해안 갯벌 저 멀리 나가더라도 물이 밀려들어오는 밀물 때를 잘 알고 미리 빠져나오기만 하는 되는 것과 같은 상식에서 출발한다고 말했다. 그런데도 의외로 많은 사람들이 밀물이 들어오는 시간을 알고 있으면서도 제때 빠져나오지 못하고 변을 당한다. 알면서도 당하는 것이다.

앞으로는 그렇게 알면서 당하는 일이 점점 많이지게 생겼다. IT 중심의 하이테크놀로지가 크게 성장하면서 정보 가공은 물론 조작도 훨씬 쉬워지기 때문이다. 재테크 분야에서는 그 속도가 더욱 빠르고 심해질 듯하다. 그 이유는 이렇다.

첫째, 정부가 책임을 떠넘겼다.

준비를 제대로 못했는데 고령화의 어두운 그림자는 사회 곳곳을 뒤덮고 있다. 고령화를 나이 든 사람들의 은퇴 문제로만 생각하면 크게 잘못이다. 부풀어오른 풍선의 한쪽을 누르면 다른 한쪽이 더 튀어나오는 것처럼, 정부의 한정된 재정으로 준비되지 못한 은퇴세대 지원에 집중하다 보면 다른 세대, 즉 점점 심각해지는 청년 문제에 상대적으로 소홀하게 대처할 수밖에 없다.

그런데 정부 입장에서 더 두려운 것은 준비되지 못한 은퇴세대가 점점 더 많아지고 있는 현실이다. 그리고 급기야 그 원인의 절반 이상을 개인의 문제로 생각하기에 이르렀다. 한국의 고령화가 이미 정부의 관리 통제권을 크게 벗어난 것이다. 물론 정부가 모든 책임을 부담할 수도 없다. 그래서 지금 당장 급한 불은 정부가 끄더라도 앞으로 닥쳐올 문제들의 상당 부분은 개인이 함께 책임져야 한다고 생각하기에 이르렀다. 예를 들어, 국민연금을 비롯한 공적 연금과 기본적인 복지는 정부의 몫이더라도 그 외 추가적인 복지는 개인의 책임으로 구분해버린 것이다.

둘째, 더욱 쉬워지고 비용이 적어졌다.

고령화로 인한 많은 부담을 개인에게 돌리더라도 문제는 여전히 남았다. 만약 개인의 책임으로 구분된 영역들이 결과적으로 잘못되면 그로 인한 부담과 책임은 다시 정부로 넘어올 수밖에 없기 때문이다. 어떻게 하면 개인이 책임져야 할 재테크 영역에서의 실패를 줄이게 할 수 있을까 하는 고민이 시작되었고, 그 결론은 지금까지의 실패 원인들 가운데 제도적인 장애물들을 제거하거나 최소화하는 방향으로 결정되었다. 즉, 좀 더 다양한 투자, 좀 더 쉬운 투자, 좀 더 저렴한 투자를 위해 가능한 모든 제도를 개선하고 필요한 정책들로 뒷받침하게 되었다.

예를 들어 연금저축제도와 퇴직연금제도 및 IRP(개인형 퇴직연금계좌)의 획기적 개선과 세제 지원, 각종 금융회사에 흩어져 있던 개인연금과 퇴직연금을 한눈에 들여다볼 수 있는 통합연금포털 오픈, 펀드슈퍼마켓 등 비용이 저렴한 온라인 펀드 투자의 활성화, 다양한 보험상품 비교를 위한 보험슈퍼마켓, 하나의 통장에서 각각 다른 펀드와 적금을 가입하고 관리할 수 있을 뿐만 아니라 그로인한 수익까지 비과세되는 ISA(개인종합자산관리계좌) 등 그동안 금융회사들의 압력에 밀려 소극적이었던 재테크 관련 제도와 정책들을 적극적으로 개선하기 시작했다.

이로 인해 금융회사 전체적으로는 증권회사들의 입지가 훨씬 넓어진 반면, 장기 투자를 통한 복리와 비과세를 앞세워 저축투자성 보험을 많이 팔았던 보험회사, 그리고 예·적금 등 주로 안정적인 상품 위주의 은행이 큰 타격을 받게 되었다. 정부 입장에선 더 많은 개인들이 좀 더 적극적으로 투자를 해야 한다는 것이고, 그것을 위해 불필요하거나 과도한 비용을 줄여야 한다는 것이다.

셋째, 복잡해졌다.

위에서 설명한 내용들은 고작 최근 1, 2년 사이에 일어난 변화들이다. 그 변화들은 앞으로 더욱 확장되고 빨라질 것이다. 그렇다면 독자들은 이런 내용과 용어들에 대해 과연 얼마나 알고 있고, 적용하고 있으며, 준비하고 있는가? 우리가 알아야 할 상식들이 훨씬 더 많아지고 복잡해지고 있다. 그러니 내가 상식전쟁이라고 말하는 것이다. 권한이 많아지면 당연히 책임도 커진다. 그런데 단지 아는 것만으로 정말 이길 수 있을까?

많은 사람들이 밀물이 들어오는 시간을 알고 있으면서도 변을 당했다. 물론 아는 것은 매우 중요하다. 그러나 단지 아는 것만으로 이길 수 있는 것은 아니다. 만약 갯벌 저 멀리로 나가 있는 그 사람을 누군가 계속 지켜보면서 물때가 되었음을 알려주었다면 어떨까?

투자도 마찬가지다.

투자 방법은 더욱 간편해지고 비용 또한 크게 줄었지만, 관련 제도와 상품들은 훨씬 더 복잡해졌다. 이것은 바닷물이 나가고 들어오는 시간 자체가 정해져 있지 않고 그날그날의 기후 상태에 따라 들쭉날쭉해졌다는 의미와 같다. 물때가 정해져 있을 때도 변을 당하는 경우가 많았는데, 그것마저 제대로 알 수 없다면 위험은 더욱 커질 것이다. 그러나 재무컨설팅 분야 전문가들을 뜻하는 웰스도우미처럼 만약, 누군가가 갯벌에 나가 있는 그 사람을 지켜보면서 바닷물이 들어오거나 나갈 때 미리 알려줄 수 있다면?

2015년 4월에 출범한 펀드슈퍼마켓은 그 같은 문제들을 잘 보여주고 있다. 비록 출범 1년이 지나면서 4만 개가 넘는 종합계좌 개설과 누적 적립금 5천억 원을 돌파하는 등 외형 면에서는 비약적인 성장을 보여주고 있지만 내용 면에서는 참담하다. 왜냐하면 투자자들의 선택을 도와주는 전문가의 제도적인 도움이 없다 보니 온라인에 익숙한 젊은 세대 위주의 소액투자자들이 많아 전체적인 투자 규모가 커지지 않기 때문이다.

물론 웰스도우미 가운데서도 단순한 상품 가입만을 돕는 전문가가 있는 반면, 고객의 투자자산 전체를 자문하면서 구체적인 상품 선택과 관리를 돕는 전문가도 있다. 특히 2016년부터 시행 예정인 ISA는 웰스도우미가 필수적이다. 그러나 이 같은 웰스도우미의 역할은 어디까지나 도우미일 뿐, 자신의 투자자산을 관리할 책임은 자기 자신에게 있다. 그렇다면 먼저 관심을 가져야 하고, 웰스도우미와 함께 정기적으로 점검해야 하며, 필요할 때마다 의논해야 한다. 그래야 알면서 당하는 일을 크게 줄일 수 있고 갯벌 더 멀리까지 나갈 수 있으며, 또 어쩌면 더 크고 맛난 조개를 더 많이 캘 수도 있다.

이제부턴, 우리 앞에 닥친 투자혁명 가운데 당장에 써먹을 수 있는 것들을 소개한다.

02

통장의 반란을 진압하는
ISA통장

난이도 ㊤ ㊥ ㊦
수면도움 😀 😐 😫

ISA(Individual Savings Account, 개인종합자산관리계좌)는 예·적금 및 펀드, ELS, ETF 등의 파생상품들을 하나의 계좌에 담아 통합 관리하면서 일정 금액의 수익금에 대해 비과세 혜택을 받을 수 있는 금융상품이다. 다시 말해, 그동안 개별적으로 가입해왔던 금융 상품들을 ISA라는 바구니에 담아 한꺼번에 관리하면 일정 금액의 수익금에 대해 비과세 혜택을 주겠다는 것이다. 이 같은 ISA계좌는 2016년에 시작하는 것을 전제로 현재 국회의 결정을 기다리고 있다. 따라서 실제 시행되는 시점에서는 지금까지의 정부안이 조금 변동될 수도 있지만 우선은 현재를 기준으로 좀 더 자세하게 정리해본다.

ISA는 근로소득이나 사업소득이 있으면 누구나 가입할 수 있지만 ISA계좌에 돈을 불입할 수 있는 한도는 연간 2,000만 원까지로 정해져 있다. 또한 가입 후 만기는 5년으로 정해져 있으며 그 기간 동안 중도인출이 제한되어 있다. 또한 기존에 재형저축이나 소장펀드에 가입하고 있다면 그 납입액을 뺀 나머지 금액만 넣을 수 있다.

ISA통장의 최대 혜택은 수익금 200만 원까지 비과세를 적용하여 한 푼의 세금도 내지 않는다는 점이다. 또한 200만 원을 초과하는 수익금에 대해서도 일반적으로 적용하는 15.4%가 아닌 지방세 포함 9.9%만 과세한다. 예를 들어 5년간 총 3,000만 원의 금융 수익이 났다면 일반 금융상품의 경우 2,000만 원까지는 15.4%, 나머지 1,000만 원에 대해서는 금융소득종합과세를 적용한 최고세율 41.8%가 계산된 총 726만 원의 세금을 내야 하지만 ISA의 경우, 277만 2,000원의 세금(비과세되는 200만 원을 제외한 나머지 2,800만 원에 대해 9.9% 분리과세 적용)만 내면 되기 때문에 결과적으로 약 450만 원의 세금을 아낄 수 있다. 또한 예·적금, 펀드, 파생상품 등을 따지지 않고 ISA통장에서 발생한 모든 금융상품의 순수익과 배당 소득 등을 합쳐 과세 여부를 판단하기 때문에 개별 상품에 각각 투자할 때보다 더 많은 절세 효과를 얻을 수 있다.

물론 이자가 턱없이 적은 예·적금이나, ISA통장이 아니더라도 수익금에 대한 세금이 없는 국내주식형 펀드 등은 현실적으로 도움되진 않는다. 가입 후 5년 만기 동안 중도 인출이 제한되어 있다는 점을 감안할 때 단기자금 성격의 예·적금이나 이미 세금이 없는 국내주식형 펀드를 ISA통장으로 가입할 이유가 전혀 없기 때문이다. 따라서 ISA통장으로는 수익금에 대해 세금이 붙는 금융 상품인 ELS, ETF, 해외펀드 등을 활용하는 것이 좋다. 그러나 해외펀드의 경우 ISA통장과 관계없이 2016년부터 2017년까지 최대 3,000만 원을 투자할 수 있는 해외주식투자 전용 펀드를 함께 고려하여 선택한다. 해외주식투자 전용 펀드는 가입 이후 10년까지의 수익금에 대해 전액 비과세될뿐더러 언제 해약하더라도 아무런 페널티가 없기 때문이다. 이 같은 해외주식투자 전용 펀드 역시 2016년부터 시행되기 때문에 실제 시행되는 시점에서 다시 한 번 확인해보아야 한다.

또한 ISA통장을 만기 5년 이내에 중도 해지(인출)할 경우엔 금융수익에 기존에 알려진 비과세 혜택이 아닌 15.4%의 일반과세율이 적용된다는 것 또한 주의해야 한다. 더구나 기존의 재형저축과 소장펀드에 가입하고 있을 경우 해당 상품에 납입한 금액은 ISA통장의 연간납입한도액에서 공제된다는 점과 연간 2,000만 원의 투자한도를 채우지 못하더라도 남은 한도금액이 다음 해로 이월되지 않는다는 한계도 있다.

그러나 몇 가지 단점에도 불구하고 ISA통장은 5년 이상의 기간 동안 목돈을 만들고 싶어 하는 사람들에겐 분명 획기적인 상품이다. 다만, 다른 절세 상품 및 제도들을 참고하여 자신의 재무목표와 직업 및 소득 정도를 바탕으로 최대한의 투자효과를 얻을 수 있는 전략이 필요하다.

또한 ISA통장은 영국과 일본 등 선진국에서 성공적으로 운용되고 있는 제도를 도입했기 때문에 최초의 정책에 비해 갈수록 진화할 수밖에 없다. 가입 자격과 만기, 연간 투자 가능 금액 및 비과세가 적용되는 수익금의 한도액 증가 또는 완전 폐지, 그리고 중도인출에 대한 페널티뿐만 아니라 보험상품과 같이 훨씬 다양한 금융상품을 ISA통장을 통해 가입할 수 있게 될 것이다.

03

일석오조,
연금저축계좌 100% 활용법

난이도 ㊤ ㊥ ㊦
수면도움 😊 😐 😫

"애들에게는 성적을 따지지 않으려고 해요. 저희가 바쁘더라도 가능하면 많이 놀아주고 여행도 자주 다니려고요. 특히 책을 많이 읽히고 있어요. 그래서 학원비나 사교육비가 많이 나가진 않아요. 대신 그 돈을 모아두었다가 나중에 성인이 되면 독립자금으로 주려 하는데, 어떤 상품이 좋을까요?"

"아주 좋은 생각입니다. 제 생각엔 연금저축계좌를 만들어주면 좋겠는데요?"

"예? 저희가 아니고 초등학교에 다니는 제 아이 말입니다."

"예, 맞습니다. 그 아이에게 연금저축계좌가 좋겠다고요."

"아니, 제 아인 초등학생이라니까요?"

"그러니까, 연금저축계좌가 좋다고요."

"……"

어린 자녀를 둔 부모들의 두 가지 관심은 교육비와 독립자금이다. 그 가운데 두 가지 모두를 함께 준비할 수 있는 사람은 사실 그리 많지 않다. 만약 두 가지 가운데 하나를 선택하라면 나는 당연히 자녀 독립자금 쪽이다. 미래가 보장되지 않는 사교육비보다 돈이 확실히 남는 독립자금이 훨씬 낫다는 것은 앞에서도 설명했다. 그리고 나는 어린 자녀들의 독립자금을 어떻게 준비해야 할지 궁금해하는 부모들에게 연금저축계좌를 권유한다. 다만, 좀 단순한 방법으로 준비하길 원하는 부모들에게는 추가납입보험료를 활용한 적립식 변액유니버셜 상품도 고려할 만하다.

연금저축계좌는 가입 대상이나 연령 제한이 없어 누구나 가입할 수 있다. 그렇다면 우선 연금저축계좌에 대해 자세히 알아보자.

저성장과 저금리로 인해 투자를 통해 수익을 내기가 갈수록 쉽지 않다. 하필이면 이럴 때 정부에서는 그동안 세제 혜택을 주었던 금융상품들의 범위를 점차 줄여나가고 있다. 나라가 급격히 늙어가면서 부양해야 할 식구들에 대한 부담은 늘어나는데, 다들 먹고 살기 힘들어 거둬들이는 수입도 줄어드니 나라 살림이 어려워졌기 때문이다.

식당에서 장사가 잘될 때는 식후 커피를 무료로 제공했는데, 장사가 안 되니 어쩌겠는가? 더 이상의 공짜 커피는 없다. 하지만 이런 와중에도 정부가 오히려 세제 혜택을 지속적으로 늘려주는 상품이 있는데, 그것이 바로 '연금저축계좌'다.

이 계좌는 연말정산을 통한 세금 환급뿐만 아니라, 최근 여러 번의 세법 개정을 통해 여러 가지 다른 세제 혜택까지 추가하면서 멀티통장으로 기능할 수 있도록 해준 것이다. 이로 인해 정부 입장에서는 당장의 세수는 줄겠지만, 근로자 스스로 노후 대비를 할 수 있도록 유인함으로써 미래의 고령자들에 대한 부담이 줄어들 것으로 생각했기 때문이다.

연금저축계좌는 '연금을 목적으로 저축하는 세제 혜택이 있는 계좌'라 생각하면 된다. 여기서 세제 혜택이란 연간 납입한 금액에서 최고 400만 원까지 13.2%(연소득 5,500만 원 이하 16.5%)를 세액공제를 통해 돌려준다는 것이다. 즉, 400만 원을 불입하면 연말정산을 통해 연초에 53만 2,000원을 돌려받을 수 있다. 단순히 불입만 해도 13.2%의 수익이 보장된 셈이다. 또한 이 계좌 안에는 다양하게 선택할 수 있는 여러 가지 상품이 담겨 있다.

	연금저축계좌	일반 증권계좌
세액공제	매년 세액공제 혜택	세액공제 혜택 없음
기본 세율	3.3~5.5% 저율 과세	배당수익의 15.4%
종합과세	종합과세 부담 축소 (연금 외 수령 시 16.5%로 과제 종결)	종합과세에 노출 (최대 세율 41.8% 발생 가능)
과세 시점	과세 시점 이연 가능	과세 시점 조절 불가

하지만 더욱 중요한 것은 연금저축계좌의 활용법이다. 연간납입

액 가운데 최고 400만 원까지의 소득(세액)공제 혜택은 누구한테나 동일하다. 그러나 잘 활용하면 플러스 알파의 혜택이 추가된다.

+α(과세이연 효과)

일반적으로 금융상품에 투자해 수익이 발생하면 15.4%의 금융소득세를 뗀다. 다시 말해, 이익의 일부분을 세금으로 내야 하기 때문에 그만큼 재투자되는 금액이 적어진다. 그러나 연금저축계좌 내에서는 납입을 끝내고 나중에 연금을 수령하기 전까지는 수익이 발생되더라도 세금을 떼지 않는다. 대신 나중에 연금수령액에서 연령에 따른 연금소득세를 3.3~5.5%만 내면 된다.

이처럼 연금저축계좌는 투자해서 발생한 이익에 대해 당장 세금을 떼지 않기 때문에 그만큼 투자원금이 늘어나는 효과가 있고, 그 원금에 다시 수익이 생기면서 재투자되는 금액은 점점 더 커진다. 따라서 오랫동안 저축할수록 유리해질 수밖에 없는데, 이것을 '과

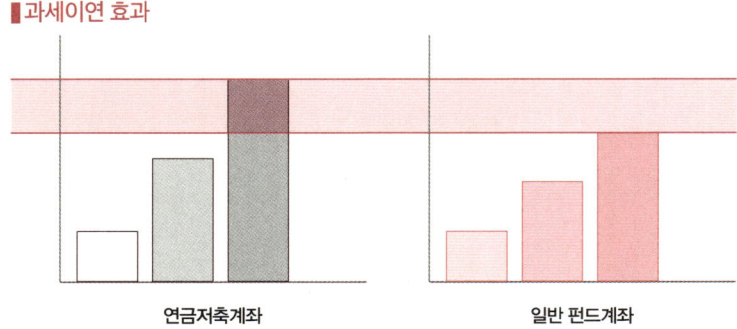

■과세이연 효과

연금저축계좌 　　　　　　　　 일반 펀드계좌

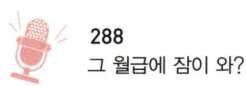

세이연 효과'라 부른다.

즉, 동일한 펀드에 투자한다고 할 때, 연금저축계좌를 통해 투자하면 일반 펀드에 투자할 때보다 재투자되는 금액이 커지는 효과를 볼 수 있다.

+αα(해외펀드 비과세)

현재 국내주식의 매매차익에 대해서는 세금이 없다. 따라서 국내주식형 펀드는 대부분이 비과세라고 생각해도 된다. 따라서 연금저축계좌 내에서 국내주식형 펀드를 선택하면, 일반 펀드에 투자하는 경우와 동일하기 때문에 절세효과는 없다.

반면, 국내채권형 펀드나 채권혼합형 펀드와 같이 채권에 전부 또는 일부를 투자하는 경우, 채권투자로 인해 발생하는 수익과 해외펀드들은 그 수익에 대해 15.4%의 금융소득세를 내야 하기 때문에 연금저축계좌 내에서 그런 펀드들에 투자하면 그만큼의 절세효과가 있다.

특히 글로벌 투자에 대한 필요성이 점차 커지고 있는데, 그 같은 해외투자 펀드를 연금저축계좌 내에서 운영하면 효과가 극대화된다. 연금저축계좌를 해외펀드 비과세 계좌로 활용하는 셈이다. 이때 최고 3,000만 원까지의 투자금에 대해 비과세 혜택이 주어지는 해외주식 투자 전용 펀드를 함께 활용하여 더욱 효과적인 전략을 마련할 수 있다.

+ααα(수시 입출금이 가능한 절세통장)

연금저축계좌에 불입한 금액 가운데 연간 400만 원까지는 소득(세액)공제가 된다. 그러나 그 돈을 나중에 연금으로 받지 않고 중간에 인출하는 경우 책임이 주어진다. 즉, 연금저축계좌에 특혜에 가까운 혜택을 주는 것은 개인이 스스로 노후를 준비하게 할 목적인데, 이 돈을 다른 목적으로 사용하면 원래의 목적에 어긋나기 때문이다.

하지만 소득공제를 받지 않은 금액에 대해서는 중간에 다른 목적을 위해 인출하더라도 별다른 책임이 없다. 혜택을 받은 게 없으니 그에 대한 반대급부도 없는 것이다. 따라서 연간 400만 원을 초과하여 불입한 금액이나, 연금저축계좌에 가입했지만 불입금에 대해 소득공제를 받지 않았다면 수시 입출금에 아무런 제한이 없다. 물론 그 수익에 대해서는 소득세가 발생할 수 있지만 수익금을 제외한 원금 범위에서 중도 인출을 활용한다면 상관이 없다. 물론 수익 부분을 포함한 여유 잔액은 나중에 연금 목적으로 사용하면 된다. 살아 있는 동안에는 누구에게나 돈이 필요하며, 지금 준비하는 것이 은퇴 이후에까지 편리하게 사용될 수 있다면 더욱 좋다. 그땐 앞에서 설명했듯 수익 부분에 대한 세금이 이연될 뿐만 아니라 세율이 적은 연금소득세가 적용된다.

연금저축계좌는 수시 입출금이 가능한 절세통장으로 활용할 수 있다. 바로 이 점이 아직 초등학생인 자녀의 독립자금 마련을 위해 연금저축계좌에 가입해야 할 이유다. 물론 그 자녀가 유치원생이거나 이제 막 태어난 갓난아이라도 상관없다. 뿐만 아니라 급여가 적어 소득세를 낼 필요가 없는 아르바이트조차 가입할 수 있는 상품이다. 소득세가 없으니 구태여 세액공제를 받아야 할 필요가 없으며, 나이 제한 없이 누구나 가입할 수 있기 때문이다. 또한 중도 인출을 하더라도 세액공제를 받지 않았다면 아무런 불이익이 없고 연금저축계좌를 완전 해약하지 않는 한 그때까지의 수익에 대한 이자소득세도 낼 필요가 없다. 연금저축계좌의 유지 기간은 5년으로 그리 길지 않으며, 연간 1,800만 원까지 납입할 수 있다.

따라서 과거에는 근로소득자들이 세액공제를 받기 위해 연금저축을 활용했다면, 지금은 꼭 근로소득자가 아니더라도 수익은 물론 절세통장으로서의 의미도 있기 때문에 자녀 독립자금 등의 목적으로 자녀를 포함한 온 가족이 하나 이상의 연금저축계좌를 가지고 있는 경우가 많아졌다. 이것이 재테크 고수들이 연금저축계좌를 활용하는 가장 큰 이유다. 참고로, 연금저축계좌 안에는 어느 정도 운용 능력이 검증된 국내, 해외, 섹터 등 다양한 분야의 펀드가 들어 있어 투자를 위한 다양한 선택이 가능하게 되어 있다.

연금저축계좌라는 이름으로 재탄생되기 전에 은행에서 연금저축신탁에 가입했거나 보험회사의 연금저축보험, 증권회사의 연금저축펀드에 가입했다면 어떻게 할까?

이런 사람들을 위해 연금저축계좌로 쉽게 이전할 수 있도록 연금저축 이전 간소화 제도가 시행되고 있다. 따라서 이전을 원한다면 거래하고 싶은 금융회사를 방문하여 그 사실을 확인해주기만

==하면 아무런 불이익 없이 쉽게 이전된다==(예: A은행이나 보험회사 또는 증권회사에 가입하고 있던 연금저축상품을 B금융회사로 이전하려면 B금융회사만 방문하면 된다). 현실적으로는 주로 은행이나 보험회사에 가입했던 사람들이 증권회사로 많이 옮겨오는 상황이다. 장기 저금리와 보험회사의 높은 사업비도 문제겠지만 아무래도 증권회사의 펀드형 연금저축계좌가 국내외 펀드는 물론 안정적인 채권형 펀드까지 수익성과 안정성을 분산 투자할 수 있는 장점이 많기 때문이 아닐까 생각이 든다. 특히 매달 꼬박꼬박 보험료를 납부하지 않으면 중도해약되는 보험상품과 달리, 증권회사의 연금저축계좌는 설령 불입하지 않더라도 아무 상관 없이 유지되는 장점도 있다.

한 가지 참고할 것은 기존의 연금저축보험에 가입하고 있었던 사람이 그 상품을 증권회사의 연금저축계좌로 이전하려면, 그때까지 납입했던 원금이 아니라 이전 당시의 해약환급금을 기준으로 옮겨지기 때문에 원금 기준으로 어느 정도 손실을 볼 수도 있다. 따라서 그 부분은 구체적인 실익 분석을 위해 전문가와 상의하여 판단하는 것이 좋다.

04
노동시장혁명,
당신의 퇴직금이 위험하다

난이도 ⊥ ⊕ ⓣ
수면도움 😀 😐 😫

　과거, 직장인들에게 퇴직금은 그야말로 '열심히 일한 당신'에 대한 확실한 보상이었다. 회사를 퇴직한 사람들은 그 돈으로 제2의 인생을 시작하기도 하고, 다 큰 자녀들을 지원하기도 했다. 그러나 안정적인 장기 근속이 불가능해진 현실에서 퇴직금은 이제, 언제까지일지 모를 재직 기간 동안 최대한 불려야 하는 쌈짓돈으로 전락했다. 그만큼 우리의 직장은 불안하다. 그러나 제대로 알기만 하면 퇴직금을 제법 쓸 만한 종잣돈으로 만들 가능성은 오히려 더 높아졌다. '제대로' 알기만 하면 말이다.

　그 키워드가 곧 '퇴직연금'이다. 아직도 퇴직연금이 뭔지 모르는 사람들도 많다. 물론 퇴직금은 뭔지 안다. 1년에 한 달치씩 산정된 급여를 퇴직할 때 받는다는 것도 알고 있다. 그러나 단지 그것만 안다면, 알면서도 당하는 일이 생긴다. 퇴직금이 아니라 퇴직연금을 알아야 한다.

퇴직연금은, 그동안 기업이 근로자의 퇴직을 위해 적립해야 할 돈을 회사에서 자체적으로 보유하고 있었다면, 이제부터는 회사 외부에 있는 금융기관에 별도로 적립하게 하여 기업의 부실로 퇴직금이 유용되는 일을 방지할 뿐만 아니라 근로자 역시 특별한 사유가 없는 한 쉽게 찾지 못하게 하여 퇴직금이 실질적인 은퇴자금으로 사용될 수 있도록 만들어진 제도다. 또한 자신의 퇴직금을 어떻게 불리면 좋을 것인지에 대한 선택을 근로자도 할 수 있게 만들었다. 즉, 퇴직연금은 근로자에게 자신의 퇴직금을 잘 불릴 수 있는 기회도 함께 제공했는데, 구체적으로는 DB형(확정급여형)과 DC형(확정기여형)으로 알려져 있다. 이러한 퇴직연금은 10인 이하의 영세사업장에서도 DC형(확정기여형) 형태로 가입할 수 있다.

따라서 퇴직연금을 제대로 활용하기 위해서는 DB형과 DC형에 대한 정확한 이해와 함께 이것을 자신의 형편에 맞게 제대로 적용하는 것이 유리하다.

DB형(확정급여형)은 사실상 기존의 퇴직금과 같다. 다만, 그 돈을 기업 밖에서 별도로 적립하기 때문에 만약의 경우 기업이 잘못되더라도 못 받을 염려가 없다는 점만 다르다. 반대로 DC형(확정기여형)은 근로자가 매년 자신의 퇴직금에 해당하는 돈을 기업으로부터 자신의 퇴직연금계좌로 지급받은 다음 근로자 본인이 직접 운용하는 방법이다.

다음 그림에서처럼 DB형은 퇴직 시점 마지막에 받는 월급을 기

가정: 월급여 100만 원인 근로자가
3년 근무하고 퇴직하는 경우
(매년 급여상승률 10%)

퇴직시 3개월 평균임금 × 근속연수
→ 퇴직급여: 121만 원 × 3 = 363만 원

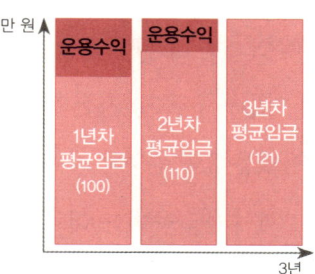

가정: 월급여 100만 원인 근로자가
3년 근무하고 퇴직하는 경우
(매년 급여상승률 10%, 운용수익 α)

총 부담금(331만 원) ± α
→ 퇴직급여: 331만 원 ± α

준으로, 그동안 근무한 기간에 따른 퇴직금이 결정된다. 그러나 DC형은 매년 퇴직금에 해당하는 연봉의 한 달치를 자신의 퇴직연금계좌로 미리 받아 직접 운용한 결과로 퇴직금이 결정된다.

따라서 DB형은 임금인상율이 높아 퇴직 시점에 받는 월급이 가장 많고 입사 또는 중간정산 이후부터 퇴직할 때까지의 기간이 상대적으로 긴 대기업이 유리한 반면, DC형은 승진으로 인한 급여인상을 포함한 전체적인 임금인상율이 별로 높지 않고 이직이 잦아 오래 다닐 가능성이 크지 않은 중소기업 근로자들에게 유리하다. 물론 오래 다닐 가능성은 높지만 임금인상율이 자신이 직접 운용하여 기대할 수 있는 수익률보다 높지 않다고 생각될 때도 DC형이 낫다. 또한 대기업 또는 중소기업을 포함하여 승진으로 인한 급여인상폭이 크다면, 승진 전까지는 DB형으로, 승진 이후에는 DC형으로 전환하는 것이 유리할 수 있다. 이때는, DC형으로 전환하기 전까지의 퇴직금을 함께 산정하여 자신이 직접 운용할 DC형 계좌로 옮겨올 수 있다.

이렇듯 근로자 자신의 형편에 따라 다양하게 선택 또는 전환할 수 있음에도 불구하고 아직도 많은 회사와 근로자들이 별 생각 없이 회사가 권유하는 대로 퇴직연금을 DB형으로 운영하고 있는 경우가 많다. 아무래도 DB형이 기존의 퇴직금제도와 유사하여 직원들이 이해하기 쉬울 뿐만 아니라 금융위기 이후의 보수적인 투자성향 확대로, 자칫 손해 볼지도 모르는 투자를 꺼리는 심리가 작용한 때문이다.

그러나 퇴직연금제도의 꽃은 DB형이 아닌 DC형이다. 그 이유를 정리하면 다음과 같다.

1. DC형은 회사가 적립해주는 것 이외에 본인의 여윳돈을 추가로 불입할 수 있다. 그리고 추가로 불입한 금액 가운데 최대 400만 원까지 세액공제를 받을 수 있는 혜택을 누릴 수도 있다. 다만, 이때 세액공제를 받을 수 있는 별도의 연금저축 상품이나 연금저축계좌에 불입하고 있다면 그것까지 합쳐 연간 400만 원을 한도로 하고 있다.

2. DC형 퇴직연금계좌를 통해 얻은 수익은 당장 세금을 떼지

않고 퇴직할 때까지 유보된 다음 퇴직할 때 훨씬 낮은 퇴직소득세로 과세된다. 즉, 연금저축계좌에서 설명한 '과세이연' 효과가 있는 것이다. 따라서 연금저축계좌와 마찬가지로 국내주식형 펀드보다는 해외펀드로 운영한다면 세제혜택을 확실하게 얻을 수 있다. 또한 과거에는 DC형 적립금 가운데 60%를 예금 등 원리금 보장 자산에 투자해야 하는 조건이 있어 나머지 40%만 주식형에 투자할 수 있었지만 지금은 그 비율이 70%까지로 확대되었다.

3. 또한 기업이 정한 성과급의 일정 금액이나 비율을 근로자의 퇴직연금 DC형에 넣으면 근로소득세가 부과되지 않는다. 예를 들어 A기업이 근로자들과 협의해 상여금 1,000만 원의 30%(300만 원)를 퇴직계좌에 불입하기로 결정했다면, 퇴직계좌에 넣는 300만 원에는 근로소득세가 부과되지 않고 700만 원에 대해서만 근로소득세를 내면 된다.

근로소득세가 부과되지 않은 채 퇴직연금 DC형에 들어간 상여금은 훗날 퇴직금을 수령할 때 퇴직소득세가 부과되거나 연금 형태로 지급받을 땐 아예 면제되는 대신 저율의 연금소득세로 대체된다(물론 퇴직금을 IRP로 이전하면 실제 인출하는 시점에서 퇴직소득세가 공제되며, IRP에서 연금지급 조건을 채워 연금 형태로 지급받으면 퇴직소득세가 면제되고 저율의 연금소득세로 대체되는 것도 동일하다).

4. DC형은 매년 한 달치에 해당하는 퇴직금을 미리 받아 본인 고유의 계좌에서 운영하기 때문에 만약 회사의 자금사정이 나빠지더라도 퇴직금을 떼일 염려가 없다(참고로 회사 책임으로 운영되는 DB형의 경우 퇴직금의 70%까지만 보장된다).

5. 또한 법적으로 정해놓은 사유(예: 무주택자의 주택 구입, 본인 및 부양가족 6개월 이상 요양, 개인파산 및 회생절차 개시, 천재지변)에 해당되면 중도 인출도 가능하기 때문에 퇴직하기 이전이라도 필요에 따라 찾아 쓸 수 있다.

6. 특히 임금피크제가 적용된다면 반드시 DC형으로 전환해야 한다. 임금피크제가 적용되면 그때까지의 급여가 줄어들기 때문에 DB형이 크게 불리하기 때문이다.

이미 저성장 국면에 진입한 우리나라의 경우 앞으로는 대부분의 기업들이 월급을 올리기가 쉽지 않다. 어차피 받아야 하는 퇴직금이라면 최대의 효과를 얻을 수 있도록 노력해야 하는 것은 이젠 더 이상 선택이 아니라 필수가 되었다. 따라서 퇴직연금에 대한 관심 정도에 따라 은퇴 이후의 삶이 달라진다. 지금부터라도 내가 가입한 퇴직연금이 어떤 종류이며, 얼마가 쌓여 있고, 어떻게 운영되고 있는지 알아보는 것부터 시작하자.

신용 관리 노하우

1. 주거래은행 이용하기

2. 자동이체로 연체 방지

3. 신용카드 잘 사용하기

4. 대출 상환 잘하기

5. 본인의 신용정보를 정기적으로 체크하기

6. 휴대전화번호 또는 주소 변경 시 거래 중인 금융기관에 알리기

현명한 카드 사용 팁

1. 현금 사용 원칙

2. 예산 설립

3. 체크카드 사용

4. 돈을 작은 단위로 나눠 생각하라

5. 신용카드는 할부용으로 1~2개 정도만 소유하자

OUTRO

10가지 상담 문의에 대한
재무컨설턴트의 답변

"그래서 어쩌라고?"

우리는 지금껏, 내가 선택할 수도 있는 다양한 옷들을 살펴보았다. 뿐만 아니라 어떻게 하면 좀 더 값싸게 더 좋은 옷을 구입할 수 있을지에 대해서도 알아보았다. 그렇다면 이제 내 옷장을 채우는 일만 남았다.

 질문 1 Re: **3,000만 원을 모으고 싶은 알바생입니다.**

얼른 목돈을 모아야 하니 수익률보다는 지출 관리를 통해 저축율을 높이는 것이 더 중요하겠지요? 특히 현금흐름이 불안정하기 때문에 장기저축성보험 같은 장기 상품은 가입하면 안 돼요! 36개월 동안 매달 80만 원씩 모으면 원금만 해도 2,880만 원이네요?
우선은 비상예비자금으로 최소 200만 원이 될 때까지 CMA에 돈을 모으세요. 그런 다음 채권형 펀드를 시작해서 매달 70만 원 정도를 불입해나갑시다. 채권형 펀드는 위험이 적으면서 은행보다 조금 높은 수익을 기대할 수 있거든요. 그리고 주택청약저축에 월 최소 불입 금액인 2만 원을 넣습니다. 혹시라도 모를 공공임대주택 청약에 대비해서요. 주택청약 우선순위가 되기 위해 불입 기간도 중요한 것 아시죠? 보험은 실손의료비보험으로 월 2~3만 원 범위에서 가입하면 되겠어요. 특히 실손 전용 상품은 1만 원 정도로도 가입할 수 있답니다.

월급 120만 원을 한 푼도 쓰지 않고 36개월 동안 모은다고 해도 4,320만 원입니다. 따라서 3년 안에 5,000만 원을 모으려면 좀 더 적극적인 투자가 필요하겠지요. 그렇다면 일반 펀드가 좋겠어요. 그것들을 국내와 해외로 나누어 분산투자하면 좋은데, 해외펀드는 일정 한도로 비과세 혜택이 있으니 참고하세요.

그러나 사회 초년생일 경우는 아직 목돈 형성이 안 되어 있기 때문에 수익보다는 지출 통제를 통한 저축률 향상이 더욱 중요합니다. 미혼 외벌이의 경우 월급 대비 저축률을 70% 이상으로 목표를 잡아보세요. 그리고 이제 막 투자를 시작하니 은행 예·적금보다 기대수익은 높지만 변동성이 적은 채권혼합형 펀드를 위주로 저축해가면 좋겠습니다. 물론 그전에 충분한 현금 확보는 필수입니다.

그리고 연금저축계좌를 고려할 수 있어요. 불입금액에 대해 세액공제를 받을 수 있지만 장기적으로 돈이 묶일 수 있으므로 어느 정도 목돈이 형성되기 전까지는 주식형 펀드에 월 10만 원가량 적은 금액을 불입하세요. 추후 연말에 여유가 생기면 세액공제 한도까지 추가로 불입할 수도 있습니다.

한 가지 꼭 기억해야 할 것은 이제 막 취업하다 보니 보험 영업에 종사하는 주변 지인들이 이것저것 상품 가입을 권유할 수 있는데, 우선순위가 떨어지는 종신보험이나 저축성 보험상품 가입은 최소화하여 단기간 목돈 마련을 우선하시는 것이 좋겠습니다.

그 외 건강질병보험과 실손의료비보험은 가능하면 순수보장형으로 최대한 비용을 줄여 가입하세요. 적정 보험료 수준은 10만 원 이내입니다.

맞벌이군요. 돈을 집중적으로 모을 수 있는 기간은 결혼 후 자녀들이 생길 때까지겠지요? 그렇다고 너무 서두르진 마시고요. 특히 아내의 소득이 안정적이지 않기 때문에 장기 상품은 최소로 생각해야 합니다.

내 집 마련은 자녀 출산 이후 아이들이 어느 정도 자란 다음 생각하면 어떨까요? 대신 남편 명의로 청약저축에 가입해 매달 10만 원 정도 불입하여 공공임대에 대비하는 전략을 추천합니다. 특히 결혼 후 5년 이내 신혼부부 특별공급을 잘 활용해보세요. 자녀가 있으면 가산점을 받을 수 있다는 것, 알고 있지요? 특히 청약저축은 소득공제도 가능하니 참고하시고요.

비상예비자금을 마련하기 위해서 최소 500만 원이 될 때까지 CMA에 돈을 모아보세요. 그런 다음 채권혼합형 펀드를 이용하여 월 150만 원 정도를 불입합시다. 채권혼합형 펀드는 채권 상품의 안정성에 주식 상품의 변동성을 혼합한 펀드로 2~3년 정도 운용하면 은행 예·적금보다는 괜찮을 겁니다.

보험은 실손의료비에 중요 질환에 대한 진단보험금을 중심으로 부부 각각 5~10만 원 정도, 또 주된 소득원인 남편의 생명보험을 위해 자녀 출산 시점에 보험금 1억 원 정도를 정기 보험으로 준비하면 좋겠어요. 월 3만 원 정도면 될 겁니다. 그리고 남편 명의의 연금저축계좌에 월 34만 원 정도를 주식형 펀드로 운용하여 은퇴를 위한 장기 투자를 시작하면서 세액공제도 받아보세요.

퇴직연금은 가능하면 DC형을 선택하세요. 중소기업이라면 보통 DC형이 유리합니다. 다만, DC형을 선택하더라도 별도로 추가 납입은 하지 마세요. 간혹 연말정산에서 세액공제를 받으려고 추가 납입을 하기도 하는데, 현재의 수입을 고려하면 장기간 돈이 묶여 오히려 급하게 쓸 돈이 부족해지는 어려움이 있을 수 있습니다.

어느 정도 여유자금이 만들어져 있기 때문에 좀 더 적극적인 투자도 가능합니다. 또한 주택 구입은 직장이 안정되어 있고 장기간 거주할 목적이라면 구입해도 괜찮을 듯합니다. 물론 투자목적이 아니기 때문에 교통 및 거주환경에 더 신경을 써야겠지요. 그러나 앞으로 주택 구입 및 자녀 교육자금 증가에 따라 지출도 많아질 테니 총 투자금액에서 장기 상품 불입 금액이 지나치지 않도록 경계해야 합니다.

우선 CMA통장에는 1,000만 원 정도만 남겨두시고요. 또한 혹시라도 모를 청약에 대비해서 남편 명의로 청약저축에 매달 10만 원 정도를 불입하시지요.

본격적인 투자목적으로 ISA계좌를 활용하여 혼합형 펀드에 월 50만 원과 해외펀드비과세계좌를 활용하여 월 100만 원 정도를 투자하면 좋겠어요. CMA에서 빼낸 목돈 3,000만 원은 변동성이 적으면서 절대수익을 추구하는 중위험 중수익 성격의 펀드에 넣어둡시다. 자녀를 위한 교육자금으로 증권회사 쪽에서 많이 추천하는 어린이펀드는 대부분 100억 원 미만의 자투리 펀드가 많아 제대로 성과를 내기 힘듭니다. 펀드 규모가 너무 작으면 운용 효율도 떨어지고, 이는 곧 낮은 수익률로 이어지거든요. 차라리 추가납입보험료를 활용하여 어린이변액보험에 가입하시든가 아니면 기존에 가입하고 있는 변액유니버셜보험을 활용할 수도 있어요.

보험은 앞의 사례에서처럼, 실손의료비에 중요 질환에 대한 진단보험금을 중심으로 구성하면 부부 각각 5~10만 원 정도의 보험료로 가능한데요, 어쨌든 현재 보험료 20만 원은 적당해 보입니다만, 구체적인 보장 내용을 잘 확인하여 검토해보세요. 그리고 자녀가 생기기 전까지 남편의 생명보험으로 보험금 1억 원 정도를 월 3만 원 정도의 정기보험으로 준비하면 좋겠어요. 현재 불입하고 있는 연금저축계좌 월 34만 원은 그대로 유지하되 좀 더 적극적인 주식형 펀드로 운용하는 것이 낫겠지요?

퇴직연금 DC형은 잘 관리해야 합니다. 본인이 운용 책임을 져야 하지만, 관심을 가지고 잘 운용하면 장기적으로는 은퇴 준비의 중요한 수단이 될 것입니다. DC형은 해당 금융회사에 관리자가 별도로 지정되어 있기 때문에 혼자 관리하기 힘들면 담당자에게 도움을 요청할 수 있습니다. 또한 해당 금융기관의 서비스나 상품이 마음에 들지 않으면 다른 회사로 변경이 가능합니다.

그리고 내년에 자동차 할부가 끝나면 여유현금을 IRP(개인퇴직연금계좌)를 새로 만들어 주식혼합형 펀드로 월 25만 원 추가 저축 하세요. 이 경우 연금저축 400만 원과 별도로 연간 300만 원을 추가로 세액공제받을 수 있습니다.

넣다 만 펀드에 있는 잔액 570만 원이 적은 돈이 아닌데, 그대로 둔다고 돈이 되나요? 아마 지금 손해를 보고 있는 것 같은데, 그럴수록 좀 더 적극적으로 관심을 가져야 합니다. 우선 해당 펀드를 분석한 다음 다른 펀드로 옮기든가, 아니면 그 펀드에 적립식으로 불입을 시작하는 것이 좋을 수도 있습니다. 어쨌든 지금 그대로 둔다고 해서 좋아질 가능성은 별로 없어 보입니다.

비혼을 선택하셨다면 특히 위험 관리가 중요합니다. 즉, 비상예비자금과 보장성보험에 대한 체계적인 준비가 필요하겠지요. 자기계발에 대한 투자비중도 높여야겠지만 창업 시기에 대한 불확실성 때문에 장기 상품에 대한 비중을 확대하는 것은 좋지 않습니다.

우선 현재 CMA통장에는 1,000만 원 정도만 남겨두고 나머지 목돈은 변동성이 적으면서 절대수익을 추구하는 중위험 중수익 성격의 펀드에 넣어 은행 이자보다는 조금 더 나은 수익을 기대해봅시다. 그리고 ISA계좌를 활용하여 혼합형 펀드에 월 50만 원과 해외펀드비과세계좌를 이용하여 월 50만 원을 투자합니다.

기존에 가입한 변액연금보험은 펀드 변경을 하더라도 좀 더 적극적인 관리가 필요해 보이네요. 보험은 이미 가입한 실손의료비보험에 중요 질환에 대한 진단보험금이 나오는 질병보험을 월 5~10만 원 범위로 가입하면 어떨까요?

그리고 혹시 조금이라도 여유가 있으면 연금저축계좌에 주식형 펀드로 가입하여 불입할 수 있는 범위에서 투자해봅시다. 연금저축계좌는 납입이 자유롭기 때문에 여유가 없을 땐 납입하지 않으면 됩니다. 특히 연말정산으로 생기는 환급금을 넣어둘 수도 있겠어요. 10년 내 자금 계획도 중요하지만 그 이후를 위해 가능한 범위 안에서 장기 투자도 필요하거든요.

창업에 꽂혀 있다면 투자수익보다는 안정적으로 사업소득을 늘려 갈 수 있는 방법을 많이 고민해야겠군요. 오토바이 가게라면 좀 더 많은 자본이 필요하지 않나요? 특히 창업비용보다는 창업 이후 소득이 안정될 때까지 필요한 생활비와 사업비가 더 중요합니다. 창업은 어려워도 돈 까먹는 일은 쉽거든요. 설령 1억 원을 모아 창업한다 하더라도 충분한 여유자금이 없다면 창업시점을 좀 더 신중하게 생각해야 하지 않을까 생각되는 이유입니다. 자칫 보금자리까지 위험해질 수 있으니까요. 아내의 걱정 역시 그 때문이 아닐까요? 또한 배우자의 적극적인 응원이 없는 창업은 참 힘듭니다. 너무 일방적이지 않으면 좋겠어요. 아내를 좀 더 객관적으로 설득할 수 있는 과정이 필요해 보입니다.

어쨌든 창업을 생각하신다면 장기 상품에 투자하는 것은 조심해야겠어요. 현재 하고 있는 예·적금 위주의 안정적인 저축이 좋겠습니다. 다만, 모든 자금계획을 창업에만 쏟아붓기보다 연금저축계좌 정도는 가입하여 미래를 위한 최소한의 준비를 병행할 것을 권해드립니다. 연금저축계좌는 납입이 자유롭기 때문에 현금흐름이 곤란해지면 납입하지 않으면 됩니다. 그리고 아직 보험조차 없다고요? 창업에 대한 열정도 좋지만 아내의 입장을 생각하여 가족을 책임지는 가장으로서 만약의 경우도 준비하는 지혜가 필요하지 않을까요? 아내 역시 그처럼 좀 더 성숙한 책임을 원하지 않을까 생각됩니다. 보장성보험에 가입한다면 기본적인 실손의료비보험에 중요 질환에 대한 진단보험금이 나오는 질병보험을 중심으로 가입하면 됩니다. 아내도 함께 가입해야겠지요? 보험료는 각각 월 5~10만 원 정도가 되지 않을까요?

현재 상태로는 곤란하겠다는 생각에 동의합니다. 우선은 총자산 대비 부채가 많은 편입니다. 특히 금융자산이 거의 없다는 것도 큰 약점입니다. 또한 수입은 적지 않은데 지출 비중이 높기 때문에 지금 이대로라면 은퇴 시점에 집 한 채 달랑 남을 가능성이 커 보입니다. 그것도 대출이 일부 끼어 있는 상태에서 말입니다.

따라서 냉정히 판단하면 현재의 소유 주택을 팔고 인근 지역으로 전세로 옮기는 걸 고려해보십시오. 그것만으로도 당장 대출상환금과 이자를 여유 현금으로 확보할 수 있습니다. IT기업도 그렇지만 디자인회사 역시 트랜드에 민감한 업종입니다. 현재의 직장과 소득이 앞으로 어떻게 될지 모른다는 것도 위험합니다. 해당 업종의 취업 구조를 고려할 때 두 사람의 연령도 적지 않은 편이니, 창업 등 세컨드 플랜도 적극적으로 계획해야 하지 않을까요?

그렇게 생각하면 교육비도 역시 과감하게 구조조정해야겠지요. 잘해야 월급쟁이 될 가능성이 높다면 그건 정말 레드오션이거든요. 대기업을 노리는 인재들은 점점 더 많아지는데 자리는 오히려 줄어들고 있잖아요. 아마 자녀들의 세상에서는 모두가 1인 기업가가 되어야 할 겁니다. 그렇다면 무엇보다 필요한 것은 스스로 생각하고 경험하면서 키워나가는 창의성과 독립심 아닐까요? 그리고 어쩌면 교육비는 지금보다 앞으로가 많이 필요할 수 있는데, 그렇다면 더욱 문제 아닐까요? 물론 생각이 다를 수도 있겠지만 지금 당장의 재정 형편을 고려하면 이대로는 곤란하다는 점도 깊이 생각할 필요가 있겠어요. 결과적으로 현재의 교육비를 최대 50만 원까지 줄일 수 있도록 지혜를 모아야 하고 보험료도 당연히 조정해야겠지요. 실손의료비보험과 중요 질환에 대한 진단보험, 그리고 생명보험을 정기 보험으로 준비하고 자녀들에 대한 보험을 실손의료비 정도로 생각하면 총 보험료를 30만 원 이내로 줄일 수 있을 겁니다. 그렇게 확보한 현금흐름으로 중장기 투자를 위한 여력을 확보하는 것이 중요합니다.

자, 이제부터 다시 시작해볼까요? 현재 불입하고 있는 연금저축계좌와 변액유니버셜보험료를 포함하여 월 250만 원쯤 여유가 생기겠지요?

우선 월 10만 원으로 청약저축부터 가입해두세요. 이제 집이 없으니까 공공임대 청약을 준비해두는 것이 좋겠어요. 그리고 본격적인 투자에 들어가기에 앞서 비상예비자금으로 CMA에 현금 1,000만 원이 모일 때까지 기다립니다. 그런 다음 ISA계좌를 활용하여 혼합형 펀드에 월 70만 원, 해외펀드비과세계좌에 월 70만 원을 불입합니다.

물론 자녀들을 위한 독립자금도 천천히 준비해야겠지요? 그것은 기존에 가입하고 있는 변액유니버셜보험을 활용하면 되겠어요. 다만, 보험료 30만 원이 전부 기본납입보험료로 구성되어 있다면 리모델링을 통해 추가납보험료를 활용하는 것도 고려해보세요. 그리고 연금저축보험은 연금저축계좌로 이전하여 주식형 펀드에 투자하는 것이 좋습니다. 또한 배우자 역시 연금저축계좌에 가입하여 역시 주식형 펀드로 월 34만 원을 불입합니다. 그 외 여유자금은 일단 CMA에 계속 불입하면서 만약의 경우에 대비하는 것이 좋겠습니다.

이런 이야기를 들으면 가슴이 참 먹먹합니다. 희망이 없어 보여서
가 아니라 힘든 과정을 겪고서도 다시 일어서려는 용기가 감동스
럽기 때문입니다. 특히 자녀에 대한 사랑과 책임도 그렇지만 자신
의 삶을 준비하는 생각과 태도가 매우 좋습니다.

우선은 돈을 불리는 것이 중요하지 않습니다. 어떻게든 현금흐름
을 확보하고 적더라도 종잣돈을 만드는 것이 중요한데, 지금 그렇
게 하고 있는 듯해서 참 감사한 일입니다.

당장엔 보장성보험이 필요하겠지요? 본인은 실손의료비와 진단
보험금을 합쳐 월 5~10만 원 정도, 자녀 역시 월 5만 원 정도에서
실손의료비와 진단보험으로 준비하면 되겠어요.

그리고 CMA통장에 본인이 생각하는 안정적인 목돈을 먼저 모아
보세요. 돈이 모아져 있으면 마음까지 든든하거든요. 그리고 청약
저축에도 월 2만 원 정도로 가입하여 공공임대주택 청약에도 대비
해보시고요. 연금저축계좌에 월 10만 원 정도를 불입하여 은퇴자
금도 조금씩 마련해보세요.

자녀를 위해서는 아무래도 강제성이 높은 변액유니버셜보험이 좋
겠어요. 다만, 기본납입보험료 10만 원에 추가납입보험료 10만 원
으로 구성해야겠지요? 그런 다음 혹시 여유가 남으면 ISA계좌로
혼합형 펀드에 최대 50만 원까지 투자해나갑시다. 우선은 이렇게
시작한 다음 다른 변화가 생길 때 다시 한 번 상의해주세요.

최근 들어 이 같은 상담이 많습니다. 어떻게 의견을 써야 할지 참 답답하지요. 우선은 좀 더 적극적으로 부채를 줄일 수 있는 방법을 알아봐야겠어요. 예컨대, 개인회생제도를 포함하여 다양한 프로그램을 확인해보세요. 자본주의는 어쩔 수 없이 탈락자들이 생길 수밖에 없기 때문에 그 같은 제도와 정책들이 있거든요. 또한 그런 제도들을 이용하여 어려운 형편의 사람들이 건강한 소비자로 회복하여 시장에 다시 참여하게 하는 것도 반드시 필요한 일입니다. 동시에 정부나 지방자치단체에서 운영하는 창업지원센터를 통해 좀 더 전문적인 창업교육을 받아보세요. 어차피 창업으로 소득을 만들어야 한다면 더욱 체계적인 준비가 필요하기 때문입니다.

또한 재정적인 형편이 힘들더라도 가능하면 현재 가입하고 있는 실손의료비보험은 꼭 유지하면 좋겠어요. 없는 사람들이 질병에 걸릴 확률이 더 많거든요. 어쨌든 현재의 과도한 부채를 관련 제도와 정책의 힘을 빌려 정리한 다음 재정적인 계획을 다시 세워야겠어요. 필요하면 언제든 다시 연락 바랍니다.

**질문 10 Re: 은퇴 준비, 이렇게 하고 있는데 제대로 하는 건가요?
아직 대학생인 아이들에게는 기대도 안 합니다.**

전체적으로는 참 잘 살아오셨네요. 물론 이런저런 걱정은 있겠지만 비슷한 연령대의 다른 사람들과 비교하면 준비가 참 잘 되어 있는 편입니다. 자녀지원 자금은 현재의 주거용 주택의 평수를 줄이고 위치를 옮기는 방법으로 활용할 수도 있겠어요. 또한 수익형 부동산도 고려해볼 만합니다. 거주 지역이 어디인지 모르겠지만 주택가격을 고려하면 강북이거나 분당 쪽으로 생각되는데요, 그렇다면 가능하면 빨리 판단하는 것이 좋을 듯합니다.

부모님 문제는 당연히 주택연금이 좋습니다. 물론 동생 가족들에 대한 부모님의 생각을 고려해야겠지만요. 현실적으로는 동생 가족들에게도 도움이 되는 방향을 선택할 가능성이 높아 보입니다.

우선 현재 보유 중인 목돈은 변동성이 적으면서 절대수익을 추구하는 중위험 중수익형 펀드를 활용하면 좋겠고요, 기존의 변액연금과 변액유니버셜보험은 펀드 변경 등 좀 더 적극적으로 운용할 필요가 있겠습니다. 그리고 연금저축계좌에 불입되는 주식형 펀드 34만 원은 은퇴할 때까지 아직 여유가 있으니 좀 더 공격적으로 운용하시고요, IRP계좌에도 주식혼합형으로 월 25만 원씩 불입하여 연금저축계좌와 함께 연간 700만 원까지 세액공제를 받는 것이 좋습니다. 지금은 충분히 그럴 만한 여력이 되어 보이니까요. 그런 정도만 해도 현재의 국민연금과 함께 그다지 불편하지 않을 은퇴자금이 확보될 것으로 생각됩니다. 그 외 ISA계좌에 혼합형 펀드로 월 50만 원, 해외펀드비과세계좌로 월 50만 원을 불입하는 걸 추천합니다. 또한 보장성보험은 이제 마지막으로 생각하고 기존 보험을 중심으로 단단히 점검해보시기 바랍니다.

상식전쟁에서 승리하는 날까지

원고를 끝내면 후련할 줄 알았더니 오히려 개운찮다. 다채롭고 오랜 경험을 바탕으로 나름 필요하고 중요한 것들만 추렸다 생각했는데, 막상 다시 읽어보니 부족한 것 투성이다. 그렇다고 더 욕심내면 아예 끝이 없을 것을 알기에 스스로를 달래는 것 또한 온전히 저자들의 몫이다.

재테크도 꼭 그렇다. 욕심, 곧 탐욕과의 싸움이다. 그러니 조금 부족하더라도 만족하며 감사할 수 있는 수준, 예컨대 적당한 목표 수익률 정도는 미리 정해둘 필요가 있다. 그건 마치 바닷물이 다시 들어오는 시간을 분명히 알아둔 다음 물 빠진 갯벌로 나가야 하는 것과 같다. 그럼에도 번번이 물때를 잊어버리거나 알면서도 놓치는 것은 적어도 '돈'에 관한 한, 대부분 사람들이 그렇듯이 귀가 얇기 때문이다. 예컨대 우리는 '더 많이'라는 단어의 유혹에 너무나 쉽게 흔들리며 살아가고 있다.

전문가라는 사람들도 마찬가지다. 고객들이 맡긴 자산을 불려준

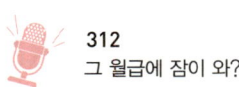

것에 대한 감사와 보상보다 자칫 손해를 끼친 것에 대한 질책과 책임에 더 큰 중압감을 느끼다 보니 그 같은 유혹에 더 약해지는 경우도 많다. 흔히들 고객들은 전문가들을 '쪽집게'로 생각하는 경향이 있다. 그러나 용하다는 무당이 제 뒷일조차 알지 못하고 잘 알려진 명의들도 때론 오진과 실수 앞에 완벽하지 못한 것처럼, 이런저런 전문자격으로 무장한 재무컨설턴트, 즉 웰스도우미들 역시 고객의 기대를 항상 만족시킬 수 있는 것은 아니다. 고객인 소비자들이 상식전쟁에 필요한 최소한의 지식들을 알고 있어야 하는 이유다.

또 한편 전문가들을 대하는 고객의 태도도 바뀌어야 할 필요가 있다. 단순한 금융상품은 물론 좀 더 깊이 있는 재무 상담에 이르기까지 크고 작은 모든 자산관리는 당장의 결과를 위해서가 아니라 우리가 알지 못하는 미래 시점에 맞춰져 있다. 다시 말해, 가전제품처럼 구입과 동시에 그 성능을 확인할 수 있는 상품이 아니라 적어도 몇 달 혹은 몇 년이 지난 다음에야 그때의 선택을 평가할 수 있다. 그렇다면 금융전문가들을 팔기만 하고 끝나는 판매인이라기보다 언제나 의논할 수 있는 파트너로 인식하는 태도 변화가 필요하다. 또한 자신에게 적합한 파트너를 찾는 기준과 그 파트너와의 역할 구분도 중요하다. 그러니 그가 내미는 명함이나 좋아 보이는 몇 가지 자격증으로 섣불리 그를 판단하는 것보다 그가 정말 어떤 사람인지가 더 궁금해야 한다.

우리도 마찬가지다. 고객이 가진 자산보다 그가 어떤 사람인지가 더 궁금하다. 왜냐하면 그 고객은 오랫동안 우리와 함께 걸어가야 할 파트너이기 때문이다. 그렇게 서로가 서로를 궁금해하는 것, 그래서 좋은 전문가, 좋은 고객이 만나는 것은 서로가 맺은 파트너십으로 인해 앞으로의 삶에 필요한 재무계획을 수립하고 실행해나가는 데 필요한 수많은 대화와 만남의 시간들이 즐겁고 행복해야 하기 때문에 중요하다.

역할 인식 및 구분도 마찬가지다.

전문가들이라고 해서 불확실한 미래를 정확히 알 수 있는 것은 아니다. 다만, 고객들보다 더 많이 공부하고 더 많은 시간을 투자하며 더 큰 책임의식을 가질 뿐이다. 그러나 자산 관리에 대한 본질적인 책임은 고객에게 있다. 따라서 시대와 경제 변화에 대한 최소한의 흐름만큼은 전문가와 함께 주기적으로 모니터링하면서 자신이 수립한 재무계획의 적합성을 점검해가는 것이 좋다.

헤어디자이너들에게 가장 두려운 고객은 "알아서 잘라주세요" 라고 하는 사람들이라고 한다. 그런 고객들이 막상 '알아서 잘라' 놓으면 더 많이 불평하기 때문이란다. 재무컨설팅도 마찬가지다. "알아서 해주세요" 하는 고객들이 가장 무섭다. 뚜렷한 목표가 없으니 그저 '더 많이'만 요구하기 때문이다. 그래서 웰스도우미들에게 고객과의 초회 상담 과정은 매우 중요하다. 그 시간이 미래의 성공적인 재무 관리에 상당한 영향을 끼치기 때문이다.

책을 쓴다는 것은 방송보다 더 큰 책임을 스스로 떠안는 것이다. 그러나 〈그월잠〉의 청취자를 포함한 기존 고객, 혹은 이 책을 통해

처음 만나는 모든 독자들을 위해 새로운 책임 하나 더 얹을 수 있다는 것은 우리에게도 매우 큰 기쁨이다. 이 같은 책임이 우리를 또 한 번 성장시킬 것이기 때문이다.

아무쪼록 부족한 내용이지만 이 책을 읽고 자신의 재무 관리에서만큼은 "알아서 해주세요"라고 말하는 사람이 줄어드는 대신, 점점 더 심각해질 상식전쟁에서 승리하는 사람이 많아질 수 있다면 참 좋겠다.

꼰대 김광주 / 뭉치 양성민

그 월급에 잠이 와?

ⓒ 김광주, 양성민, 2016

1판 1쇄 인쇄 2015년 12월 15일
1판 1쇄 발행 2016년 01월 01일

지은이 김광주 · 양성민
펴낸이 김병은
펴낸곳 프롬북스
편집 이남경 · 김은찬 · 이현정
마케팅 김용호
디자인 오성희
기획 출판기획전문 (주)엔터스코리아

등록번호 제313-2007-000021호
등록일자 2007. 2. 1.
주소 경기도 고양시 일산동구 정발산로 24번지(장항동 웨스턴돔타워) T1-706호
문의 031-926-3397
팩스 031-926-3398
전자우편 edit@frombooks.co.kr

ISBN 978-89-93734-71-3 13320